北村 厚［著］

大人のための現代史入門

20世紀のグローバル・ヒストリー

Atsushi Kitamura,
Global History of the 20th Century

ミネルヴァ書房

はじめに

世界現代史はグローバルか？

本書は、高校歴史教科書の知識をベースに、二〇世紀の世界史をグローバル・ヒストリーの視点で再構成し、世界中の人類的な出来事を結びつけて叙述する新しい通史である。

現代はグローバル化の時代だといわれる。飛行機で地球を飛びまわることができるだけでなく、社会のなかで外国人と共生するのは当たり前になったし、インターネットを通じて世界中とつながることができる。世界とかかわる機会が多くなるのなら、世界史を学ぶことが重要なのは、ある意味当然である。

なかでも、現代世界につながる二〇世紀以降の世界史は特に重要と思われる。私たちの社会に至る直近の歴史だからである。しかし、世界現代史をグローバルな視点から描こうという試みは、これまであまり見られなかった。

みなさんは、現代はグローバル化しているのだから、現代史は自然にグローバルな視点をとるだろうと思われるかもしれないが、実はかならずしもそうではない。

例えば一九世紀末以降の世界史教科書の構成をみてみよう。最も採択率の高い山川出版社の『詳説世界史B』を取りあげる（傍線部と〔　〕は筆者による）。

第13章　帝国主義とアジアの民族運動
1　帝国主義と列強の展開〔欧米諸国の各国史〕
2　世界分割と列強対立
3　アジア諸国の改革と民族運動
第14章　二つの世界大戦
1　第一次世界大戦とロシア革命
2　ヴェルサイユ体制下の欧米諸国
3　アジア・アフリカ地域の民族運動
4　世界恐慌とファシズム諸国の侵略〔アメリカ・ドイツを中心とする欧米史〕
5　第二次世界大戦

こうしてみると、世界を俯瞰する場面は世界大戦くらいで、各国史の割合が多く、欧米とアジアが分けられているのが分かるだろう。世界史は各国史のよせあつめに近い形になっており、各国ごとに同じ時期を何度も繰り返す構成になっている。

高校世界史の現代史は、現実はグローバルにつながっているはずなのに、構成はグローバルになっていないのだ。

各国史を結びつける

これでは世界がどうつながっていたのかが分かりにくいし、時代を行ったり来たりするので時系列が混乱しやすく、世界史へのとっつきにくさを生む原因にもなっている。なぜ世界史は各国史になりやすいのだろうか。

それは、世界史教育の一つの目的が、世界各国の現在に至るまでのなりたちを学ぶことに置かれているからである。たしかにグローバル化した現代において外国の歴史を知ることは重要だ。その国の歴史を知らないまま外国人と接して、はずかしい思いをすることもあるかもしれない。

しかし、そうした各国史の束としての世界史では、世界全体が関係しあって同時に動いていくグローバルな歴史の展開をつかむことはできない。グローバル化した現代において必要なのは、各国史の個別の知識だけではなく、それらを結びつけるグローバル・ヒストリーの視点である。

ちなみに欧米とアジアが分けられて交互に教えられるというのは、日本の歴史研究が日本史・西洋史・東洋史の三つの専門分野にわかれているからであろう。世界史は、西洋史と東洋史を合わせたものとしてはじまり、現在でもそれらの垣根は完全には取り払われていない。

かつての世界史では、ヨーロッパ中心主義が顕著で、西洋史の分量が圧倒的に多く、詳しかった。その偏りを是正すべく、最近では、東アジアやイスラームの歴史も詳しく教科書にのるようになった。しかし東洋史の分量が増えた結果、生徒たちは苦しみ、世界史は嫌がられるようになった。

ここでも、西洋史と東洋史を同じだけ並べることではなく、それらをグローバルな発想で結びつけることが大切なのである。

グローバル・ヒストリーとしての現代史

実は、一九世紀まではグローバル・ヒストリーの視点がある程度いくつかの教科書のなかにもりこまれている。しかし二〇世紀以降の現代史については、やはり各国史が多い。それにはいくつかの理由があるが、まず複雑すぎるというのが大きい。

一九世紀に欧米を中心に世界はグローバル化した。それ以降の各国の歴史は、何かしら世界と結びついているのが当たり前になったのだ。しかしそれゆえに、世界中の出来事を同時的に把握することは、きわめて難しいのである。しかし本書では、あえて世界の諸地域の関係を同時的に追う、グローバル・ヒストリーとしての現代史を構築してみたい。

グローバル・ヒストリーとは何だろうか。グローバル・ヒストリーとは、各国史の束としての世界史を乗り越え、世界を一つのものとする世界史を構築しようとする視点である。そこで批判の対象になっているのは一国史とヨーロッパ中心主義であり、よりどころとすべき方法は、比較と関係性である。比較の方法はローマ史などには有効だが、本書のような通史の場合は関係性が重要である。

羽田正はそうした観点から「新しい世界史」を提唱している。「新しい世界史」の条件とは、羽田によれば以下の三点である〔羽田二〇一八〕。

①地球主義の考え方にもとづく地球住民のための世界史であり、人々が私たちの地球という世界認識を持ちうるものであること。
②中心主義を排すること。
③従来みすごされていた関係性や相関性の存在をしめすこと。

この「新しい世界史」は、本書でいうグローバル・ヒストリーと同じものだとみなされうる。ではどうすれば「地球主義の考え方」による世界現代史が可能だろうか。それは、人類の歴史という観点を持つことではないかと思われる。

グローバル化した世界においては、人類共通にふりかかる悲劇や、それらを克服するために人類が共有すべき理念、人類が共同で取りくむべき課題が存在する。それは最近の言葉では、「SDGs」（持続可能な開発目標）のイメージに近い。そうした人類共通の問題群を主軸にすれば、各国史を越えたグローバル・ヒストリーを現代史において描くことができるのではないだろうか。

本書の視点

本書がグローバル・ヒストリーとして二〇世紀の歴史を再構築する際に注意したポイントは、以下の通りである。

①人類共通の問題群を主軸にすえる。その問題群とは、例えば人の移動（移民・難民）、人種主義、平和、女性、暴力、ジェノサイド（集団の抹殺）、環境、原子力（核兵器・原発）などである。

②国境を越える人々や思想、諸事件の関係性や結びつきを積極的に取りあげる。いわば、連鎖する世界史である。

③ユーラシア大陸、ヨーロッパとアフリカ、東アジア全体など、地理的に広い範囲での歴史の動きを把握する。

④大国よりもその周縁部に焦点を当てる。

⑤世界史における「下からの」エネルギーに注目する。つまり民衆の運動とそれらの同時代的なつながり

こそが、人類共通の問題群を動かす原動力になる。

⑥二〇世紀の世界史を一〇年単位で切りとり、その全体像を総覧でき、かつ一本のストーリーとして読めるような構成を心がける。

⑦世界史と日本史を総合することを意識する。これは高校での新科目「歴史総合」を意識したものでもある。

なお、本書の内容はすべて現行の高校歴史教科書の内容（本文以外のコラムや特集をふくむ）に準拠している（二〇二〇年現在）。世界史A・B、日本史A・Bの教科書に載っていない内容は、本書では基本的にあつかっていない。教科書の内容とは、現在の研究水準において「これだけは学んでほしい」という歴史研究からのメッセージのようなものである。それは現代社会における基礎教養の一部であろう。

本書は、世界現代史の複雑な展開に頭をなやます高校生、大学に入学して意外と世界現代史の知識が必要だと気づいて勉強しなおそうとする大学生、そして社会に出てからグローバルに世界現代史を学びなおす必要を感じた社会人のみなさんのための入門書である。

「歴史はおもしろい」が私の信条だが、こと二〇世紀の歴史に関していえば、おもしろいというより「おそろしい、かなしい」という思いがつよい。おそらく本書をひらいた読者は、人類が繰り返し経験する、あまりにも悲惨な出来事に目をそむけたくなることもあるのではないだろうか。しかしぜひ読み進めてほしい。そして立ちどまって考えてほしい。「なぜこのような悲劇が起こったのだろうか？」――本書では各章ごとに、こういった「問い」をいくつか掲げている。私たちは歴史に問いかけることで、単に知識を得るだけではなく、思考の深いところで歴史をみずからの教養にすることができる。

「過去に目を閉ざす者は、現在もみえなくなる」――本書の後半に登場するこの言葉に、読者が何らかの感慨をおぼえてくれたら、望外のよろこびである。

20世紀のグローバル・ヒストリー――大人のための現代史入門　目次

はじめに

プロローグ　二〇世紀前夜の世界……1
グローバル・ネットワークの完成　列強の植民地支配　「文明化の使命」
人種主義の誕生　人種主義国家アメリカ　移民の時代
黄禍論　社会主義と平和主義　女性解放運動ののろし

第1章　人種主義と民族主義の拡大——一九〇〇年代……13
1　人種主義の拡大……16
義和団戦争　ドイツによるヘレロ人虐殺　日露戦争の勃発
第一次ロシア革命の勃発と講和　アメリカの移民排斥と人種主義
イギリス自治領での人種主義　南アフリカのガンディー
2　アジア民族主義の拡大……23
中国人留学生と亡命者　「三民主義」対「五族共和」　ベトナムのドンズー運動
インドのカルカッタ大会四綱領　イラン立憲革命
イブラヒムとパン・イスラーム主義　青年トルコ革命
3　民族主義の抑圧構造……30

日本の朝鮮・満洲進出　英仏協商とモロッコ　英露協商とチベット・イラン
日露協約・日仏協約と韓国・ベトナム　ハーグ密使事件から義兵闘争へ

第2章　革命と戦争の世界――一九一〇年代……35

1　世界分割から世界大戦へ……38
日本の韓国併合　辛亥革命　モンゴルとチベット　イスラーム分割
バルカン半島の分割　第一次世界大戦の勃発
平和運動の崩壊から大量殺戮戦争へ

2　アフリカと中東の世界大戦……46
植民地動員とアフリカ再分割戦争　石油とイラン占領
オスマン帝国参戦と「アラブの反乱」　サイクス・ピコ協定とバルフォア宣言

3　アジアとアメリカの世界大戦……50
青島占領と二十一カ条要求　南洋諸島占領と太平洋ネットワークの危機
ロシア二月革命　アメリカ参戦からアジア諸国の参戦へ

4　ロシア内戦とユーラシアの動乱……56
十月革命とウィルソン十四カ条――民族自決　女性参政権の拡大
ブレスト・リトフスク条約　ロシア内戦の勃発　シベリア出兵と米騒動

スペイン・インフルエンザの世界的流行《パンデミック》　同盟国の崩壊
5　講和会議の内と外──民族自決の波及……66
パリ講和会議はじまる　委任統治と世界再分割　デュボイスとパン・アフリカ会議
朝鮮の三・一独立運動　中国の五・四運動
アムリットサル事件からサティヤーグラハ運動へ　激動のインド帝国
終わらない戦争──ハンガリーとオスマン帝国
第3章　平和と協調の模索──一九二〇年代……77
1　世界大戦後の戦い……80
ソヴィエト・ポーランド戦争　トリアノン条約とマイノリティ問題
セーヴル条約の衝撃　ケマルの戦い　トルコの政教分離とカリフ制の廃止
アラブの内戦　サティヤーグラハ運動の苦難
2　共産主義の拡大……87
イタリア・ファシズムの登場　中央アジアのソヴィエトへの編入　モンゴル革命
尼港事件とシベリア撤兵　共産主義者のアジア・ネットワーク　中国の内戦
3　黄金時代の人種主義……93
女性たちの新時代　アメリカの大量消費社会　アメリカ人種主義の過激化

一九二四年移民法　関東大震災と朝鮮人虐殺　沖縄ソテツ地獄と南洋諸島
アメリカ人種主義からヒトラーへ

4 平和運動と国際協調 …… 101
「ヨーロッパの没落」とパン・ヨーロッパ　ロカルノ条約と国際協調の時代
アジア民族主義の新段階——ネルーとスカルノ　中国の五・三〇運動と北伐
強硬外交と山東出兵　不戦条約——一九二〇年代の到達点

第4章 奈落へとおちる世界——一九三〇年代 …… 109

1 世界恐慌下の民族自決 …… 112
世界恐慌下のアジア・ラテンアメリカ　「塩の行進」　アジアの独立と自治の時代
民族運動への弾圧——ベトナムとインドネシア　ラテンアメリカの独裁政権

2 独裁の恐怖と翻弄される人々——ソ連・満洲・パレスチナ …… 117
ソ連の農業集団化と飢餓　大粛清とスターリン独裁　ソ連の脅威と満洲事変
恐慌下の満洲・朝鮮　ブラジルから満洲への移民転換
ナチの反ユダヤ政策からパレスチナ問題へ

3 ジェノサイド化する戦争のはじまり …… 126
エチオピア戦争　スペイン内戦から枢軸陣営の形成へ

ゲルニカ――無差別爆撃のはじまり　八・一宣言から抗日救国運動へ
日中戦争の勃発と南京大虐殺
4　第二次世界大戦勃発の裏側で……133
大ポグロムとキンダートランスポート　東亜新秩序声明から重慶爆撃へ
国家総動員、皇民化政策、朝鮮人強制移住　「防共」と日本のムスリム支援
ノモンハン事件からふたたび世界大戦へ　カティンの森事件
第5章　世界の破滅、終わらない戦争――一九四〇年代……141
1　膨張する戦場……144
ヨーロッパ戦線の拡大とロンドン空襲　ユダヤ人迫害と「命のビザ」
中国での「三光作戦」　南進論の台頭　独ソ戦はじまる　アジア太平洋戦争の勃発
「大東亜共栄圏」とアジア民族主義　アメリカの参戦と日系人の強制収容
2　枢軸国によるジェノサイドと抑圧……155
ホロコースト――ユダヤ人の大量殺戮　ロマの虐殺
「大祖国戦争」――ソ連国民の甚大な犠牲　「大東亜共栄圏」の破綻
東南アジアの抗日運動と大東亜会議　強制労働と慰安婦　日本軍兵士の大量死
3　連合国によるジェノサイドと破壊……162

パルチザンとレジスタンス　ドイツ本土空襲
ソ連による東欧の「解放」とドイツの崩壊　日本本土空襲　沖縄戦
原子爆弾の開発と投下　第二次世界大戦の犠牲者

4　敗戦国の崩壊と人口移動……170
東欧からのドイツ人の追放　満洲国崩壊とシベリア抑留
朝鮮半島の「解放」と人口移動　中国からの復員と国共内戦
台湾の「解放」と二・二八事件　フランス、イタリア、日本の女性参政権

5　大戦後もつづく戦争……177
ギリシア内戦と冷戦のはじまり　インドネシア独立戦争　インドシナ戦争の勃発
マレー半島とフィリピン

6　宗教対立と難民――パレスチナとインド……182
国際連合と世界人権宣言　「勝者の裁き」――二つの国際軍事裁判
ペロンのポピュリズム　パレスチナ戦争とパレスチナ難民
インドとパキスタンの分離独立　インド宗教対立の激化と難民

第6章　核の恐怖から平和共存へ――一九五〇年代……191

1　朝鮮戦争と東アジアの危機……194

中国、ソ連、イギリスとマイノリティ　朝鮮戦争とマッカーシズム
東アジア同盟網の構築　東アジア戦争と核戦争の危機　朝鮮の休戦と民族分断

2　「アメリカ化」と「脱アメリカ化」……200
世界のアメリカ化　グアテマラ左翼政権からキューバへ
西ドイツ再軍備とヨーロッパ統合のはじまり　アラブ民族主義とエジプト革命

3　核の恐怖、平和の希求……205
米ソ核開発競争と水爆　第五福竜丸事件から原水爆禁止運動へ　原子力の平和利用
ジュネーヴ会議と休戦協定　コロンボ会議からアジア・アフリカ会議へ
アフリカ独立運動の本格化　公民権運動

4　平和共存への遠い道……213
ソ連の平和共存路線とスターリン批判　ポズナニ暴動とハンガリー事件
日ソ共同宣言と反基地闘争　スエズ戦争の衝撃
アフリカの動乱とフランス第五共和政の成立　大躍進・大飢餓・チベット動乱
スプートニク・ショック　キューバ革命

第7章　グローバルな市民の抵抗――一九六〇年代……223

1　「アフリカの年」と反人種主義の戦い……226

2　非同盟主義と核拡散……232
「アフリカの年」　植民地主義とコンゴ動乱　アフリカの連帯へ
南アフリカのアパルトヘイト　ワシントン大行進と公民権法の成立
非同盟主義のひろがり　キューバ危機
核開発をめぐる攻防――部分的核実験禁止条約　孤立する中国――インドとの対立
NPT体制の構築へ
3　アジアにおけるイデオロギー闘争……238
ベトナム戦争はじまる　日韓国交正常化とベトナム戦争　アジアの開発独裁
九・三〇事件――インドネシア大虐殺　文化大革命の開始　第三次中東戦争
ベトナム反戦運動の登場　日本の反戦運動
4　「一九六八年」……249
テト攻勢　カウンター・カルチャーの台頭　新しい女性運動――ウーマン・リブ
黒人たちのさらなる戦い　文化大革命の混迷　中ソ国境紛争　「プラハの春」
フランスの五月危機　西ドイツの六八年運動　日本の一九六八年　公害との戦い
非核三原則と沖縄の運動　ホー・チ・ミンの死
第8章　現代世界の転換期――一九七〇年代……261
1　途上国の逆襲……264

インディラ・ガンディーのインド　「緑の革命」と環境問題　ベトナム戦争の迷走
白豪主義の撤廃　石油危機の衝撃

2　「過去の克服」——西ドイツと日本……269
デタントと東方外交　ブラントの「ひざまずき」と「過去の克服」
ヨーロッパのデタント　アメリカの中ソ接近　沖縄返還・基地・核密約
日中国交正常化と日本の「過去の克服」　ベトナム戦争終結

3　独裁の終焉とインドシナ半島の混迷……276
イベリア半島の民主化　文化大革命の終焉　ポル・ポト政権による大虐殺
インドシナ半島の動乱　国際人権規約と女性差別撤廃条約

4　イスラーム主義の登場……281
中東和平の実現へ　イスラーム主義の興隆　イラン・イスラーム革命
牙をむくイスラーム主義　ソ連のアフガニスタン侵攻

第9章　民主化のドミノ——一九八〇年代……287

1　運動の弾圧と民主化の萌芽……290
「連帯」の結成　光州事件　中国・台湾・フィリピン　イラン・イラク戦争の勃発
石油危機からラテンアメリカ民政移管へ

2　チェルノブイリから平和へ……295
未来志向の西ヨーロッパ　日本の経済成長からアメリカの「双子の赤字」へ
ペレストロイカはじまる　チェルノブイリ原発事故の衝撃
ドイモイからインドシナ半島の平和へ　インティファーダの波紋
3　民主化へと向かう世界……303
東アジア・ラテンアメリカの民主化　天安門事件　東欧における「民主化のドミノ」
「パン・ヨーロッパ・ピクニック」からベルリンの壁開放へ　チャウシェスクの処刑
マルタ会談——新しい時代へ

第10章　地域の分裂と統合——一九九〇年代

……311
1　和解する世界……314
東西ドイツ統一　米ソ協調と湾岸戦争　中東和平への道　カンボジア和平とPKO
アパルトヘイトの終焉
2　ヨーロッパの分裂と統合……319
バルト三国独立運動とソ連の混迷　八月クーデタからソ連の崩壊へ
ユーゴスラヴィア内戦の勃発　EUの成立　地球環境を守るために
3　内戦とジェノサイド……325

アフリカの内戦　「アフリカの角」の悲惨　ルワンダ内戦とジェノサイド
ボスニア紛争とジェノサイド　「人間の安全保障」と内戦への介入　コソヴォ内戦

4　不安定化する世界……332

アフガニスタンのターリバーン政権　核拡散の脅威ふたたび
インドとパキスタンの核実験競争　日本経済の衰退と中国経済の成長
慰安婦問題と日韓の和解　アジア通貨危機の発生　ＡＳＥＡＮの発展

エピローグ　二一世紀の世界……341

九・一一と「テロとの戦い」　オバマ大統領の登場　「アラブの春」からＩＳの登場へ
ヨーロッパ難民危機　分断の時代　人類は進歩するのか？

参照教科書一覧……347
参考文献……351
おわりに……359
人名・事項索引

プロローグ　二〇世紀前夜の世界

グローバル・ネットワークの完成

人類は古来、海や砂漠、国境をこえて活発に移動していた。その越境的な移動が世界規模になったのは一六世紀のことである。アジアの人々がインド洋や南シナ海の大交易で栄えているところに、ヨーロッパ人が参入し、大西洋や太平洋をも結ぶ**グローバル・ネットワーク**を成立させた。

しかし、このネットワークによる人・モノ・カネの移動が量や速度において飛躍的に増加するのは、一九世紀に入ってからである。イギリスで起こった産業革命によって、商品の大量生産が可能になり、鉄道や蒸気船が発明され、すべての移動が巨大化した。**グローバル化**のはじまりである。

世界中に電線と海底ケーブルがはりめぐらされ、世界中の情報がどこでもやり取りできるようになった。一九世紀末には電気や石油が新しいエネルギーとして利用され、その規模はますます増大していく。

また、一八六九年にアメリカの大陸横断鉄道とスエズ運河が開通したことで、グローバルな移動はさらに活発になった。一九世紀末にはシベリア鉄道の建設もはじまり、ユーラシア大陸を横断する速度もあがる。ネットワークが緊密化し、世界がせまくなったのである。

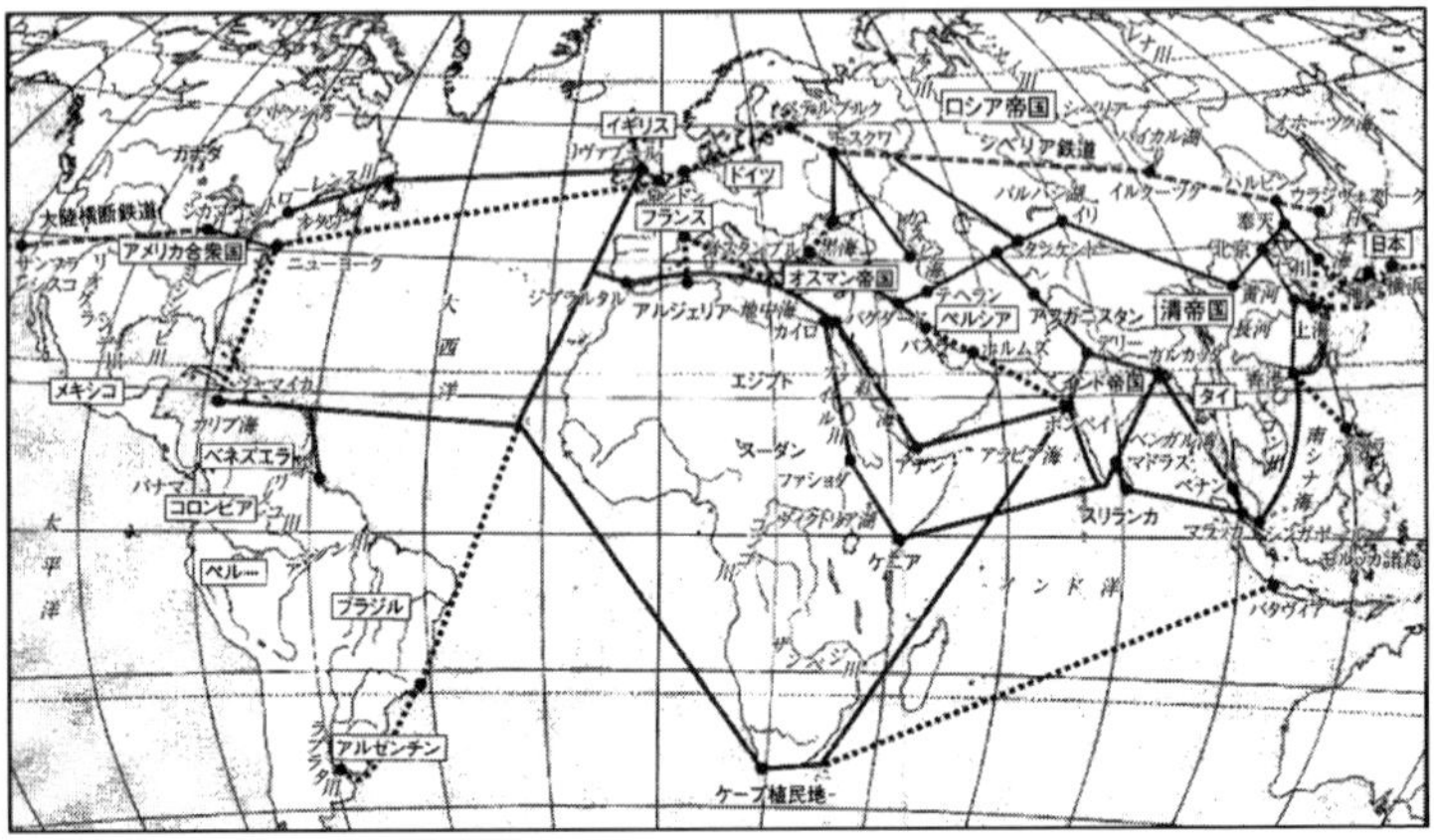

図０－１　19世紀後半のグローバル・ネットワーク

（出典）北村（2018：271）。

一九世紀にグローバル・ネットワークの覇権をにぎったのが、イギリスである。図０－１のように越境的ネットワークの要所を植民地化したり、拠点を築いたりしたことで、イギリスは最大の植民地インド帝国を中心として現地の富を収奪し、本国を繁栄させていった。いわゆる「帝国主義」の時代である。

列強の植民地支配

本書では、大国の興亡を中心とする叙述をさけるために、「帝国」の語をもちいないが、一九世紀後半に欧米諸国によって世界中が植民地化されたことは、二〇世紀の世界における大前提であり、植民地支配への抵抗がグローバルな民族運動のエネルギーとなったことは、最も重要なポイントである。

ここで、一九世紀末にどの国がどこを植民地にしていたのかを簡単に説明しておきたい。これらの中には保護国という形もあり、この場合は現地の王朝などは存続しているが、事実上植民地化しているもので、植民地支配の一種として含める。また、他国をほろぼして領土として併合した場合も、植民地とみなされる。

なお、本書を読み進めるための事前情報として必要なものにとどめるので、これですべてではない。すでに知っているかた、あるいは読みながら理解すればよいというかたは、この部分は読み飛ばしていただいてかまわない。

東アジアから西に向かうかたちでみていこう。まず、清朝が支配する中国では、一八九八年ごろから列強が進出した。イギリスは南の**香港**と山東半島の威海衛を租借（期限つきの領有）している。ドイツは同じく山東半島の**青島**《チンタオ》を中心とする膠州湾を租借した。

フランスは広州湾、つまりベトナムにかけての湾岸部を租借したが、これはインドシナ半島の植民地化と地続きで考えるのがよい。**フランス領インドシナ**は、現在のベトナム、カンボジア、ラオスに当たる。マレー半島とボルネオ島の一部はイギリス領で、マレー半島先端の**シンガポール**はイギリス人が建設し、東アジア貿易の拠点となった。

現在の**インドネシア**は、そのほとんどがオランダ領であった（オランダ領東インド）。ただ、東端のティモール島の東半分（**東ティモール**）はポルトガル領である。**フィリピン**はスペイン領だったが、一八九八年のアメリカ・スペイン戦争によってアメリカの植民地になった。

ミャンマーはイギリス領だが、それを含めて、現在のインド、パキスタン、バングラディシュ、ネパール、スリランカはすべてイギリス国王が皇帝としておさめる「**インド帝国**」という大植民地であった。このインド帝国こそ、イギリス帝国の富の源泉であり、ここを守るための世界戦略がねられた。

ロシアは中央アジアに南下し、ここに**ロシア領トルキスタン**という植民地をつくった。このロシア南下に対してインド防衛の必要を感じたイギリスは、アフガニスタンを領有した。カージャール朝がおさめるイラ

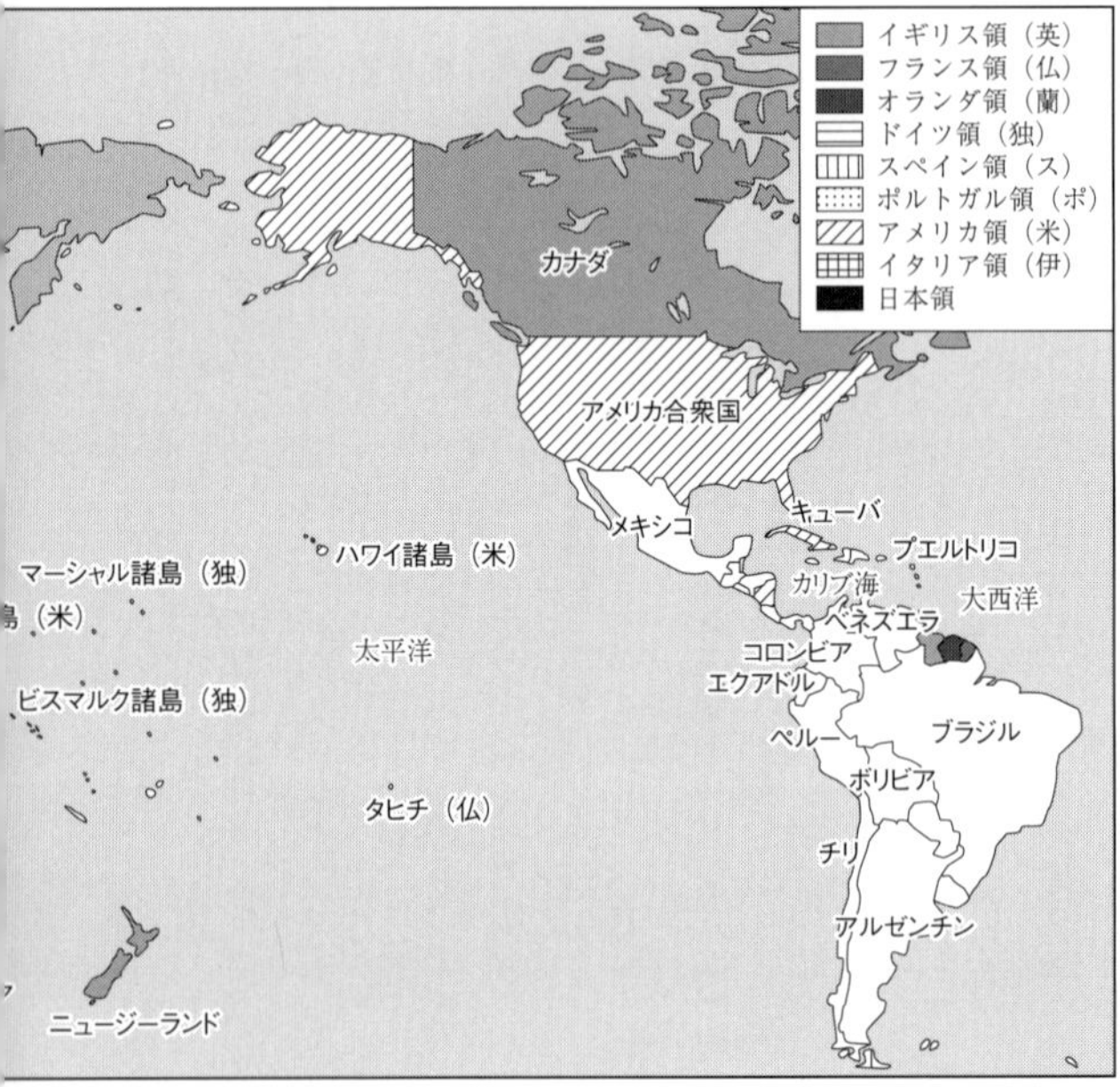

おける列強の植民地

ンは独立国だが、やはりロシアが南下してカスピ海と黒海との間のカフカス地方を領有した。

　イギリスとインドを結ぶ海上航路は、帝国航路（エンパイア・ルート）と呼ばれ、イギリス帝国の世界戦略の中心と考えられた。イギリスから地中海をとおり、スエズ運河、紅海、アラビア海へとぬけるルートである。このルートで最も重要な地域である**エジプト**、その南のスーダンなどがイギリス領になった。

　紅海とアラビア海を結ぶ地域は列強が奪いあっていた。特に複雑なのが現在のソマリア近辺で、フランス（ジブチ）・イギリス・イタリアが分割していた。

　アフリカ南端をまわってインドにいたるルートも重要であり、**南アフリカ**がイギリス領になった。この南アフリカをめぐって、先に入植していたオランダ人の末裔（ブー

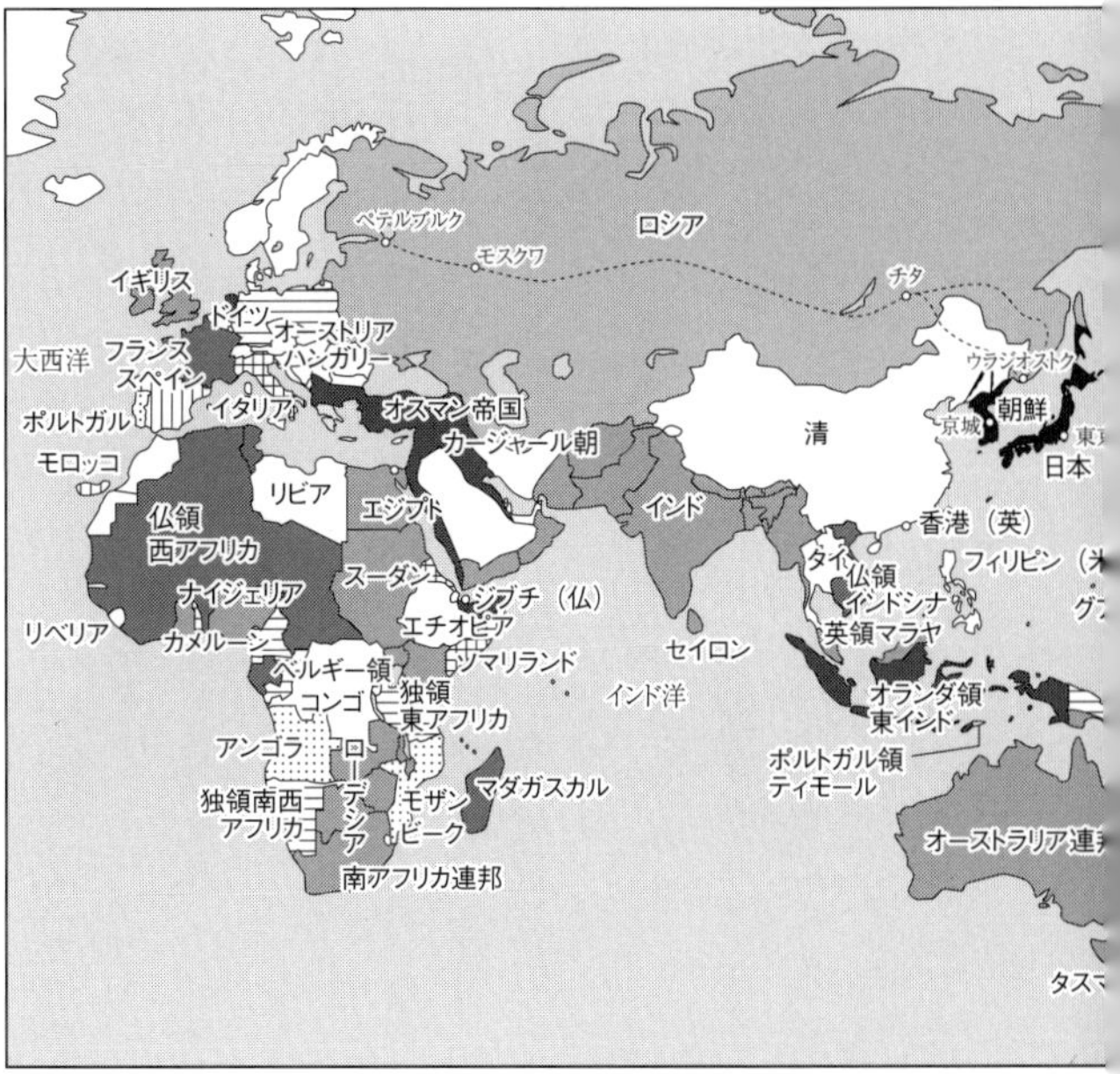

図０－２　19世紀末に

ル人）との争いが起こり、一八九九年に**南アフリカ戦争**が発生した。

南アフリカから北上した内陸部は、イギリス領のベチュアナランドとローデシアで、これらをかこむようにドイツ領（東アフリカ、南西アフリカ）とポルトガル領（東アフリカ、アンゴラ）がある。大陸中心部のコンゴはベルギー領である。

フランスは早くから北アフリカの**アルジェリア**を支配しており、そこに隣接するチュニジアも支配、さらにアフリカ大陸を横断するように、広大なサハラ砂漠を領有した。

この時点で植民地化されていないアフリカ諸国は、オスマン帝国領のリビア（トリポリ・キレナイカ）、モロッコ（一部はスペイン領）、エチオピア、リベリアである。

大西洋から西をみると、やはりイギリス領が目立つ。カナダ、そして太平洋をはさんでオーストラリアとニュージーランドは、かつてのアメリカ合衆国と同様、イギリスの白人入植地として発展した。カリブ海は、やはり一八九八年以降にアメリカが積極進出し、キューバとプエルトリコを支配した。

太平洋をみると、ハワイとグアムはアメリカが領有し、フィリピンへと至るアメリカの**太平洋ネットワーク**が構築されているのがわかる。**南洋諸島**（ミクロネシア）の多くの島々はドイツ領となり、メラネシアにはおもにイギリス、ポリネシアにはおもにフランスが進出した。

アメリカがフィリピンにいたる太平洋ネットワークを構築した先には、中国への経済進出の思惑があった。一八九九年、アメリカは**「門戸開放」宣言**を発し、列強が中国で自由に経済活動ができるよう提唱した。

「文明化の使命」

列強はなぜ植民地を拡大していったのか。それは資源や市場を独占し、植民地開発のための資本の投資先になっていたためであるが、そのさい彼らは、先進的に文化や経済を発展させた自分たちには、まだ未開発の「野蛮」な住民を植民地化して「文明」へとみちびく使命があるという、**「文明化の使命」**をしばしば強調した。

これは植民地支配を肯定するロジックである。白人たちは、「文明」と「野蛮」という優劣をつけることによって、植民地住民を蔑視し、一方的に資源や土地を収奪することを正当化し、服従しない住民を「文明を知らない野蛮人」として暴力的に弾圧することが「正義」であると信じて疑わなかった。

では、白人たちによる支配を受けいれ、植民地住民が「文明化」すれば、彼らには平等が与えられるのであろうか。むろん、そうではなかった。イギリスやオランダなど、多くの列強は植民地住民のエリート層に本国式の教育をほどこし、植民地に大学など高等教育機関も設置した。

しかしそこで育ったエリートには、植民地行政に協力することだけが求められたのであり、けっして平等にあつかわれることはなかった。なぜであろうか。

人種主義の誕生

それは、白人による有色人種に対するきわめて強固な差別意識があったからである。この差別意識の背景には、科学の発展があった。

一九世紀におけるヨーロッパでの自然科学の発展は、人類は科学によって進歩していくのだという思想を生み出した。この**科学主義**の時代において重要な役割をはたしたのがダーウィンの進化論だが、進化論は本来の文脈をはなれて解釈され、優れたものが生きのこり、劣ったものが淘汰されるのは当然であるとする**社会進化論**（**社会ダーウィン主義**）という論理につながっていった。

この論理が人種間にも適用された。すなわち、人種間には優劣があり、優秀な人種が劣等な人種を差別・支配するのは当然であるとする、**人種主義**（**人種差別主義、レイシズム**）の考え方が生まれたのである。

近代以前より支配民族が、髪や肌の色の異なる人々を差別し、野蛮とみなす傾向は存在した。しかし一九世紀以降の人種主義がそれと大きく異なるのは、科学的根拠を与えられているところである。ただそれは、頭蓋骨の形を測定するなど、現在からみれば似非科学同然のしろものであり、支配者にとって都合よくつくられた「科学」だった。

同様の論理が、ヨーロッパの民族のあいだでも適用された。ヨーロッパでは**反ユダヤ主義**が台頭した。ユダヤ人に対する差別や迫害は中世のころからあったが、「ユダヤ教を信じる人々」として差別されていた。

それが一九世紀になると「ユダヤ人という民族」として差別されるようになる。

学問的には、人種と民族は違うものである。しかし人種主義という場合、民族に対する差別も含まれる。ユダヤ人も劣等人種として差別されたのである。

人種主義国家アメリカ

この人種主義が最も発展した国が、アメリカである。一六世紀からつづく奴隷貿易によって、アフリカの黒人たちが奴隷として大量にアメリカで使役された。白人の農場主たちは、主人と奴隷という関係から黒人たちを非人道的に酷使した。それが一九世紀後半の奴隷解放宣言によって変化する。

アメリカにおいて奴隷という身分は撤廃された。しかしそのかわり、彼らは黒人という人種として差別されることになった。アメリカの各州は、本来自由人であるはずの黒人を「劣等な人種」であるという理由で政治参加に制限をかけ、「**ジム・クロウ法**」と総称される黒人差別の法律を次々に制定した。例えば、レストランやバスの座席を白人と黒人で隔離するなど、あからさまな差別が法律の名のもとに、社会のすみずみにまでおよんだ。

その最たるものが、**異人種間結婚禁止法**である。その発想は、白人と黒人とのあいだの婚姻は白人の優秀な血統をけがし、人種を劣化させる犯罪であるというもので、おぞましい人種主義の産物であった（ただし、すべての州で制定されていたわけではない）。

人種主義を国家政策として公然と実行し、それを当然視していたという意味で、アメリカは典型的な人種主義国家であったということができる。それは差別される人々にとって地獄だった。

移民の時代

一九世紀の半ばになると、グローバル・ネットワークの緊密化によって、大量の**移民**がアメリカにやってきた。そもそも移民によって成立した国であるアメリカは、「自由の国」を標榜して、移民を積極的に受けいれていた。しかし一九世紀の移民は量的にも質的にも、それまでとは違っていた。

アイルランドやイタリア、東欧から大量の移民がアメリカ大陸にわたった。彼らは西部開拓をにない、大陸横断鉄道をつくり、産業発展の労働力となった。その一方で、太平洋側からやってくる中国人の移民も増大し、日本人移民がそれにつづいた。

しかしアメリカのアジア系移民に対する態度は、ヨーロッパ系の移民とは異なっていた。白人たちは黒人に対するのと同様に、アジア系移民を差別し、激しいバッシングを加えた。アジア系移民は、アメリカの白人にとって黒人以上に言語・文化・習慣の異なる異分子であり、人種主義の対象になったのである。

こうして一八八二年、アメリカで**中国人移民が禁止**された。建国以来の自由移民の原則はやぶられたのである。

アメリカと同様のことが、世界中で起こっていた。移民がグローバル化したことによって、様々な民族が移住し、現地コミュニティの生活空間に侵食する異分子として嫌悪の対象になっていく。労働移民はそうじて貧しく、使役される存在として人種差別され、それが「文明化の使命」によって増幅された。移民・人種主義・「文明化の使命」は密接に結びつき、深刻な差別構造を生み出していた。

黄禍論

そうしたなかで、一九世紀末にアジアのなかから、みずからを「文明」の側にあるようにふるまう国家が

図0-3　寓意画「ヨーロッパの諸国民よ、なんじらの神聖な宝をまもれ！」

あらわれた。日本である。一八九五年、日清戦争に勝利を収めたことで、日本は台湾や遼東半島などを領有し、列強として名乗りをあげた。

これに対して、ドイツ皇帝ヴィルヘルム二世は、日本人や中国人などの黄色人種が、白人にわざわいをもたらすという**黄禍論**を唱えた。彼が発案したという寓意画が図0-3である。

この寓意画では、天使にみちびかれたヨーロッパ諸国が、ブッダに象徴されるアジア人の逆襲に、武装してそなえようとしている。ブッダの周囲には暗雲が立ちこめており、邪悪な雰囲気をかもし出している。

黄色人種を「わざわい」だとみなす黄禍論は、アジアに対する人種主義にもとづいている。「文明化の使命」と移民によってアジア人に対する差別や嫌悪感が増幅された状況から、二〇世紀ははじまる。

社会主義と平和主義

二〇世紀の歴史にきわめて大きな影響を与えたのが**社会主義**である。社会主義とは、資本主義がひき起こした不平等や貧困を様々な手段で解決し、平等な社会を実現しようとする思想である。

社会主義の重要な論者であるマルクスは、労働者の国際的連帯によって資本家に対抗し、革命をひき起こして社会主義を実現することを唱え、国際労働者協会（第一インターナショナル）を結成した。この考え方は、のちのレーニンを指導者とするロシア社会民主労働党の**ボリシェヴィキ**（多数派）に受けつがれる。

一方で、西欧では違った考え方の社会主義が台頭した。民主的選挙をつうじて議会で多数派になることで、平和的に社会主義政策を実行しようとするもので、ドイツ社会民主党が中心だった。一八八九年にパリで結成された**第二インターナショナル**では、こうした社会主義が主流になった。

これらの社会主義において重要なのは、ただ資本主義の不平等性を批判したのではなく、その文脈で、現状のあらゆる不平等を糾弾していったことである。彼らは「帝国主義」を批判し、諸民族の平等を唱えた。植民地住民やマイノリティにとって、社会主義は目指すべき理想であった。

他方で社会主義は、資本主義や植民地争奪がもたらす戦争にも反対した。**平和主義**自体は古代から存在しており、一九世紀にもカントやユゴーといった知識人らによって主張されていたが、第二インターをはじめとする社会主義と結合することで、大衆運動に発展していく。

女性解放運動ののろし

そして女性の解放を求める**フェミニズム運動**（**女性解放運動**）も高まっていた。そもそも国民の人権を主張したフランス革命の「人権宣言」でも、女性は対象になっていなかった。一九世紀には欧米諸国で「普通選挙」が採択されていったが、女性に参政権が与えられることはなかった。
男性を社会の主体とし、女性を従属下におく不平等構造に対して、ようやく一九世紀になってから声があがった。なぜなら、産業革命によって**女性労働者**が増大したからである。機械を操作するのに男性も女性もない。例えば、一九世紀末に一般化した新しい通信技術である**電話**の交換手は、おもに女性たちがになっていた。

社会主義の運動は、女性労働者の権利もカバーしており、社会主義運動の拡大とともに女性解放運動も興隆した。例えば、社会主義思想が早いうちに浸透したイギリス領ニュージーランドでは、労働者政党が政権を獲得し、一八九三年に世界初の**女性参政権**を実現している。

こうして世界は二〇世紀をむかえる。人種、植民地、女性などあらゆる側面で抑圧と不平等が横行し、それがグローバル化によって世界中に拡散していくなかでの、悲壮な幕開けであった。

第1章　人種主義と民族主義の拡大——一九〇〇年代

中国同盟会発祥の地碑（東京都港区）
1905年8月20日，孫文を指導者として東京で結成された中国同盟会は，後に辛亥革命を起こす革命派の結集軸となる。この場所を提供したのが大倉喜八郎で，現在はホテルオークラとなっている（撮影：筆者）。

中央・南・東南アジア	東アジア	南北アメリカ・国際
	義和団戦争勃発 →八カ国共同出兵	
アギナルド逮捕	光緒新政開始 北京議定書	米，キューバ保護国化 オーストラリア移民法
	第1次日英同盟	
ジャワの女性運動家カルティニ没	日露戦争勃発 第1次日韓協約	
ベンガル分割令 全インド・ムスリム連盟結成 ファン・ボイ・チャウ，ドンズー運動開始	第2次日英同盟 中国同盟会結成 科挙の廃止 ポーツマス条約 第2次日韓協約	中国人移民排斥に反対するボイコット
	満洲に関東都督府	サンフランシスコ日系学童排斥
ドンズー運動挫折	日仏協約 日露協約 ハーグ密使事件 →第3次日韓協約 →義兵闘争拡大	第2回万国平和会議開催
	清，憲法大綱発表	移民に関する日米紳士協定
	ハルビンで伊藤博文暗殺	

欧米列強によるアジア・アフリカでの暴力は、なぜエスカレートしたのだろうか？

日露戦争はアジア諸民族に希望を与えたのか、失望をもたらしたのか？

西　暦	ヨーロッパ・ロシア	アフリカ・中東
1900年		
1901年		
1902年	シベリア鉄道完成	南アフリカ戦争終結 ヘレロ虐殺開始
1904年	英仏協商	第1次モロッコ事件
1905年	第1次ロシア革命 →十月宣言	マジマジ蜂起
1906年		ガンディー，南アフリカで非暴力運動 インド・カルカッタ大会四綱領 イラン立憲革命
1907年	英露協商（三国協商成立）	
1908年	ブルガリア独立 墺，ボスニア・ヘルツェゴヴィナ併合	青年トルコ革命 ヒジャーズ鉄道開通
1909年		アングロ・イラニアン石油会社設立

1　人種主義の拡大

義和団戦争

一九〇〇年、清朝がおさめる中国は、イギリス・フランス・ドイツなど西洋列強によって侵食されていた。中国の民衆は、外国人がわがもの顔で利益をむさぼることにつよく反発した。

そうした中で、華北の農村で反キリスト教を掲げて成長していったのが義和団である。彼らは義和拳という中国武術を鍛錬しており、この武術によって神が乗りうつった身体には、鉄砲が当たっても傷つかないと信じられた。

義和団につどった民衆はついに武装蜂起した。彼らは「扶清滅洋《ふしんめつよう》」、つまり清朝をたすけて西洋を排除することをスローガンに勢力を拡大し、教会、鉄道、電信など西洋に結びつくものをことごとく破壊しながら、山東から北上していった。

清の宮廷でも義和団を支持する意見がつよまり、ついに絶対的権力者であった西太后も、義和団と共同戦線をはることを決定し、列強に宣戦布告した。清軍と義和団は北京の外国公使館地区を包囲した。

事態の急変を受け、列強は自国民の保護と義和団鎮圧のために**八カ国連合軍**を派遣することを決定した。八カ国とは、イギリス、アメリカ合衆国、ロシア、日本、フランス、ドイツ、イタリア、オーストリア＝ハンガリー。この一連の紛争は義和団事件（日本では北清事変）と呼ばれるが、近年ではその国際戦争としての側面を重視して、**義和団戦争**ということがある。

連合軍のうち日本とロシアは大兵力を派遣した。両国は中国進出の機会をうかがっており、ロシアは中国東北部（いわゆる満洲）に義和団の勢力がおよぶとこれを鎮圧し、そのまま満洲を占領してしまった。連合軍は、中国人に対して情け容赦のない殺戮を繰りひろげた。一九〇一年に結ばれた北京議定書（辛丑《しんちゅう》和約）は、北京から天津に至る列強の駐兵権を認めさせられるなど、中国人にとって屈辱的なものであった。

義和団戦争で繰りひろげられた連合軍による中国人に対する一方的な殺戮は、自分たちを「文明」の側におき、中国人を「野蛮」とみなす蔑視的な態度のあらわれである。それと同時に、アジア人を劣等な存在だと考える人種主義のあらわれでもあった。

日本は、同じアジア人である中国人を殺戮する側にまわった。連合軍の一員になることは、「文明」の側にあるということになる。こうすることで、欧米諸国たちに、日本人は中国人とは違う文明的な国民だと認めてほしかったのである。

ドイツによるヘレロ人虐殺

義和団戦争にみられた、非白人に対する情け容赦のない殺戮は、このあとアフリカのドイツ植民地でも再現された。それはグローバルな植民地暴力の連鎖であった。

一九〇四年、ドイツ領南西アフリカ（現在のナミビア）において、原住民の**ヘレロ人**などがドイツ人の土地強奪などに反発して、武装蜂起した。ドイツ人はこの蜂起に対してヘレロ人の「絶滅」を意図し、三年間にわたって徹底的な殺戮でおうじた。これによってヘレロ人の八割が虐殺されたといわれている。

この殺戮の根底には、アフリカ黒人を蔑視する人種主義的な感情がある。欧米列強が世界中に植民地や勢力圏をひろげることによって、支配される非白人を劣等な存在とみなす人種主義が自然に定着した。「文明」の意識と植民地支配は、暴力をともなう人種主義へと結びついたのである。

図1-1　鎖でつながれたヘレロ人たち

ところで、このときドイツ人は、ヘレロ人を「絶滅」へとおいこむべく、彼らを強制収容所におしこめて組織的に殺害している。この事実は、数十年後にナチ・ドイツがユダヤ人に対して行うことになる虐殺を想起せずにはおかない。二〇世紀における**ジェノサイド**（集団の抹殺）の歴史は、植民地暴力からはじまったのである。

日露戦争の勃発

義和団戦争のさいにロシアが満洲を事実上占領したことで、東アジアにあらたな緊張関係が生まれた。ロシアは一九〇二年に**シベリア鉄道**を完成させ、清から敷設権を得ていた東清鉄道と結びつけた。これで、清の領土を迂回せずに満洲を通ってウラジヴォストークまで直結させるルートができた。

さらに、東清鉄道の長春から旅順・大連へと南下する支線を開設したことで、東シナ海への進出を可能とした。ロシアの満洲占領は、シベリア・ネットワークを東アジアへと結びつける道の完成を意味した。

このロシアの東アジアへの道に脅威を感じとったのは、イギリスである。イギリスはこれまで、外交関係にしばられずに世界帝国を運営するため、どの国とも同盟を結ばない「光栄ある孤立」の姿勢を取っていたが、ここにきてロシアを牽制するために、同盟国を必要とするようになった。そこで白羽の矢が立ったのが日本である。かくして一九〇二年、**日英同盟**が成立した。

ロシアの南下は朝鮮半島の支配をねらう日本にとっても脅威だった。日本は日英同盟に力を得て、ロシアとの戦争準備に入っていった。当初は戦争を望んでいなかった日本の世論も次第に開戦論へと傾いていった。

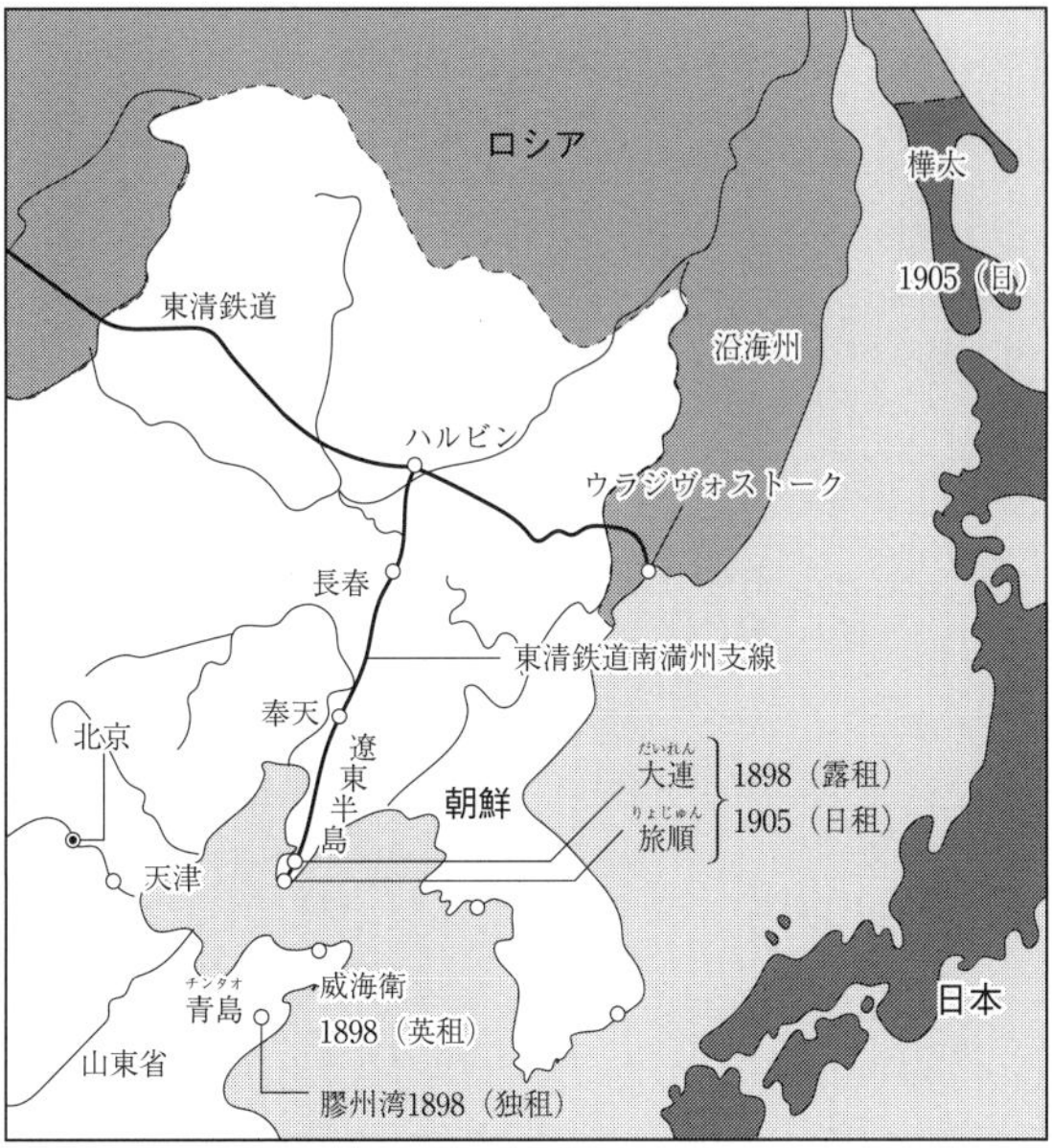

図1-2　1904年の満洲周辺

他方で内村鑑三はキリスト教の立場からあくまで非戦の立場をつらぬき、幸徳秋水などの社会主義者も戦争に反対した。

社会主義者は、植民地支配をひろげようとする戦争に反対する立場を表明していた。ヨーロッパの第二インターナショナルも、日露開戦に反対の立場を表明した。

しかし平和を求める一部の世界の声はとどかず、一九〇四年二月、日本海軍は旅順港外のロシア艦隊を攻撃し、宣戦布告した。**日露戦争**の勃発である。日本軍は大きな犠牲をはらいながらも戦いを有利に進めていった。

このとき日本は、ロシアとの戦争のかたわら韓国を武力で制圧し、日本から財政と外交の顧問を韓国政府に送りこんで監督させる**第一次日韓協約**を結ばせた。これは戦争という非常時を利用して、軍事的強制力によってなしくずしに保護国化を進める動きであった。

第一次ロシア革命の勃発と講和

ロシアは大国とはいえ、露仏同盟によるフランス資本の流入によって本格的な工業化をはじめたばかりの、日本と同じ後発国である。ロシア経済の基盤はいまだ脆弱であり、日本との戦争に苦戦がつづくと、民衆の生活の厳しさを戦争ムードによってごまかすことができなくなっていた。

一九〇五年一月、民衆の不満が爆発した。パンを求める民衆デモに軍隊が発砲した「血の日曜日事件」をきっかけに、**第一次ロシア革命**が勃発した。各地で農民蜂起、労働者のストライキ、民族運動が続発した。社会主義思想がひろまっていた都市の労働者たちは、選挙によって**ソヴィエト**（会議）を独自に組織し、ストライキを指導した。

ロシアの革命はとうとう軍隊に波及し、水兵の反乱が起こるまでになった。ここに至って、ついに皇帝《ツァーリ》**ニコライ二世**は戦争の継続を断念し、アメリカ大統領セオドア・ローズヴェルトの仲介を受けいれ、**ポーツマス講和条約**を結ぶことになった。ツァーリは「十月宣言」を発して国会の開設を約束し、革命を鎮静化させた。

ポーツマス講和条約によって、ロシアは日本の韓国における指導権を認め、旅順・大連の租借権と南満洲の鉄道利権をゆずり、南樺太の領有権を与えた。日本は賠償金こそとれなかったが、東アジア進出の要求はほとんどかなえられたといえる。ロシアは満洲から撤退し、日本がそれにとってかわったのである。

アメリカの移民排斥と人種主義

日露戦争の経緯と結果は、単純にいえば「アジア人が白人に勝った」ということである。もちろん、韓国の支配を進める日本は「白人」と同じ立場にあったのであり、状況はもっと複雑である。しかし「アジア人の勝利」という単純化されたイメージは、世界中に衝撃をもたらした。欧米列強にとっては、黄色人種が白人の脅威になるという黄禍論が現実になったようであった。

アメリカでは、移民排斥運動が激しくなった。すでに中国人移民に対する排斥運動がつづいていたが、同じ憎悪が日本人移民にも向けられた。「日本人が白人に勝った」という日露戦争の結果が持つイメージが、アメリカ白人の反感を呼んだのである。黄禍論がもりあがり、サンフランシスコで日本人学童に対する排斥運動が起こった。

その後も日本人移民排斥運動はつづき、日米両国の関係は悪化していった。欧米との関係を悪化させたくない日本政府は、一九〇八年にアメリカと**紳士協定**を結び、労働目的の出国を自主規制することになった。人種主義国家アメリカは、日本人や中国人といったアジア系移民に対しても、黒人と同様の人種差別立法を適用した。日露戦争後にアメリカでもりあがった黄禍論は、黒人に対して当たり前のように行われていた人種主義の矛先が、アジア系移民に向けられたものだったのである。

イギリス自治領での人種主義

イギリスの自治領でも人種主義がひろまっていた。自治領とは、自治権を与えられたヨーロッパ系入植者を中心とする植民地で、一九世紀の後半にカナダに自治が与えられたのが最初だった。そのカナダでは、ヨーロッパの移民は受けいれながらも、日本人や中国人などのアジア系移民に対してはきびしい入国制限をもうけていた。

そして、一九〇一年に二番目の自治領となったオーストラリアでも、非白人の流入を制限する移民法が成立した。自治領ではアジアやアフリカの他の植民地とは違い、「白人の国」であることが重要なアイデンティティとなっていた。こうして「白人のみのオーストラリア」すなわち**白豪主義**という人種主義が国是となっていくのである。

四番目の自治領となる南アフリカでも、人種主義が支配的だった。もともと一七世紀からオランダ人が入植し、彼らは何世代にもわたってそこに住み、アフリカーナー（南アフリカ生まれの白人）として新たな支配者であるイギリス人と衝突した（南アフリカ戦争）。

一九〇二年にこの戦争がイギリスの勝利に終わると、南アフリカは「白人の国」として再編されていく。そしてイギリス人は「同じ白人」としてアフリカーナーと和解し、白人同士協力して黒人を差別するようになった。

例えば黒人は白人と同等の権利を認められず、取得できる土地も指定された。南アフリカでも人種主義が政策として実行されたのである。こうした政策は次々と増えていき、のちに**アパルトヘイト**とよばれるようになる。

南アフリカのガンディー

そしてアメリカと同様、この南アフリカの人種主義は黒人にだけ向けられたのではない。インド人移民に対しても差別が向けられた。

インドは中国と同じく、東南アジアやアメリカに移民を多く送り出していた。同じイギリスの植民地となり、インド洋をわたる海洋ネットワークで結びついていた南アフリカにも、出稼ぎ目的のインド人が多く移住していった。

しかし、彼らは非白人で移民であるという二重の意味で差別された。このインド人差別に対して真っ向から戦ったのが、当時南アフリカにいた若きガンディーである。ガンディーはインド人エリートとしてロンドンに留学したのち、南アフリカで弁護士として活動していく中で、白人支配のもとで公然と行われるインド人差別に、非暴力・不服従の運動を展開して立ち向かっていくのである。

黒人差別や黄禍論、アジアやアフリカでの非白人に対する差別政策や暴力などは、いずれも人種主義の考え方が世界で顕在化したことをしめしている。人種主義は二〇世紀にグローバル化し、世界中で人間の権利をおびやかしていくのである。

人種主義によるあからさまな差別にさらされたアジアの諸民族は、それに対抗してみずからの自尊心と民族の権利を獲得すべく、ガンディーのように民族主義をさらに活発化させることになる。

2　アジア民族主義の拡大

中国人留学生と亡命者

人種主義のグローバル化の背景となる「白人による非白人の支配」は、白人だけが近代化することができ、「文明」に属するという考え方によって正当化されていた。しかし日露戦争の勝利は「白人に対するアジア人の勝利」とみなされ、アジアの諸民族に希望を与えた。われわれも日本のように近代化すれば白人に勝利することができると。

図1-3　孫　文

こうして日本はアジアにおける近代化のモデルになった。多くのアジアの知識人が日本への留学を希望していった。特に急増したのが中国人留学生である。一九〇五年に科挙が廃止された結果、新式の学校や海外留学が人気を集めるようになった。そしてアジアの近代化のモデルと目された隣国の日本が、留学先として人気をあつめたのである。

彼ら留学生はいわば、近代中国の将来をになうエリートの卵であった。そんな若きエリートを自分たちの陣営に組みこもうとあらそっていたのが、華僑ネットワークの支援を受けて日本で政治活動を行う、ふたつの亡命者のグループであった。

一つは康有為《こうゆうい》や**梁啓超**《りょうけいちょう》ら、西太后によって清朝を追われた変法運動の指導者たちである。彼らは光緒帝を中心とした立憲君主制を目指しており、「立憲派」と呼ばれる。梁啓超は、日本語に翻訳された啓蒙思想の文献を中国語で紹介したり、日本で留学生向けの雑誌を発行したりするなど、立憲派の思想を留学生にひろめるための活発な啓蒙活動を行った。

もう一つは、清朝の打倒を目指す**孫文**らの「革命派」であり、華僑ネットワークや日本人の支援を受けて中国で武装蜂起を展開し、亡命を繰り返していた。一九〇五年、孫文の興中会など革命諸派は日本人の支援も受けて東京で合同し、**中国同盟会**を結成した。立憲派と革命派は激しく論争し、留学生や中国本土の改革にも影響を与えていった。

「三民主義」対「五族共和」

中国同盟会では、駆除韃虜《くじょだつりょ》、恢復中華《かいふくちゅうか》といったスローガンが採択された。つまりは満洲人のおさめる清朝を打倒し、漢民族の中国を取り戻そうというものである。

この民族主義的な主張は、孫文が提唱する「**三民主義**」にもあらわれている。三民とは民族・民権・民生というスローガンだが、満洲民族の清朝を打倒して漢民族の共和国をつくることを目指したものである。

この革命派の民族主義にもとづけば、きたるべき漢民族の中国から満洲人は排除されることになる。立憲派はこれを批判し、清朝の領土にすむ五つの民族――漢、満、蒙（モンゴル人）、蔵（チベット人）、回（ウイグル系ムスリム）などを一つに統合する「**五族共和**」を主張した。

すでに清朝も同じ問題に直面していた。一九〇八年には大日本帝国憲法にならった憲法大綱が発表され、中国を近代的な国民国家にしようとした。それまでの清朝はチベット・モンゴル・ウイグルなどの領域を藩部として、自治を認めていた。ところが近代化改革によって漢語による国民教育や中央集権体制が強制され、諸民族の反発が強まり、自立への動きが生まれようとしていた。

こうして中国は、留学や改革を通じて西洋的な近代思想を積極的に吸収していった結果、少数民族問題という現在につながる深刻な問題に直面することにもなったのである。

ベトナムのドンズー運動

一九〇五年、日露戦争による「白人に対するアジア人の勝利」というインパクトは、アジア民族主義のグローバルな連鎖をひき起こしていく。フランスの植民地となっていたベトナムでは、知識人**ファン・ボイ・チャウ**が日本のような立憲君主制による独立を目指して維新会を組織していた。

日露戦争の勝利に衝撃を受けたファン・ボイ・チャウは、独立のための軍事援助を求めて、一九〇五年に日本を訪問した。彼はそこで梁啓超ら亡命中国人と交流し、大隈重信のような有力な政治家とも接触することで、ベトナムからも日本への留学を活性化させ、近代国家をになう人材を育成することが必要であると確信するに至った。

帰国したファン・ボイ・チャウは維新会を中心に、さっそく「**ドンズー（東遊）運動**」という積極的な日本への留学運動を開始した。日本へのベトナム人留学生は増えてゆき、ドンズー運動は順調であるかにみえた。

インドのカルカッタ大会四綱領

一方イギリスが支配するインド帝国では、イギリス式教育によって民族意識を身につけた現地人エリートたちが、**国民会議**に結集してインド民族主義を成長させていた。

民族主義の高まりは植民地統治にとって都合が悪い。一九〇五年、イギリスはこの民族主義を宗教対立によって分断するべく、ベンガル州をヒンドゥー教徒とムスリムの地域にわけるベンガル分割令を発した。国民会議はこれに反発して急進化した。このとき、日露戦争が影響を与えたといわれる。

翌年、カルカッタで開催された国民会議の大会では、急進的民族主義の代表であるティラクらが主導権をにぎり、イギリス製品の不買、インド製品の愛用（スワデーシ）、インド自治の獲得（スワラージ）、民族教育の推進の四綱領が決議された。イギリスの支配に対する真正面からの抵抗運動が宣言されたのである。

イギリス総督はなおも宗教的分断をはかり、ムスリムの代表に対してはたらきかけた。ムスリム独自の州をつくるという約束を受けて、国民会議のムスリムは分離し、親英的な**全インド・ムスリム連盟**を結成した。

これが現在に至るインドとパキスタンの対立の起源となる。

イラン立憲革命

日露戦争の結果はイスラームの人々にも影響を与えた。はるかに遠く離れた極東の日本と中東イスラーム諸国を結びつけたのは、世界のすみずみにはりめぐらされた電信網であった。日露戦争の経過は電信網を通じて世界中にリアルタイムでつたえられた。日本の予想外の連勝は、西洋の圧迫に苦しむイスラームの人々に驚愕をもってむかえられ、それまでほとんど知られていなかった日本への関心が高まっていった。

カージャール朝イランは、一九世紀の後半を通じてロシアとイギリスの侵略を受けていた。一九〇五年に日本の勝利がつたわると、日露戦争の顚末を描いた『ミカド・ナーメ（天皇の書）』という叙事詩が発表され、好評を博した。『ミカド・ナーメ』では、日本の勝利の要因をその立憲政体に求めた。

こうして日露戦争をきっかけにイランで立憲運動がもりあがった。その担い手になったのは、全イランにネットワークを持つウラマー（イスラーム学者）やバザール商人たちであった。彼らは当初政府の経済政策を批判して、国会の開設を要求したが、ヨーロッパで学問を修めた知識人たちも協力して、近代憲法の制定を要求していった。

立憲運動は全イランにひろがり、その圧力に抗しきれなくなった国王は民衆の要求を受けいれた。一九〇六年一〇月に制限選挙で選ばれた国会議員が出席する議会が開催され、さらに翌年には、フランス人権宣言の内容を取りいれた先進的な憲法が制定されたのである。この一連の流れを**イラン立憲革命**という。

図1－4　アブデュルレシト・イブラヒム

イブラヒムとパン・イスラーム主義

日露戦争は中央ユーラシアのムスリムにも影響を与えている。一九〇五年の第一次ロシア革命によってロシア帝国で自由化への機運が高まると、ロシアの支配下にあった中央ユーラシアのムスリムたちの運動も活発になった。彼らはロシア帝国にムスリムの自治を要求していった。

その指導者の一人が、西シベリア出身のタタール人ムスリム、**イブラヒム**である。彼はイスラーム神学を学んでウラマーとなり、メッカ巡礼ののち、ユーラシア大陸横断の旅に出発した。イブラヒムは日露戦争の勝利を受けて、いまだイスラームがひろまっていない日本にイスラームを伝導し、イスラーム世界と日本が連携してヨーロッパに対抗することを夢見て、日本をおとずれた。

一九〇七年二月、彼は敦賀港におりたち、「われわれの目的は日本にイスラームをひろめるとともに、東洋の覚醒と統一とをはかり、これによって東洋を外国の侵略から防衛するために尽力することです」とのべて、伊藤博文、大隈重信、右翼の重鎮頭山満ら政界の大物と接触した。

世界中のムスリムが連帯して西洋に対抗しようとするイブラヒムらの思想を、**パン・イスラーム主義**という。イブラヒムはパン・イスラーム主義をさらにひろげた東洋の連帯という理念によって西洋に打ち勝つべく、日本に期待したのであった。

青年トルコ革命

パン・イスラーム主義の一つの中心は、オスマン帝国であった。オスマン帝国のスルタン、アブデュルハミト二世は、西洋列強の圧力をはねかえすためにパン・イスラーム主義を掲げていた。その成果のひとつが、世界中のムスリムからの寄付金によって建設された**ヒジャーズ鉄道**である。

ヒジャーズ鉄道はオスマン帝国領のシリアのダマスクスから聖地メディナまでをつなぐ巡礼目的の鉄道である。これによってメッカ巡礼がそれまでよりも容易になり、パン・イスラーム主義への求心力が高まることが期待された。

しかしオスマン帝国では、一九世紀末に組織された政治グループ、「統一と進歩委員会」が、スルタン専制を批判する政治運動を行っていた。彼らはアブデュルハミト二世の弾圧を受けてパリに拠点をうつし、イタリア人の政治活動になぞらえて「青年トルコ人」と呼ばれるようになった。

日露戦争とそれにつづくイラン立憲革命は、「青年トルコ人」のグループにも立憲運動をひき起こさせた。この立憲運動は、オスマン帝国がかつて廃棄したミドハト憲法の復活という要求となった。

「青年トルコ人」は一九〇八年に若手の将校団と組んでクーデタを敢行し、政権を奪取した。アブデュルハミト二世はミドハト憲法の復活を承認したが、翌年退位させられた。これを**青年トルコ革命**という。

しかし革命政府は一枚岩ではなく、帝国の政治は混乱した。この混乱の影響を受けたのが、バルカン半島であった。まずオスマン帝国の直轄領であったブルガリアが独立を宣言した。そしてすでに独立していたギリシアやセルビアも、オスマン帝国領内にのこる自民族の土地の編入を求めていった。

彼らの背後にはロシアによる**パン・スラヴ主義**、すなわちスラヴ系民族の連帯をロシアが支援してバルカン半島への進出をはかるという戦略があった。ロシアの後ろ盾を得てブルガリアは独立を達成した。

さらにバルカン半島の動揺に便乗して、オーストリア＝ハンガリー君主国が**ボスニア・ヘルツェゴヴィナを併合**した。この地域を大セルビアの歴史的領土と捉えていたセルビアは、オーストリアに対する反発をつよめ、バルカン半島の緊張は一気に高まっていく。

このように、日露戦争での日本の勝利は、人種主義がグローバル化する世界にあって「白人に対するアジア人の勝利」と理解され、アジア諸民族の広範な民族主義運動をひき起こした。中国やベトナムからは日本の近代に学ぶべく留学生がおとずれ、インドはイギリスからの自立を模索し、イランやトルコでは立憲革命への運動が起こったのである。

3　民族主義の抑圧構造

日本の朝鮮・満洲進出

しかし日本政府は、アジア諸民族の期待にこたえようとはしなかった。そもそも日本は、日露戦争の結果、朝鮮半島への進出を加速させた。一九〇五年、日本はアメリカとイギリス両国の承認のもと、**第二次日韓協約**を結んで韓国の外交権を奪い、漢城（ソウル）に統監府をおき、伊藤博文が初代統監となった。韓国はいまだ独立国であるにもかかわらず、日本の属国になったのである。

さらに日本は、ロシアから奪った旅順と大連を足がかりに、ついに満洲への進出を果たした。日本は南満洲における権益を清に認めさせ、一九〇六年に**関東都督府**をおいた。「関東」とは万里の長城東端の山海関のさらに東側、つまり満洲のことだが、日本はここに武官の都督を派遣して現地の行政にあたらせた。

また、ロシアから奪った長春・旅順間の東清鉄道支線を経営するため、半官半民の**南満州鉄道株式会社**

（満鉄）を設立した。この鉄道沿いの資源が開発され、満鉄と朝鮮半島を経て北九州の官営八幡製鉄所に供給され、さらに瀬戸内海の造船所が活性化していく。こうして日本の大陸につながるネットワークが成立した。

かくして、北九州から朝鮮半島をへて満洲に結びつき、旅順・大連から中国へ、長春からロシアのシベリア鉄道へと接続するネットワークが、日本の発展を支える大動脈になった。このネットワークの支配を確固たるものにするべく、韓国の主権を奪い、朝鮮半島の植民地化を急速におし進めていくのである。

英仏協商とモロッコ

日露戦争に前後して、イギリスは日英同盟を皮切りに孤立政策から同盟政策へと外交方針を転換した。このころイギリスにとって最大の懸念は、ドイツ帝国の海軍増強であった。このドイツの脅威に対抗するべく、一九〇四年に**英仏協商**が結ばれた。

英仏協商にみられる「協商」とは何だろうか。防衛のための協力について軍事的な約束をする同盟とは違って、協商とは相互の勢力圏などを定める政治的約束のことをいう。英仏協商では、エジプト・スーダンでのイギリスの優越権と、北アフリカのモロッコでのフランスの優越権が相互に確認された。

モロッコは独立国である。フランスは、英仏協商で優越権が認められたことで、翌年、保護国化に乗り出した。これに対してドイツが反対し、**第一次モロッコ事件**が起こって列強同士の緊張が高まったが、イギリスが調停して一九〇六年にアルヘシラス会議をひらき、ドイツが引っこんだ。

フランスもドイツも、独立国モロッコの意向など意に介さず植民地化を当然のこととして取りあいをしている。フランスはモロッコを「文明化」する使命があるのだと公言し、欧米諸国民の誰もそれをおかしいと思わなかった。

英露協商とチベット・イラン

日露戦争によってロシアが東アジアから撤退したことは、イギリスにとってユーラシア大陸をめぐる一つの脅威がなくなったことを意味した。イギリスは英仏協商のときと同様に、ロシアとの協商関係を結んだ。一九〇七年に締結された**英露協商**である。

英露協商によって、イギリスとロシアのあいだで奪いあう形になっていたイランの勢力圏が相互に承認された。イラン立憲革命を牽制するためである。さらにアフガニスタンをイギリスの勢力範囲とした。

またこのころ英露両国は、清朝の漢語政策などに反発して自立の動きをみせていたチベットに対して干渉しようとしており、これが将来の紛争の火種になりかねなかったため、チベットにおける清朝の主権を認めて、両国の利害を調整した。

このように、イギリス・フランス・ロシアとのあいだに結ばれた協商関係（いわゆる「三国協商」）は、植民地獲得競争によって世界各地で衝突する可能性がある地域についてたがいの侵出範囲を確認しあうという内容であった。そして支配される民族の抵抗は、一致して抑圧するのである。

日露協約・日仏協約と韓国・ベトナム

この列強による世界分割と民族抑圧のための同盟構造に、日本も参画した。一九〇七年、日本は日英同盟を更新し、敵国だったロシアと**日露協約**を結び、さらにフランスと**日仏協約**を締結することで、韓国の保護国化と南満洲の利権を列強に認めさせた。

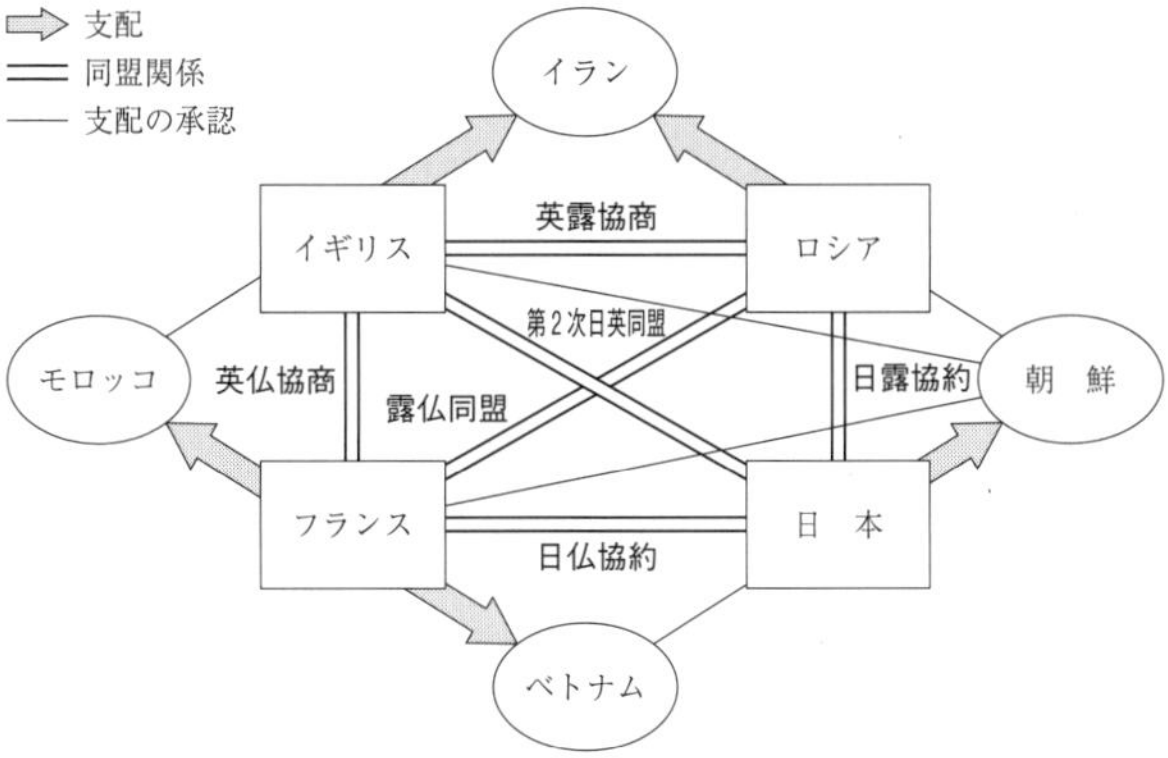

図1－5　列強同盟の民族抑圧構造（1907年）

また、日仏協約のさいに日本はフランスの要請におうじ、ベトナム人留学生の追放を決定した。ベトナムを支配するフランスはドンズー運動による民族独立運動のもりあがりを警戒していた。こうして、日本に学びたいというベトナム人の希望は、その日本によって弾圧されることになった。

ファン・ボイ・チャウは失望した。彼は小村寿太郎外相宛に手紙を書き、日本は欧米人にへりくだりアジア人を軽視していると厳しく批判した。ドンズー運動はわずか二年で挫折した。

このように一九〇七年は、日露戦争後の列強同士の同盟関係を、日本を含めて再構築していく年になった。複雑に入り組んだこの列強の同盟関係は、あたかもウィーン体制がナショナリズムを弾圧していったように、朝鮮で、ベトナムで、イランで、諸民族の自立への夢をふみにじり、民族主義を封じこめるグローバルな抑圧構造を持っていたのである。

ハーグ密使事件から義兵闘争へ

そして、民族主義に対する国際的抑圧構造が典型的にあらわれたのが、**ハーグ密使事件**である。

一九〇七年、ハーグで第二回**万国平和会議**がひらかれた。万国平和会議はヨーロッパにおける平和運動の高まりを受けて、平和運動に関心をもったロシア皇帝ニコライ二世が主催したもので、捕虜の人道的な処遇を定める陸戦協定を採択したり、常設国際仲裁裁判所の設置を提唱するなど、一定の成果をおさめていた。

このとき韓国皇帝の高宗が、日本の韓国に対する内政干渉の不当性をうったえるべく、ハーグに密使を派遣した。ところが欧米列強はすでに日本の韓国支配を一致して承認しており、韓国側の言い分は無視された。それどころか、日本はこの機会に高宗を退位させて皇太子を即位させ、さらに**第三次日韓協約**によって韓国の内政権を奪い、軍隊も解散させた。日本は韓国を保護国化したのである。

ハーグ密使事件以降の流れをみると、万国平和会議で話しあわれた平和とは、しょせんは列強のための平和にすぎず、彼らに抑圧される諸民族の犠牲のうえに構築されるしろものであったことがわかる。

国際的な抑圧によって自国を日本に奪われた朝鮮人は激しく反発し、民衆の武装蜂起が活発となった。韓国では彼らを「義兵」と呼ぶ。この**義兵闘争**に対して日本は軍隊を動員し、徹底的な弾圧で対応した。一九〇九年、韓国統監の伊藤博文は訪問先のハルビンで**安重根**《アンジュングン》によって暗殺される。死刑判決を受けて獄中にあった安重根は、取り調べにさいして「東洋の連帯」を夢見ていたと発言している。

二〇世紀に入り、西洋列強によって支配され、人種主義の偏見にさらされたアジアの諸民族は、日露戦争によって民族運動を活発化させていった。イブラヒムや安重根の思想にみられるように、彼らは「東洋の連帯」を求めていた。しかし現実には、彼らが期待した日本は列強の側にあり、その同盟網によって民族運動を抑圧する立場にあったのである。

第2章　革命と戦争の世界——一九一〇年代

板東俘虜収容所跡地（徳島県鳴門市）
青島で日本軍の捕虜になったドイツ兵は日本各地の俘虜収容所に収容された。なかでもここ板東俘虜収容所は，日本ではじめてベートーヴェンの交響曲第９番が演奏されたことで有名である。収容所跡地には1919年に俘虜みずからがつくった慰霊碑（写真奥）が残されている（撮影：筆者）。

中央・南・東南アジア	東アジア	南北アメリカ・国際
	韓国併合条約	国際女性デー採択 メキシコ革命開始
	青鞜社設立 辛亥革命勃発 モンゴル独立宣言	メキシコのディアス政権崩壊
ベトナム光復会結成 サレカット・イスラム結成	中華民国成立 清朝滅亡	米，ニカラグア占領
	中国で第二革命 チベット独立宣言	メキシコのマデロ大統領殺害 フォード式自動車生産体制開始
	日本参戦，ドイツ領南洋諸島占領 日本，青島占領	アメリカ，メキシコ革命介入 パナマ運河開通
ガンディー，インド帰国	日本，二十一カ条要求 中国で第三革命	米，ハイチ占領 KKK 復活
		米，ドミニカ占領
タイ，連合国側で参戦	中国，連合国側で参戦	メキシコ憲法制定 アメリカ，対独宣戦布告
	日本，シベリア出兵 米騒動が拡大 中国，シベリア出兵	ウィルソン，十四カ条の平和原則 米，シベリア出兵を宣言
イン・インフルエンザの世界的大流行		
ローラット法 ガンディー，サティヤーグラハ運動開始 アムリットサル事件 第3次アフガン戦争 アフガニスタン独立 ヒラーファト運動開始 インド統治法	朝鮮で三・一独立運動 中国で五・四運動 中国，ヴェルサイユ条約調印拒否 孫文，中国国民党結成	パリ講和会議

第一次世界大戦は、ユーラシア大陸全体にどのような変動をもたらしたのだろうか？

なぜ「民族自決」は、第一次世界大戦中に世界の共通理念になったのだろうか？

西　暦	ヨーロッパ・ロシア	アフリカ・中東
1910年		
1911年	イタリア・トルコ戦争勃発	ロシア軍テヘラン侵攻，議会閉鎖 第2次モロッコ事件
1912年	バルカン同盟結成 第1次バルカン戦争	伊，リビア植民地化 フランス・スペインによるモロッコ保護国化
1913年	第2次バルカン戦争	
1914年	サライェヴォ事件 第一次世界大戦勃発	英仏，トーゴ占領 オスマン帝国参戦 英，エジプト保護国化を宣言
1915年	英仏露，サイクス・ピコ協定	フセイン・マクマホン往復書簡
1916年		英仏，カメルーン占領 アラブの反乱開始 アルメニア人虐殺
1917年	無制限潜水艦作戦 ロシア二月革命 レーニンの四月テーゼ ロシア十月革命 平和に関する布告 ロシア内戦開始	英，バルフォア宣言
1918年	ブレスト・リトフスク条約 イギリス，第4回選挙法改正 対ソ干渉戦争決定 ブルガリア降伏 オーストリア＝ハンガリー崩壊 ドイツ革命。ドイツ帝国崩壊し，臨時政府が連合国に降伏	アラブ軍，ダマスクス占領 オスマン帝国降伏 スペ
1919年	コミンテルン結成 ハンガリー革命 ヴェルサイユ条約 ルーマニア・ハンガリー戦争 サン・ジェルマン条約 ヌイイ条約	パリで第1回パン・アフリカ会議 ワフド党結成，エジプト独立運動 ギリシア軍，イズミル占領

1　世界分割から世界大戦へ

日本の韓国併合

一九〇七年に完成したイギリス・フランス・ロシア・日本の列強同盟網は、それぞれの植民地や勢力圏を保障しあうものであった。その結果、第一次世界大戦にいたるまで、列強の世界分割は加速していった。まず日本の韓国併合である。伊藤博文が暗殺されたことで併合への動きは加速し、義兵運動を武力によって押さえつけながら、ついに一九一〇年八月、**韓国併合条約**が締結された。

この条約は、形式としては大韓帝国がみずから望んだという表現であったが、実際には軍事的圧力によって強制されたものであった。韓国側の抵抗は、欧米列強との同盟関係と軍事力によって圧殺した。もちろん併合後の朝鮮人の抵抗も、武力によって押さえつけた。これを**武断政治**という。

併合したということは日本の領土になったということで、本土と同等の地位が与えられなければならない。しかし日本はソウル（京城）に**朝鮮総督府**をおいて植民地統治をおこない、朝鮮人を二等国民の地位において差別した。

まず、朝鮮人には言論・出版・集会・結社の自由が認められなかった。**土地調査事業**が朝鮮全土で実施され、所有者が明確でないとされた朝鮮人の多くの土地が不当に没収された。そして国民統合のために、日本語による教育が強制され、朝鮮語は学校であつかわれなくなった。朝鮮人の民族的自立性は徹底的に抑圧されたのである。

日本の支配に対する怒りのエネルギーは、武断政治によって押さえこまれながらも人々の中に着実に蓄積されていく。それがいつか爆発することは明白だった。

辛亥革命

韓国が完全に日本の領土となった翌年、隣国の中国では**辛亥革命**が勃発した。これは一九一〇年代に頻発する、皇帝を頂点とする大帝国を崩壊させる革命の皮切りとなった。その革命のエネルギーは、中国の場合、民族意識の爆発であった。

義和団戦争の敗北以来、中国は列強の半植民地状態におかれていたが、グローバル経済に適応した中国人の**民族資本家**も成長した。彼らは列強に対抗するように鉄道建設と買収を進めていった。

しかし清朝は、せっかく民族資本によって建設されていった鉄道を国有化し、その財産を元手に外国から借款するという政策を打ち出した。一九一一年秋、これに民族資本家や地方有力者が怒りを爆発させ、革命派の主導のもとに南部諸州が独立宣言をする。翌一九一二年一月一日、南京を首都として**中華民国**が成立した。臨時大総統にはアメリカから急遽帰国した孫文が就任した。

清朝は**袁世凱**に命じて、革命軍を鎮圧すべく北洋軍を南下させたが、袁世凱は孫文と会談し、大総統の地位とひきかえに清朝を裏切った。北洋軍は反転して北京に入った。かくして、まだ六歳の宣統帝溥儀《ふぎ》が退位させられ、清朝は滅亡した。

その後袁世凱は独裁志向をつよめ、これに反発する孫文らが「第二革命」を起こしたが弾圧され、孫文らは日本に亡命する。中国の革命はまだつづいていくのである。

モンゴルとチベット

革命派の「三民主義」の中に「民族」があるように、辛亥革命は民族主義運動の特徴を持っていた。このため革命が勃発すると、清朝支配下にあった諸民族も民族独立運動を活発化させた。

外モンゴルのハルハ地方では、モンゴル王侯たちが独立を宣言し、ボグド・ハン政権を樹立した。ハン国、つまりチンギス・ハンからつづく大モンゴルの首長（ハン）を中心とする遊牧国家としての独立宣言である。

さらに一九一三年にはチベットでダライ・ラマ一三世が独立を宣言した。モンゴルとチベットはともに清朝末期の光緒新政で、漢語教育への反発からすでに独立運動を展開しており、革命をきっかけにそれが爆発したのである。

しかし中華民国は清朝の領土を継承する立場を表明し、独立を認めなかった。大総統となった袁世凱は、立憲派の梁啓超がとなえる「五族共和」を中華民国の国民統合の理念とし、モンゴルやチベットも同じ中国人として国民化しようとした。しかし、その「五族共和」とは名ばかりで、実際は漢民族への同化であった。モンゴル人やチベット人が反発するのは当然であった。

そこに列強の思惑もからむ。モンゴルの背後にはロシアが、チベットの背後にはイギリス（インド帝国）がいた。革命後の混乱もあって袁世凱には列強に抵抗する余裕はなく、結局モンゴルとチベットには事実上の自治が与えられた。

ちなみに、辛亥革命に影響を受けたのが、ベトナムのファン・ボイ・チャウである。彼は日本にドンズー運動を弾圧され失望していたが、辛亥革命後の一九一二年に中国の革命派にならってベトナム光復会を結成した。ベトナムでも革命的な民族運動をおこそうとしたが、こちらも独立への道ははるか遠いものであった。

イスラーム分割

一方、ヨーロッパ列強は、世界分割ののこされたフロンティアとして、イスラーム諸国にねらいを定めた。この流れは基本的に第一次世界大戦以後にまでつづいていく。東から順番にみていこう。

まずインドネシアでは、スマトラ半島のイスラーム国家、アチェー王国とオランダとの全面戦争（**アチェー戦争**）がつづいていた。しかし一九一二年、アチェー王国はついに滅亡し、オランダ領東インドに編入されてしまった。

その後、インドネシアではムスリム商人の互助組織である**イスラーム同盟（サレカット・イスラム）**による民族運動が活発になり、植民地支配に抵抗していくことになる。

次にイランでは、議会が開設され憲法も制定され、いよいよ自立した近代国家への道をあゆみはじめたように思われた。しかし英露協商にもとづき、イギリスとロシアは共同でイラン政府に圧力を加えた。そして一九一一年、ロシア軍が首都テヘランに侵入し、議会を強制的に閉鎖したのである。かくしてイラン立憲革命は挫折した。

北アフリカのモロッコは、第一次モロッコ事件ののち、やはり日露戦争の影響を受けて憲法を制定しようとしていた。しかし一九一一年、反乱鎮圧を口実にフランスがモロッコに出兵すると、スペインも領土を要求し、さらにドイツが軍艦をアガディールに派遣した（**第二次モロッコ事件**）。

このとき独仏間に緊張がはしったが、結局ドイツはフランス領コンゴの一部を得て撤退し、モロッコはフランスとスペインによって分割され、翌年に保護国となった。すべては英仏協商の既定路線通りに進んでいた。

そしてオスマン帝国である。青年トルコ革命の混乱は、オーストリア＝ハンガリー帝国によるボスニア・

ヘルツェゴヴィナ占領をまねいたが、一九一一年には今度はイタリアがオスマン帝国に宣戦布告し、**イタリア・トルコ戦争**が勃発した。イタリア軍は地中海をはさむトリポリ・キレナイカ（リビア）にせめこんだ。

この戦争では、飛行機や毒ガスなど、のちに第一次世界大戦でもちいられるような最新兵器がつぎこまれた。オスマン帝国軍はよく善戦したが、新政府はバルカン半島の不穏な情勢にも対応しなければならず、兵力をさくことがむずかしかった。

イタリアは、翌年トリポリ・キレナイカ全土を占領し、リビアと改称して植民地化した。これによってアフリカ大陸は、エチオピアとリベリアをのぞいて、全土がヨーロッパ列強によって分割されつくした。

怒涛の勢いであった。一九一一年から一九一二年にかけて、イスラーム諸国の分割が急速に進み、もはやイランとオスマン帝国の一部だけが残るばかりだった。これらの領土を分割しつくすのが、第一次世界大戦におけるイギリス・フランス・ロシアの目的の一つとなるのである。

バルカン半島の分割

このイスラーム分割の一環として、バルカン半島に残されたオスマン帝国の領土も、骨まわりの肉をしゃぶりつくすように細かく分割されていった。オーストリアのバルカン進出に対して警戒心を強めたロシアは、「パン・スラヴ主義」、すなわちスラヴ民族の盟主として影響力を確保するべく、一九一二年にセルビア、モンテネグロ、ブルガリア、ギリシアにバルカン同盟を結成させた。

バルカン同盟諸国は、イタリア・トルコ戦争に乗じてオスマン帝国に宣戦布告し、バルカン半島にあるオスマン帝国の領土の大半を奪い取った（**第一次バルカン戦争**）。これでオスマン帝国のヨーロッパ側の領土は、イスタンブル周辺の一部のみとなってしまった。

オスマン帝国の青年トルコ政府は、国家存亡の危機に立たされていた。バルカン半島ではロシアのパン・スラヴ主義が、イラクやシリアではイギリスとフランスが領土をけずり取ろうとしている。イギリス・フランス・ロシアは英仏協商と英露協商によって勢力範囲を相互に認めあう関係にあった。このとき三国協商はイスラーム分割の相互保障体制となっていた。

この三国協商の脅威に抵抗するためには、これらと敵対するドイツ帝国にたよるしかない。かくして青年トルコ政府は、ドイツとオーストリアに接近し、同盟関係を結んでいく。さらにつづいて、翌一九一三年に起こった第二次バルカン戦争でブルガリアが他のバルカン諸国にやぶれ、やはりドイツに接近していった。

第一次世界大戦の勃発

これらはバルカン半島におけるオスマン帝国の領土の奪いあいであった。諸民族が混在するボスニア・ヘルツェゴヴィナはオーストリア領になっていたが、当地のセルビア人住民は大セルビア主義に呼応して分離独立運動を展開していた。

ここで世界の歴史を大きく動かす事件が発生する。一九一四年六月、ボスニアの州都サライェヴォでセルビア人青年がはなった銃弾によって、オーストリア皇位継承者フランツ・フェルディナント夫妻が殺害されたのだ（**サライェヴォ事件**）。

オーストリア＝ハンガリーは、同盟国ドイツの軍事協力の約束を取り付けてのち、七月にセルビアに宣戦布告し、オーストリア・セルビア戦争が勃発することになった。これは前々年からつづくオスマン帝国領の再分割戦争の延長戦であり、いわば第三次バルカン戦争ともいうべきものであった。

当事者のオーストリアもセルビアも、それらの同盟相手のドイツもロシアも、この戦争はボスニアをめぐる局地戦争にすぎず、それがまさか世界大戦と呼ばれるような大戦争に発展するとは、誰も思っていなかった。

しかしセルビアの求めにおうじたロシアが軍に総動員令を発し、八月一日にドイツがロシアに宣戦布告、フランスも総動員令を発した。イギリスもドイツがベルギーを侵犯した場合に宣戦することを決めていた。バルカンの局地戦争は、一カ月のあいだに全ヨーロッパの戦争へと拡大していた。**第一次世界大戦**の勃発である。

図２－１　サライェヴォ事件

平和運動の崩壊から大量殺戮戦争へ

ヨーロッパ戦争の危機に直面し、フランスのロマン・ロランやロシアのトルストイなどの作家や知識人が戦争反対を唱え、平和運動を展開した。しかしこうした動きは少数派にすぎなかった。特に、日露戦争のときには平和運動の先頭に立っていた社会主義者が、今回はおよび腰であった。

ヨーロッパ諸国でナショナリズムにもとづく戦争熱が高まっていった。ドイツ帝国議会第一党となっていたドイツ社会民主党は、宣戦布告に賛成した。フランス社会党の指導者ジョレスは反戦平和をとなえたが、愛国青年に暗殺された。フランス政府の総動員令に対して社会主義者は反対せず、逆にドイツ打倒をさけんだ。

国際的連帯によって労働者の権利を勝ち取り、国家利害を越えて平和のために連帯することを使命としていたはずの社会主義者たちは、祖国防衛のスローガンに屈服し、戦争に協力していった。こうして第二インターナショナルの平和運動は、もろくも崩壊した。

もはや戦争をとめる勢力はいなくなった。フランスの宣戦布告を受けてドイツはベルギーに侵攻、それを受けてイギリスが宣戦布告し、西部戦線が構築された。さらにドイツとオーストリアは東部戦線でロシア軍と対峙した。

イギリス・フランス・ロシアの三国協商側は**連合国**と呼ばれる。対して**同盟国**はドイツとオーストリア＝ハンガリーだが、三国同盟の一角にあったイタリアは領土問題でオーストリアと対立しており、中立を宣言し、のちには連合国側に立って参戦した。

第一次世界大戦の経過について、本書では詳述しない。しかし重要なのは、ヨーロッパではたしかにドイツ統一戦争以来四〇年以上戦争を経験していなかったが、ヨーロッパ列強はけっして戦争をしていなかったわけではないということである。

南アフリカで、中国で、アフリカのドイツ領で、リビアで、戦争はたえまなく展開されていた。そしてその多くは「文明」の名のもとに、白人のわずかな犠牲に対して非白人を近代兵器によって殺戮していく非対称戦争であった。

この戦争のあり方はそのままヨーロッパの戦争にひきつがれた。一つの戦いごとに何万という兵士たちが近代兵器によって容赦なく殺戮され、そのために大量の砲弾が用いられた。砲弾をさけるための塹壕戦により戦争は長期化し、戦線の維持に必要な物資を供給するために、各国は**総力戦体制**に移行した。大量殺戮戦争は非白人との戦争から連続していたのである。

2　アフリカと中東の世界大戦

植民地動員とアフリカ再分割戦争

ヨーロッパ列強同士の戦争は、その植民地の人々を大量に動員することで、文字通りの世界大戦へと発展していく。フランスはアルジェリア、モロッコ、セネガルなどのアフリカ植民地から兵士を調達し、西部戦線に動員していった。

イギリスは植民地に戦後の自治を約束することで、戦争に動員した。エジプトはオスマン帝国から完全に離脱させたうえで、戦後の自治を約束して、多くの兵士をイギリス軍に編入してヨーロッパの戦線に投入させることになった。

こうして動員されたアフリカの人々は、ヨーロッパの戦争に参加する中で、白人が自分たちと同じように無残に殺戮されていくさまを目撃した。そこでめばえたのは、白人の優越性への疑問であった。この戦争は非白人に植民地独立の種をまくことになったのである。

さらにアフリカは第一次世界大戦の直接の戦場にもなった。イギリスやフランスなどの列強が、アフリカにおけるドイツの植民地に攻撃をしかけたのである。これは第一次世界大戦が、列強の世界再分割戦争であったことをしめしている（図2-2参照）。

イギリス・フランスはドイツ領カメルーン、トーゴを奪い、イギリス自治領の南アフリカ連邦軍はドイツ領南西アフリカ（ナミビア）を占領した。東アフリカでは、ドイツ軍とイギリス軍との死闘が繰りひろげられ、戦闘は長期化し、終戦時まで決着がつかなかった。しかしこのアフリカ戦線の全体としては、ドイツ側

図２-２　アフリカ大陸の第一次世界大戦
（出典）木畑（2014：68）。

の劣勢は明らかであった。

石油とイラン占領

第一次世界大戦は兵器の機械化が極度に発展した戦争である。**自動車**は、すでに一九世紀末に開発されていたものの、きわめて高価で富裕層にしか普及していなかった。しかし一九一三年、アメリカの**フォード**がベルト・コンベア式の流れ作業による大量生産体制（フォード・システム）を確立し、急速に庶民にも普及していった。

それとともに、自動車の燃料となるガソリン需要が急速に高まった。ガソリンの原料である**石油**は、アメリカ大陸やヨーロッパ、ロシアの各地で採掘されていたが、イランにも油田が発見されていた。きたるべき戦争において自動車が重要な役割をはたすことを確信していたイギリスは、**アングロ・イラニアン石油会社**を設立して開発を進めていたが、大戦勃発を受けて石油資源の独占をはかり、イランに侵攻した。

カージャール朝イランは中立を宣言していたが、イギリスは英露協商の優先権にしたがってロシアとともにイランを分割占領した。

イランにおける油田の状況からみて、オスマン帝国領であるイラクにも相当量が埋蔵されていることは明らかであった。イラクの油田が開発されればオスマン帝国を通じてドイツに石油が供給され、ヨーロッパ戦線における脅威となる。イギリスとオスマン帝国は石油をめぐって緊張関係にあった。

オスマン帝国参戦と「アラブの反乱」

一九一四年一一月、オスマン帝国はドイツとの同盟にもとづき、連合国に宣戦布告した。「帝国航路」たるエジプトの防衛と石油戦略のために、イギリスにとってオスマン帝国との戦いはきわめて重要であったが、ヨーロッパの西部戦線ではドイツ軍との死闘が長期化しつつあり、中東にさける戦力は少なかった。

そこでイギリスは、オスマン帝国内部のアラブ民族主義を支援することによって対オスマン戦線を有利に運ぼうと画策した。イギリスはメッカ太守**フセイン**（フサイン）と接触した。フセインは、開祖ムハンマドを輩出したメッカの名門ハーシム家の出身である。

このころオスマン帝国の青年トルコ政府は、トルコ民族主義によって帝国内のトルコ人の団結を生み出して、戦争を勝ち抜こうとしていた。それはかれらがヨーロッパで学びとった近代国民国家とナショナリズムの理念を適用したものであった。

その結果は、オスマン帝国におけるアイデンティティの衝突であった。トルコ民族主義はいわば「帝国内ではトルコ人が第一」といっているようなもので、多民族帝国であるオスマン帝国にはなじまないものであった。かつてオスマン主義やパン・イスラーム主義で帝国に包摂されていたアラブ人などは、激しく反発した。

おりしも、ヒジャーズ鉄道の開通によってメッカ巡礼が容易になった結果、メッカの伝統的権威が高まっていた。こうしてメッカの太守フセインは、トルコ民族主義に反発するアラブ民族主義の盟主と目されるようになった。

イギリスのエジプト高等弁務官マクマホンは、一九一五年からフセインとたびたび書簡をかわし、アラブ人がオスマン帝国に対し武装蜂起すればイギリスがこれを支援し、終戦後にアラブ人国家が独立することを約束した。これを**フセイン・マクマホン協定**という。

フセインはこの約束を信じて「**アラブの反乱**」を起こした。アラブ軍は世界大戦中、ひろい範囲にわたってオスマン帝国と死闘を繰りひろげた。イギリス軍も情報将校のロレンス、通称「アラビアのロレンス」を通じて実際にアラブ軍を支援した。考古学者でもあったロレンスはアラブ情勢に通じ、フセインの息子ファイサルとともにアラブの反乱に加わった。

サイクス・ピコ協定とバルフォア宣言

ところがイギリスにはアラブ人との約束を守る気はなかった。フセインとマクマホンがなお書簡のやりとりをしていた一九一六年、イギリス、フランス、ロシアの三国でオスマン帝国の領土を分割する秘密協定、**サイクス・ピコ協定**が締結されていた。これは三国協商による世界分割の延長であり、第一次世界大戦の協商国の戦争目的をしめしたものであった。

さらにその翌年、一九一七年には、イギリス外相のバルフォアがユダヤ人の協力を得るため、シオニスト連盟と親しい大富豪ロスチャイルド卿にあてた書簡で、パレスチナにユダヤ人の「民族的郷土《ナショナル・ホーム》」を建設することに前向きであることを宣言した。イギリスがこの**バルフォア宣言**を出したのは、世界のユダヤ人がもつ経済力をあてにしようとしたからであった。

この悪名高いイギリス「三枚舌」外交は、戦後のアラブ人とユダヤ人との対立を生み出し、現在に至る中東問題の淵源になった。しかしその背後にあったのは、オスマン帝国の近代化によってもたらされた民族主義の高まりであった。

パン・イスラームの理念は失われ、エジプト人やアラブ人は、イギリスに利用されながらも、民族の自立のためにオスマン帝国と戦った。ユダヤ人は民族の国家をパレスチナの地に求めた。そしてオスマン帝国の青年トルコ政府は、トルコ人ナショナリズムをつよめていった。

イギリスとの激しい戦争の中で民族意識を高揚させた青年トルコ政府は、キリスト教徒のアルメニア人が敵国ロシアに通じているという民族的偏見を増幅させ、強制移住と虐殺を実行した。この**アルメニア人虐殺**は、民族主義がジェノサイドへと発展するという、その後も世界各地で繰り返される悲劇のさきがけであった。

3　アジアとアメリカの世界大戦

青島占領と二十一カ条要求

非ヨーロッパ諸国で最初に世界大戦に参戦したのは、日本である。一九一四年八月末、日本の大隈重信内閣は、この大戦を中国における利権拡大の好機とみて、日英同盟を理由にドイツに宣戦した。

標的は中国山東省のドイツの根拠地、**青島**《チンタオ》である。大軍をようした日本軍はあっという間に青島を占領し、多数のドイツ兵などを捕虜にした。日本は列強の世界分割の一環として、中国へのベクトルを志向するようになったのである。

日本の中国分割の方向性は、まず支配下にある朝鮮半島から連結する満洲の利権を確保するところにあった。ドイツとの戦いはあっという間に終わったが、本丸はここからであった。一九一五年、日本は袁世凱政府に**二十一カ条要求**をつきつけた。

その内容は、山東省のドイツ利権を日本にゆずりわたすこと、ロシアからひきついだ二五年間とされる旅順・大連の租借権や満洲利権を九九年間にひきのばすこと、さらに中国の政治・財政・軍に日本人顧問を参加させることなどであった。これをみると、日本は単に青島・満洲の利権を確保するだけでなく、かつての日韓協約と同じように、中国の段階的な植民地化を進めようとしていたことがわかる。

袁世凱は日本の軍事的圧力に屈し、二十一カ条要求を受諾することを決定した。これは中国国民の激しい憤慨をひき起こし、要求を受けいれた五月八日は「国恥記念日」とされた。もちろん反日感情もまき起こったが、それとともに要求を受諾した袁世凱への反発が強烈にまき起こった。

このころ、袁世凱は皇帝に即位するという野望を実現するべく帝政復活運動を展開していたが、もはや中国人は彼の即位を認めるはずがなかった。「日本に屈服しておいてなにが皇帝だ」というわけである。こうして、「護国（共和国を守れ）」をスローガンに、地方の軍事的実力者たちが次々と反袁世凱の武装蜂起を起こした（**第三革命**）。

この地方の反乱によって追いつめられた袁世凱は、ついに帝政復活を撤回し、翌年失意のうちに病死した。

これによって共和国は維持され、革命の成果は確保された。この第三革命までを一連の辛亥革命としてみることもできよう。

袁世凱を失った後の中華民国は、袁の北洋軍を継承した段祺瑞《だんきずい》が中央政治を掌握したものの、地方軍閥がなかば自立した権限をもち、軍閥割拠の時代をむかえることになる。

アジアにおける第一次世界大戦は、列強たる日本の中国分割へのベクトルを明瞭にしめしたものであった。この動きが中国内部の革命と内戦的状況をひき起こし、中国大陸の情勢を大きく変動させていくのである。

南洋諸島占領と太平洋ネットワークの危機

日本はさらに、赤道以北のドイツ領**南洋諸島**（ミクロネシア）にも出兵し、これもたいした時間もかからずに占領してしまった。この結果、日本のネットワークは小笠原諸島から南洋諸島へとつながり、フィリピンやグアム、そしてハワイへとつながるアメリカの太平洋ネットワークにくいこむ形となった。この日本の動きは、当然アメリカの警戒心をひき起こすことになる。

アメリカはヨーロッパでの戦争に、中立をうたって参戦しなかったが、イギリスなどの求めにおうじて軍需物資を輸出し、好景気にわくことになった。しかしこの間アメリカは対外進出をしていなかったわけではなく、ハイチやドミニカを占領し、カリブ海の支配をつよめていた。

そして「アメリカの湖」となったカリブ海は、一九一四年に開通した**パナマ運河**によって太平洋ネットワークと結びついた。しかし日本の南洋諸島進出によって、このネットワークにくさびが打ちこまれようとしていた。

このころ、アメリカ大統領**ウィルソン**は、メキシコとの関係に苦慮していた。メキシコでは、一九一〇年

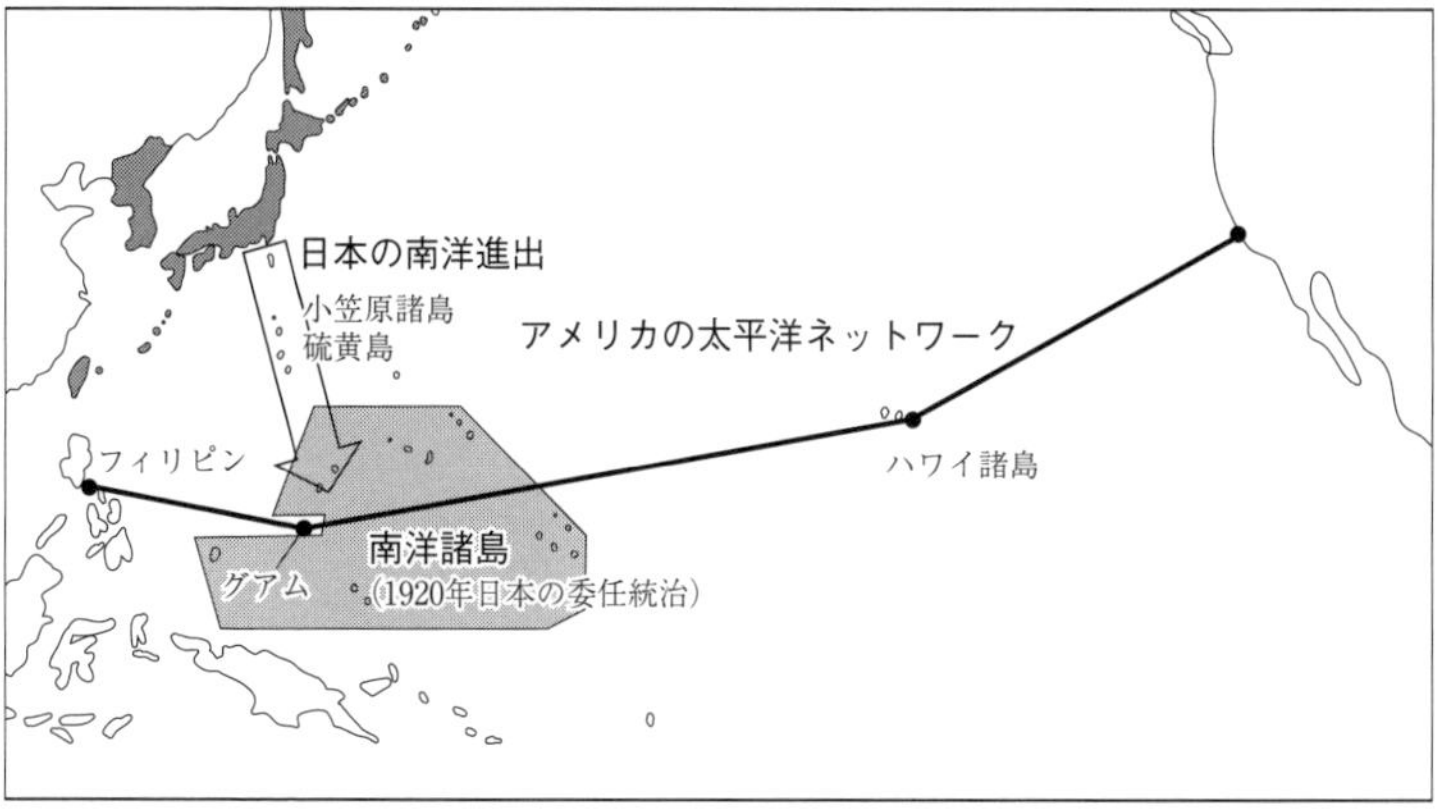

図2-3　日本の南洋諸島進出とアメリカ太平洋ネットワークとの衝突

に起こったメキシコ革命によって親米的なディアス政権がたおされ、内乱状態におちいっていた。

もし農民の反乱軍をひきいるサパタやビリャらが政権を取って、資源国有化などの政策を実行すれば、メキシコの石油資源を開発するアメリカ資本が大損害を受けてしまう。ウィルソンはメキシコへの軍事介入を決意し、アメリカ軍がメキシコに侵入した。メキシコ革命はアメリカとの軍事衝突の危機に発展しようとしていたのである。

しかし、ウィルソンはメキシコと戦争をするよりも、中国と南洋諸島に進出する日本を牽制しなければならないと考えていた。太平洋ネットワークをつうじて「門戸開放」スローガンのもと中国に経済進出するというアメリカの帝国戦略にとって、日本は脅威となっていた。

ここでアメリカが世界大戦におけるリーダーシップを発揮しなければ、戦後のアジア・太平洋において日本に利益を奪われてしまう。こうしてアメリカは、アメリカ主導の戦後国際秩序をアジア・太平洋方面に構築する必要性から、世界大戦への参戦を決意したのである。

さらにドイツによる無制限潜水艦作戦が、アメリカ世論の激しい反独感情をひき起こし、アメリカ参戦への口実をつくりあげていた。かくしてアメリカ軍はメキシコから撤退し、アメリカの世界大戦参戦への準備が進められていった。

ロシア二月革命

メキシコ、中国につづく革命はロシアで起こった。第一次世界大戦の人的・経済的負担は近代化が未成熟なロシアにとってあまりにも重すぎた。都市では食糧不足が常態化し、前線に送る物資も不足しがちであった。一九一七年三月八日、ロシア帝国の首都ペトログラードで、「パンをよこせ」のデモがはじまった。ペトログラードというのは敵国ドイツ語風のペテルブルクをあらためたものだ。こうしたところにも戦争の影響があった。

このデモの先頭に立ったのは**女性労働者**たちであった。ヨーロッパの戦争当事国ではどこでも、前線にかり出される男性の労働力をおぎなうべく、女性が工場や一般の職場に進出した。それは男性のかわりという消極的選択の結果であり、さらには軍需物資を生産するための「総力戦」の一端をになうかたちではあったが、女性の社会進出を拡大させた。

さらにこの日は**国際女性デー**であった。この国際女性デーは、一九一〇年の第二インターナショナルの大会で、ドイツの女性社会主義者**クララ・ツェトキーン**の提唱ではじまった。第一次世界大戦が女性労働者の力を増大させ、一七年のこの日のデモにつながったのである。女性労働者を先頭にしたデモに男性労働者も参加してゆき、またたくまに首都をおおった。

食糧不足への不満は、即「戦争をやめろ」という要求につながった。「パンと平和」がデモのスローガンになった。そして前線の悲惨な状況を知る兵士たちがこれに合流した。各地で労働者や兵士のソヴィエトが結成された。ここまでは一九〇五年の革命と同じであった。違ったのは皇帝《ツァーリ》が事態を収めることができなかったことである。

労働者と兵士の全国蜂起を前に皇帝ニコライ二世は動揺し、退位を決断した。帝位をつごうとする者は誰もおらず、ロマノフ朝はあっけなく崩壊した。西暦の三月八日はロシア暦の二月二三日に当たるので、これを**二月革命**と呼ぶ。

国会では立憲民主党（カデット）を中心に穏健な臨時政府が樹立され、ロシアは臨時政府とソヴィエトとの二重権力状態となった。このときボリシェヴィキの指導者**レーニン**はスイスに亡命中であったが、ドイツが用意した封印列車でロシアに帰国した。そして「すべての権力をソヴィエトへ」という有名な四月テーゼを発し、革命の渦中に飛びこんでいった。

図2-4　クララ・ツェトキーン（左）とローザ・ルクセンブルク（右）

アメリカ参戦からアジア諸国の参戦へ

そして一九一七年四月、アメリカがドイツに宣戦布告した。ロシア二月革命によってツァーリの専制が打倒されたことは、アメリカ参戦の心理的障害を取り除く効果があった。ヨーロッパの連合国が、ロシアも含めてすべて民主主義国家となったことで、ウィルソン大統領は、この戦争を「世界を民主主義にとって安全な場所にするための戦争」だと国民に説明することができたのである。

アメリカが参戦したとはいえ、本格的な派兵は翌年になってからであり、西部戦線にすぐに決定的な影響を与えるほどでもなかったが、国際的なインパクトは大きかった。アジアでは、日本の脅威にさらされていた中国がドイツに宣戦布告した。

アメリカ参戦への便乗ということでいえば、中国につづいてタイも連合国側でドイツに宣戦布告した。さらにこの年、インド帝国も、宗主国イギリスの要請に対して戦後の自治の約束を取りつけて、一五〇万のインド兵をヨーロッパに派兵した。南アフリカから帰国して国民会議派の指導者となったガンディーも、自治とひきかえの派兵に賛成した。

一九一七年は連合国の優勢が意識されるとともに、交戦国が一気にアジア全域へとひろがった年になったのである。

4　ロシア内戦とユーラシアの動乱

十月革命とウィルソン十四カ条——民族自決

さて、アメリカなどにとってロシア二月革命は、「民主主義の味方が増えた」というポジティブな意味をもっていた。しかしつづいて起こった十月革命という社会主義革命は、アメリカなどの資本主義国に衝撃を与え、その後七〇年以上にわたり世界史の方向性の一つを決定づけることになる。つまり、資本主義（自由主義）と社会主義の対立である。

ケレンスキーを首班とするロシア臨時政府は、もともとゆきづまっていた戦争継続をおしきったために国民の支持を得られず、政治は難航した。農村では土地を求める農民の蜂起がひろがり、地方では、ウクライナやフィンランドなどが自立の動きを起こした。

一九一七年一一月七日（ロシア暦の一〇月二五日）、戦争反対の世論が高まる中で、レーニンひきいるボリシェヴィキはペトログラードで武装蜂起し、ケレンスキー政府をクーデタで打倒したのち、**ソヴィエト政権**を樹立した（十月革命）。これは史上初の社会主義国家の誕生であった。しかも、ユーラシアの大国ロシアで。

翌日、レーニンはただちに「**平和に関する布告**」を出して、すべての交戦国に対して無併合・無賠償・民族自決の原則による即時停戦を呼びかけた。

この「**民族自決**」こそ、二〇世紀の民族運動を支配するキーワードであろう。民族自決とは、それぞれの民族が自身の政治体制を、他民族や他国から干渉されることなく、自主的に決定することである。

ソヴィエト政権による民族自決の呼びかけは、社会主義と民族主義が結びつくことを意味した。アメリカのウィルソン大統領は、ボリシェヴィキの民族自決テーゼに対抗するべく、翌一九一八年一月に「**十四カ条の平和原則**」を提唱した。

ただし、十四カ条にしめされた「民族自決」原則は、ヨーロッパとオスマン帝国に限定して個別に適用されているのみであり、アジアやアフリカについては無視されていた。これは十四カ条がなおも植民地主義にとらわれていたことをしめしている。

女性参政権の拡大

クーデタによって政権を獲得したボリシェヴィキは、選挙に勝利することによって民主的な正統性を得たかったが、一九一七年一一月末に行われた憲法制定議会のための選挙では、農村を地盤とする社会革命党（エスエル）が勝利した。翌年、レーニンは憲法制定議会を強制的に解散し、ボリシェヴィキ独裁体制をつくっていった。

ところで、このソヴィエト・ロシアの憲法制定議会選挙は、**男女普通選挙**で実施された。これはヨーロッパでは北欧諸国やオランダにつづく画期的なものであった。これは、二〇世紀に急速に進んだ女性の社会進出にともなう社会的圧力の結果であった。一九一七年のロシア革命は、国際女性デーにはじまり女性参政権獲得にいたる、女性たちの革命でもあった。

この社会的圧力はイギリスでも発揮された。一九一八年六月に選挙法が改正され、成人男性すべてと三〇歳以上の女性に選挙権が与えられた（**第四回選挙法改正**）。

またアメリカでも、全国女性党のアリス・ポールらが大規模な運動を展開し、ウィルソン大統領に女性参政権の要求を突きつけていた。アメリカではたしかに憲法で女性参政権は明記されていなかったが、選挙資格は州ごとに決定することができたため、ワイオミング州やモンタナ州などで女性参政権が実現していた。

日本でも女性の社会進出が進み、「元始、女性は太陽であった」と唱えた**平塚らいてう**を中心に、一九一一年に青鞜社が結成され、女性を束縛する日本の古い家制度からの解放を主張していった。彼女たちは「新しい女」と罵倒されながらも、平塚はその非難を逆手にとって、「自分は新しい女である」と力強く宣言したのである。

たしかに、女性参政権の拡大は、総力戦への女性の協力によってうながされた。一方で大戦前からの世界的な女性運動の高まりなくしては、第一次世界大戦における女性たちの要求とその実現もなかったのである。それはたんなる戦争の結果ではなく、長期的で世界的な運動の帰結であった。

女性参政権には、政治に参加できる民衆が単純に倍加するという意味もある。女性の社会的・政治的進出は、二〇世紀の**大衆社会**のはじまりにおいて、きわめて重要な意味をもっていくのである。

ブレスト・リトフスク条約

ソヴィエト・ロシアは、無併合・無賠償・民族自決という高らかな理想を掲げたが、これにおうじる交戦国はなく、ドイツとの単独講和にふみきった。しかし優勢な軍事力を背景にドイツ側は強気な領土要求をせまり、交渉は難航した。

さらに、ソヴィエト政権が劣勢なことをみこしたウクライナが、ドイツ軍をうしろだてに独立を宣言し、ベラルーシもそれにならった。その背後には、東方に広大な勢力圏をつくりたいというドイツの思惑があった。レーニンは猛反発したが、どうしようもなかった。

このときロシア国内では、革命に反発する帝政派の軍人（**白軍**）がそれぞれの軍団をよりどころとして地方政権を樹立し、ソヴィエト政権に公然と反旗をひるがえした。ソヴィエト政権は一刻も早くドイツとの戦争を終わらせ、体勢を立て直して国内の反革命勢力と戦わなければならなかった。

こうして一九一八年三月に結ばれた**ブレスト・リトフスク条約**で、ロシアはポーランド、フィンランド、バルト地方などを全面的にドイツに割譲するという、考えられないほどの条件で講和した。これらの領域にはドイツ軍が進駐し、ロシア軍は撤退した。ウクライナとベラルーシの独立は当面認めざるをえなかった。しかしともかく、東部戦線には戦争がなくなった。

ロシア内戦の勃発

ブレスト・リトフスクでの屈辱的な講和が国内に伝わると、ソヴィエト政権を打倒しようとする白軍の勢いは増した。ソヴィエト・ロシアは軍事代表委員**トロツキー**が中心となって、労働者の軍隊である**赤軍**を組織し、反革命勢力と戦うことになった。世界史上まれにみる大規模かつ広範囲な内戦、**ロシア内戦**の勃発で

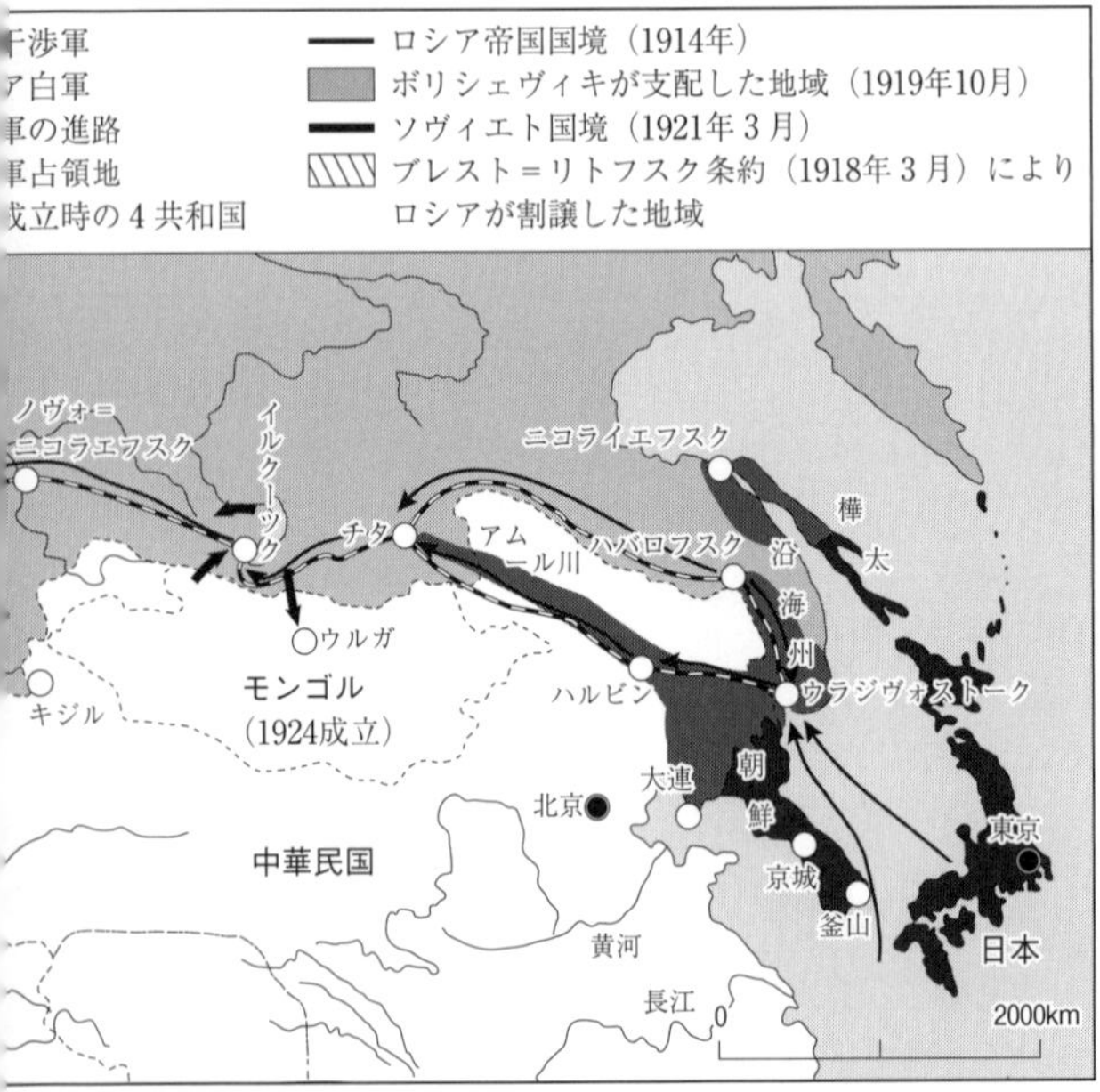

ロシア内戦

ある。このころにはボリシェヴィキは**ロシア共産党**と名乗っていた。

この内戦の様相は複雑をきわめた。まず、ソヴィエト赤軍の敵は反革命を掲げる白軍であった。これらと戦うためにロシア共産党は首都を内陸部のモスクワにうつし、人口の多い都市をおさえて兵員を確保しつつ、農村からは食糧を強制徴発して軍に配分した。これに反発した農民たちが反乱を起こしたが、赤軍は暴力的に鎮圧していった。

このころニコライ二世とその家族は幽閉されていたが、白軍によって帝政復活のシンボルにかつぎ出されないように、八月にソヴィエト政権は皇帝一家をシベリア西部の町まで連行したのち、全員処刑した。

つぎに、ロシア内戦はユーラシア大陸の奥深く、シベリアに波及する。ロシアは、捕虜になっていたオーストリア＝ハンガリーの**チェコ兵**を軍団として組織し、シベリ

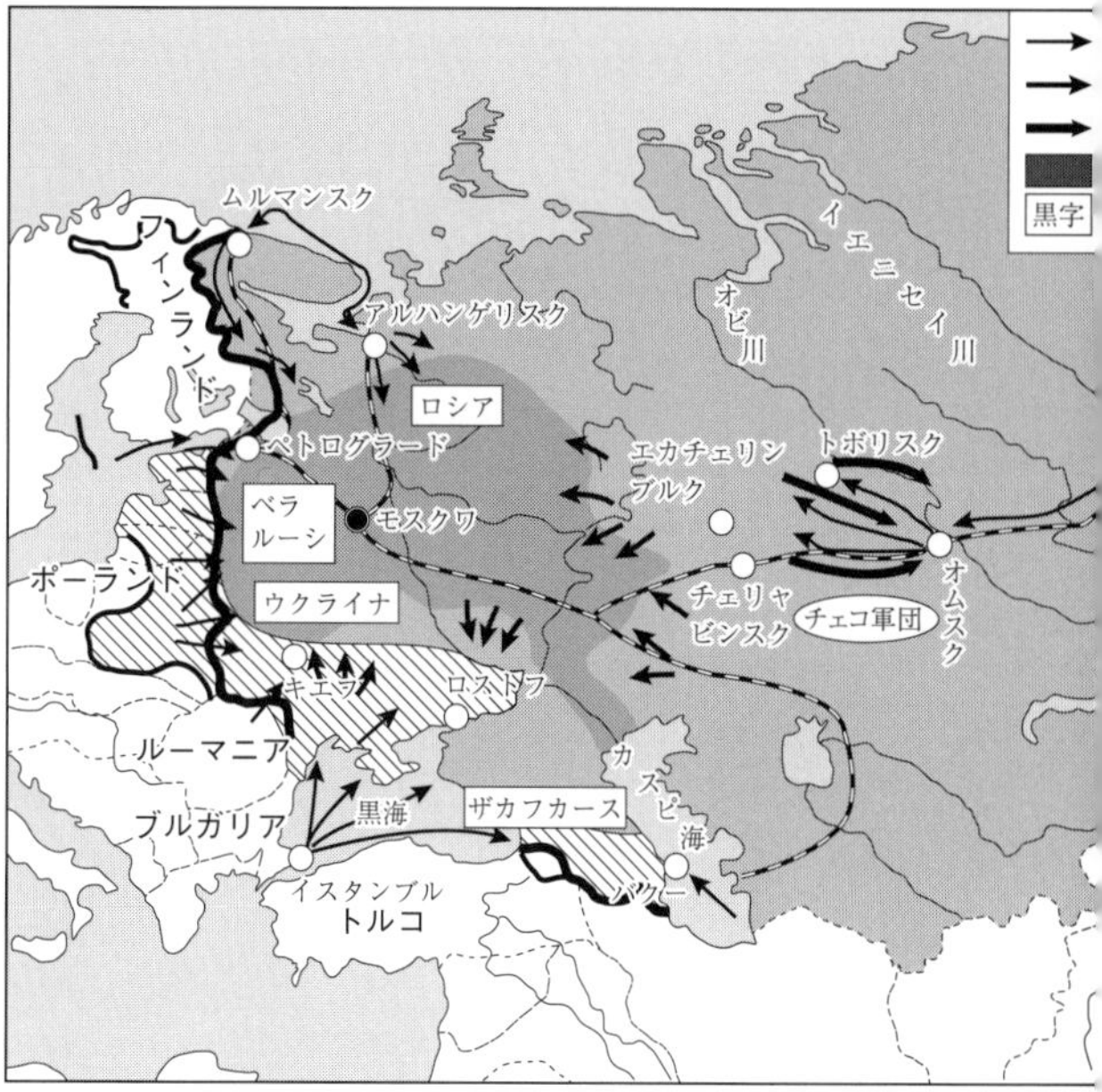

図2－5

ア鉄道と船で地球を東へ一周して西部戦線にまで送りこみ、チェコ独立の闘士として同盟国軍と戦わせる計画を立てていた。

しかし、革命とブレスト・リトフスク条約によってこの計画は棚上げになり、チェコ軍団はシベリアにとどめおかれていた。この重武装したチェコ軍団がソヴィエト政権に対し武装蜂起したのである。

さらに、イギリスとフランスが白軍の政府を支援し、「チェコ兵救出」を口実に**対ソ干渉戦争**を開始した。列強は、ロシア共産党が主張する**世界革命論**（ヨーロッパや中欧で連鎖的に革命を起こすことでソヴィエト・ロシアを安定させるという考え）を受けて、革命の自国への波及を恐れたのであった。西部戦線でドイツ軍が猛攻をしかけている時期だけに、大部隊の派兵はできなかったが、白軍への支援も展開した。

シベリア出兵と米騒動

アメリカもまた連合国として対ソ干渉戦争への参加に合意したが、西部戦線に兵を送り出していることもあり、大部隊での参加はむずかしかった。そこで日本に対してシベリアへの限定的な共同出兵をもうしいれた。一九一八年八月、北満洲や沿海州へと利権を拡大したい日本は、これを好機として七万二〇〇〇名の軍隊を派兵することを決定した。**シベリア出兵**である。

シベリア出兵の決定は、日本国内において**米騒動**をひき起こした。第一次世界大戦でほとんど戦争被害を受けなかった日本は、アメリカと同じく戦争景気にわいていたが、その結果インフレになり、とくに米価が上昇して下層民衆の生活が苦しくなった。そこにシベリア出兵に便乗して悪徳商人が米の買い占めを行ったので、民衆の不満は爆発し、主婦を中心とした群衆が米屋などをおそった。

富山県の漁村ではじまった米騒動は日本全国にひろがり、東京・大阪・京都・名古屋など大都市を含む全国三百数十市町村で、約七〇万人の人々が参加する巨大な大衆運動になった。

米騒動は、たしかにロシア革命のような反政府暴動ではなかったが、寺内正毅《まさたけ》内閣は軍隊まで動員して騒動を鎮圧し、混乱の責任を取って辞任した。後任として「平民宰相」原敬《たかし》が日本初の政党内閣を組閣し、**大正デモクラシー**への道をひらいた。米騒動は、日本において大規模な大衆運動が政治を変えた数少ない例となった。

日本と同じく連合国の一員となっていた中国も、シベリア出兵に参加した。中国の出兵の目的は、ロシアの影響下で自治を保障されていた外モンゴルを再び支配することだった。中国軍はモンゴルに侵入し、モンゴルの自治を取り消した。

このように、シベリア出兵は日中共同作戦の側面をもっていた。中国がモンゴルを支配する一方で、日本軍は沿海州、北満洲、バイカル湖方面へと進出し、現地の白軍政権と結んで利権を確保していった。

このようにロシア内戦において、ソヴィエト政権は幾重にもわたる内外の敵に対処しなければならなかった。ソヴィエト・ロシアの主権は不安定であり、それに便乗しようと、日本や中国が勢力拡大をはかった。このロシア内戦は、二〇世紀前半におけるユーラシア大陸の動乱の第一波であった。

スペイン・インフルエンザの世界的流行《パンデミック》

ロシア内戦が進行していたころ、実は世界ではスペイン・インフルエンザ（「スペイン風邪」）と呼ばれる感染症が大流行し、大戦をもうわまわるすさまじい被害を人類にもたらしていた。

このインフルエンザの最初の発生地は、一説によればアメリカである。一九一八年三月にアメリカの兵舎で大流行したのち、ヨーロッパ戦線に派遣される兵士たちとともに、ウイルスが大西洋をわたった。連合国の一員としてアメリカ軍が本格的に西部戦線に展開するのにあわせて、インフルエンザが急速にヨーロッパ全域にひろまり、多くの兵士が罹患し、病死した。

感染症に国境はなく、連合国・同盟国・中立国の別もない。どの国でもインフルエンザが蔓延していたが、戦時中ゆえにその情報は検閲され、隠されていた。情報を開示していたのは、中立国のスペインだった。各国メディアはスペインでの感染状況を大きく報道したため、「スペイン・インフルエンザ」と呼ばれるようになった。スペインにとってはとんだ風評被害である。しかしもちろん、衛生環境が劣悪な前線での被害のほうが悲惨だった。

グローバル化した世界においては、大陸間の感染症の伝播のスピードも早かった。三週間後には日本をはじめとする東アジアにもスペイン・インフルエンザが上陸した。インフルエンザは戦場でも平時でも容赦なく人々におそいかかった。

スペイン・インフルエンザは半年後の一九一八年秋に悪性に変異し、死者数が激増した。その後も二年にわたって世界中で猛威をふるった。一九二〇年までの感染者数は六億人にのぼり、死者は少なくとも二〇〇〇万人、一説には五〇〇〇万人以上にのぼるともいわれ、日本でもおよそ二五〇〇万人が感染し、五〇万人近くが死亡した。

第一次世界大戦全体の戦死者はおよそ八五〇万人（諸説ある）といわれているが、まるで人類同士のおろかな戦争をあざわらうかのように、まさに桁違いの大量死を自然がもたらしたのである。これこそ真の破局であり、人類は戦争をしている場合ではなくなった。

同盟国の崩壊

悪性化したスペイン・インフルエンザがヨーロッパじゅうに死の恐怖をひろげていた一九一八年秋、世界大戦は連合国の勝利に終わろうとしていた。

オスマン帝国ではイギリスとアラブ軍の猛攻が進んでいた。イギリス軍はメソポタミアを支配し、アラブ軍はシリア最大の都市ダマスクスを占領した。一九一八年一〇月、オスマン帝国は連合国に降伏した。同盟国の一角をしめていたブルガリアは、九月にいち早く降伏していた。

多民族国家であるオーストリア＝ハンガリー帝国は、諸民族が激しい独立運動を展開し、崩壊していった。連合国のうしろだてのもと、ポーランド、チェコスロヴァキアが独立を宣言した。一〇月、ハプスブルク家の皇帝が退位し、オーストリアはドイツ人領域だけの小さな共和国になり、翌月に降伏した。ハンガリーも共和国として分離し、再出発することになった。

ドイツでも革命が起こった。一一月、キール軍港の水兵反乱をきっかけに兵士と労働者の反体制運動がベルリン、そして全国へとひろがり、皇帝《カイザー》ヴィルヘルム二世は退位して亡命した（ドイツ革命、十一月革命とも）。議会内第一党の社会民主党を中心とする臨時政府は共和国の成立宣言をし、連合国に降伏した。

図２-６　ドイツ降伏後の権力の空白地帯

網かけした部分が、ブレスト・リトフスク条約でドイツがロシアから獲得し、敗戦後撤退した地域。フィンランドは独立戦争を展開した。

このように、最初は世界分割をめぐる戦いとしてはじまった第一次世界大戦は、ウィルソンの理想に対応するように、皇帝が君臨する多民族帝国をことごとく崩壊させ、複数の民主的な共和国へと転換させる形で終焉をむかえた。

他方で、同盟国の崩壊はロシアとの国境地帯にふたたび変動をもたらした。ドイツが降伏したため、ブレスト・リトフスク条約によってつくり出されていたドイツ軍の勢力圏も消失し、広大な権力の空白地帯が出現した。それはフィンランド、バルト三国、ポーランド、ベラルーシ、ウクライナにおよぶ。これらの諸国は独立宣言していたが、ドイツ軍にかわってソヴィエト赤軍が侵攻してきた。

一九一九年に入ると、ロシア内戦では次第にソヴィエト赤軍が優勢となっていった。ソヴィエト政権は**チェカ**（非常委員会）によって支配領域の反革命派を徹底的に取りしまり、恐怖で人民を支配した。

また、内戦を戦いぬくために**戦時共産主義**と呼ばれる統制経済をしき、すべての工業を国有化するとともに、農村からも労働力を強制動員した。それだけでなく不足する食糧を強制徴発したため、ロシア全土でかつてない規模の大飢饉が発生した。

それでも赤軍は戦いつづけた。兵力と武器でおとる白軍の地方政府は次々と陥落していった。バルト三国では、ドイツが降伏したあとも武装したまま居残ったドイツ兵が**義勇軍**を名乗り、赤軍と血みどろの戦闘を繰りひろげていた。ドイツ軍のうしろだてを失ったベラルーシとウクライナは、赤軍の侵攻によって陥落し、それぞれソヴィエト共和国が成立することになった。

バルト三国からロシアにかけての人民は、内戦下で飢餓にあえぎ、ドイツ軍・白軍・赤軍など支配者がつぎつぎと交代するたびに際限のない暴力にさらされつづけた。このとき彼らは、ユーラシア大陸で最も悲惨な人々であった。しかし、その苦難の時代は、まだはじまったばかりだったのである。

5　講和会議の内と外――民族自決の波及

パリ講和会議はじまる

このように終戦をむかえながらもヨーロッパ東部では混沌とした状況のまま、一九一九年一月に**パリ講和会議**が開催されることになった。会議を主導したのはイギリス、フランス、アメリカ、イタリア、日本といった連合国であり、敗戦国は出席できず、内戦のさなかにあるソヴィエト・ロシアも招かれなかった。

最初に成立した講和条約は、六月に締結されたドイツとの**ヴェルサイユ条約**である。ドイツへの復讐にかりたてられたフランスの主張の結果、領土の削減、ラインラントの非武装化、軍備の削減、莫大な賠償金など、ドイツにとってきわめて過酷な内容となった。

ドイツがブレスト・リトフスク条約で得た領土はすべて放棄させられ、フィンランドとバルト三国は独立をはたした。ソヴィエトもこれに同意し、赤軍を撤退させた。義勇軍も解体を命じられ、この地に平和が戻った。ポーランドはドイツなどから領土を奪いとって独立をはたした。しかしそこには多数のドイツ人がマイノリティとして取り残され、迫害を受けることになった。

ヴェルサイユ条約の第一条では、**国際連盟**の規約が定められ、再び戦争をひき起こさないための国際平和組織が史上初めて発足することになった。これはウィルソンの十四カ条の最終項目が実現したものだったが、アメリカの上院は国際連盟への加入を拒否し、国際連盟に対する期待は肩透かしされた格好になった。

ところで、よく誤解されるが、第一次世界大戦後の講和条約はヴェルサイユ条約だけではない。ヴェルサイユ条約はドイツとの講和条約であり、同盟国を構成した他の敗戦国、オーストリアとハンガリー、ブルガリア、オスマン帝国それぞれと講和条約が締結されていく。

九月、オーストリアとのサン・ジェルマン条約が締結され、旧オーストリア＝ハンガリー帝国がバラバラの小国へと分立することが確定した。一一月にはブルガリアとヌイイ条約が結ばれ、これらの諸国にはドイツ同様きびしい軍事的・経済的制裁が加えられることになった。そして小国であるがゆえに、ドイツ以上に国民生活は苦しいものになった。

委任統治と世界再分割

グローバルな観点から重要なのは、**委任統治**という新たな植民地支配の形式が誕生したことである。委任

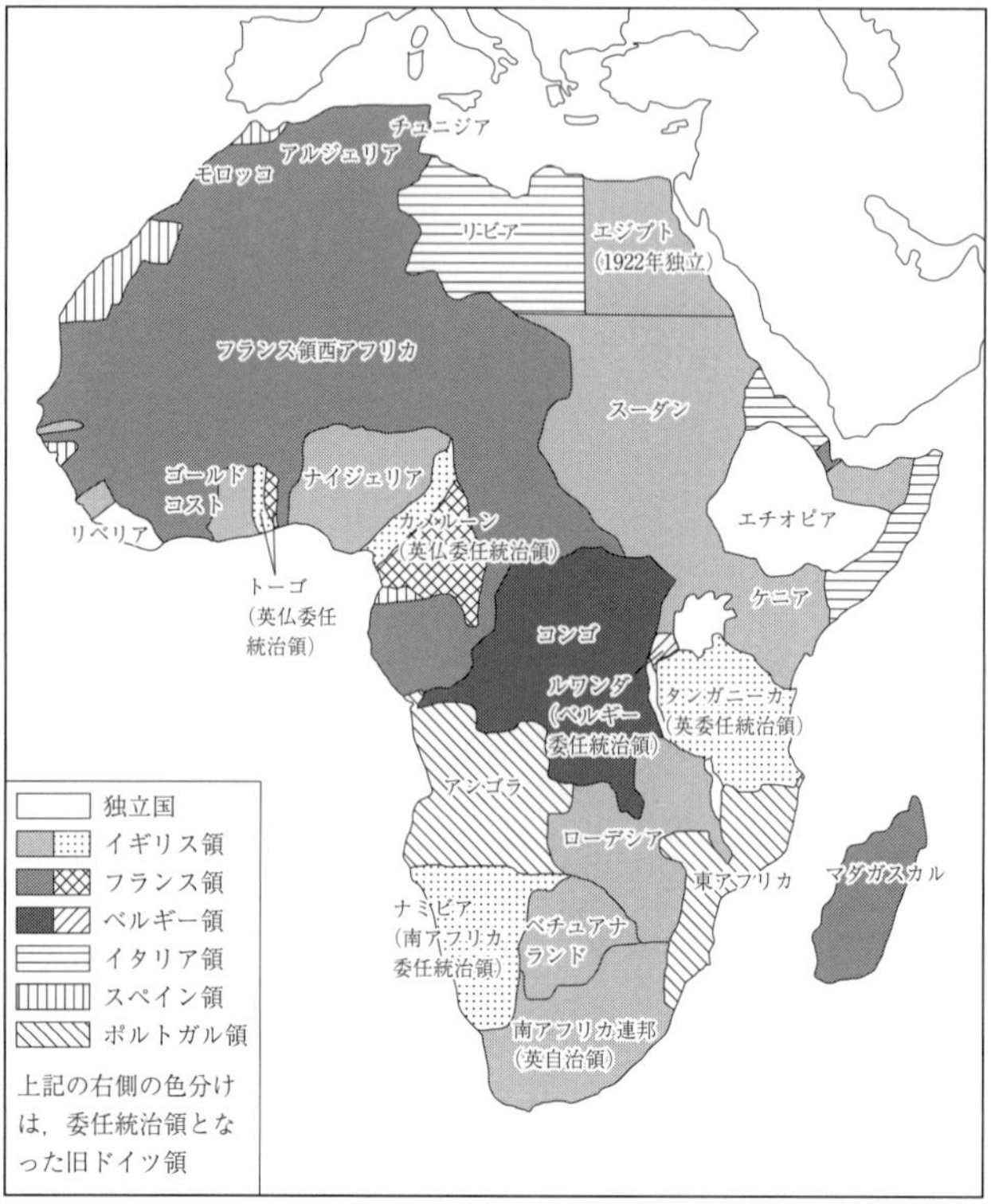

図2-7　第一次世界大戦後のアフリカ

統治とは、ドイツの植民地やオスマン帝国の支配領域を、国際連盟が指定する国家の後見のもとにおく制度である。

委任統治は実質的には植民地支配であった。とはいえ、国際連盟の委任という形式を取ることによって、あからさまな植民地支配というイメージを薄めようとしている点は、注目にあたいする。

ウィルソンの「十四カ条」の第五条に「植民地問題の公正な解決」があり、列強も形式的にはこれを尊重しようとしたのだ。レーニンとウィルソンによる「民族自決」テーゼ以降、植民地を拡大することは国際社会において不公正なことだとみなされる機運が登場したのである。

さて、ドイツの海外植民地はどのように分配されたのだろうか。西アフリカのトーゴとカメルーンはイギリスとフランスで分割された。東アフリカはイギリス領に、ルワンダはベルギー領になった。南西アフリカは南アフリカ連邦に編入された。イギリスは東アフリカを得たことによって、エジプトから南アフリカまでの「アフリカ縦断政策」をついに実現した。

ドイツ領南洋諸島は、そのほとんどが日本の委任統治領になり、膠州湾租借地の青島を獲得した。日本としては中国進出の足がかりを山東半島に得て、さらに太平洋にも進出することになった。

日本は南洋諸島の統治のために南洋庁を設置した。以後多くの日本企業が進出し、沖縄などからの移民が南洋にわたるなど、着々と植民地化を進めていった。すでに述べたように、この動きはアメリカの太平洋ネットワークをおびやかし、アメリカの日本に対する警戒心を呼び起こすことになった。

このように、ヴェルサイユ条約においては列強の意志が依然として貫徹された。それは、第一次世界大戦が世界分割の延長線上で発生したものだということをしめしている。ウィルソンが唱える「平和」とは植民地列強同士にしか適用されないものだった。

デュボイスとパン・アフリカ会議

しかしそれにもかかわらず、世界中のしいたげられた人々がパリ講和会議に期待していた。ウィルソンの掲げた「十四カ条の平和原則」が、自由と公正、そして「民族自決」をうたっていたからである。

アメリカ国内で最もしいたげられていたのは、人種差別にさらされつづけるアフリカ系黒人たちであった。

大戦中、ヨーロッパ向け輸出を飛躍的にのばしたアメリカ北部の工場では、労働力不足が生じ、南部の黒人た

図2-8　デュボイス

ちが雇用を求めて大量に北部に移住していった。北部の諸都市には黒人たちの集住地区ができた。

しかし人種主義にもとづく低賃金によって、黒人たちは劣悪な生活を強いられていた。そうした状況ゆえに、黒人労働者たちはウィルソンの「民族自決」に触発され、**黒人解放運動**を展開し、**暴動**を起こした。しかしそうした行動は無残に鎮圧され、多くの黒人が犠牲となった。ウィルソン自身が人種主義者だった。

こうした状況を国際社会でうったえるべく、アメリカの黒人解放運動の指導者である**デュボイス**がパリにやってきた。しかし、彼は会議場に入ることはできなかった。

デュボイスは、欧米の黒人たちとそのルーツであるアフリカの諸民族とが連帯して、アフリカ諸国の主権回復と統一を目指すという、パン・アフリカニズムを主張していた。彼は急遽フランス政府の協力を得て、黒人たちの代表たちをあつめ、第一回の**パン・アフリカ会議**をパリで開催した。デュボイスはその後もパン・アフリカ会議を各地でひらいていき、黒人解放運動とアフリカの独立運動を結びつけていくのである。

パリ講和会議でも、人種主義は議題にのぼっていた。日本代表団は、アメリカでの日本人排斥に対する反発から、人種差別撤廃を国際連盟規約にもりこむことを提案した。国際連盟を白色人種にのみ有利な組織にしないという意図もあった。しかし他の戦勝国の反対で、講和条約には含まれなかった。

日本によるこの提案は、たしかに世界に蔓延する白人による人種主義への抵抗であったが、それはあくまでも日本人が他の白人と同等の地位を得るための要求であった。日本の支配下でしいたげられていた朝鮮人に対して、日本人との平等を保障しようとしたわけではなかったところに、日本の人種差別撤廃要求の明らかな矛盾があった。

朝鮮の三・一独立運動

その朝鮮人たちもまた、ウィルソンの「民族自決」に期待して日本からの民族独立運動を活発化させた。まず中国、アメリカ、日本など海外在住の朝鮮人の知識人が独立を模索し、彼らの一部はパリ講和会議に代表を送りこもうとしたが、失敗した。

やがて朝鮮国内の宗教団体や文化団体が独立運動の計画をたて、三三名の民族代表の名で「独立宣言」を起草し、三月一日に発表した。日本の総督府は彼らを逮捕した。

これに対し、ソウルのパゴダ公園にあつまっていた学生や市民が宣言書を朗読し、一斉に「独立万歳《マンセ》」をさけんで市中を行進し、朝鮮民衆を動員する大規模なデモに発展した（三・一独立運動）。この運動はたちまち朝鮮全土に拡大し、さらには関東軍のいる中国東北部や、シベリア出兵で日本軍が進出する沿海州にもひろがっていった。

日本の総督府は警察と軍隊を動員して独立運動を徹底的に鎮圧していった。弾圧は約一年間続き、数千人の死者、五万人近い逮捕者を出した。鎮圧後も李承晩《イスンマン》らの亡命朝鮮人は上海で大韓民国臨時政府を設立し、三・一独立運動の継続を目指した。運動の展開からは、民族運動のグローバルなひろがりをみてとることができる。

三・一独立運動の反発の激しさから、日本政府は朝鮮統治の方針をあらため、以後は武断政治から「文化政治」への転換がなされていくことになる。植民地支配は依然としてそのままであったとはいえ、朝鮮人の民族自決への戦いは、着実に前進していた。

中国の五・四運動

一方、中国の民族主義は国際政治の「結果」をまっていた。中華民国は連合国の一員としてパリ講和会議に出席していた。中国代表は民族自決の原則にてらして、日本の二十一カ条要求は不当であり、山東半島の日本支配は認められないと諸国にうったえた。

しかし、講和会議では日本の要求がとおり、ヴェルサイユ条約の原案には、ドイツの山東半島利権は日本が継承することが明記された。第一次世界大戦は列強による再分割戦争であったという現実がつきつけられたのである。

このような講和会議の理不尽な「結果」に、中国人は激高した。五月四日、北京の学生たちが天安門前で集会をひらき、ヴェルサイユ条約と日本の山東半島支配への反対をうったえると、この反日抗議運動は中国全土に拡大し、日本商品排斥運動や、上海では労働者のストライキも起こった。この大規模な民族主義の運動を**五・四運動**という。

このとき、民族主義のうねりを目の当たりにした孫文は、中国人全体をまきこむ新たな民族独立運動をこころざし、上海で**中国国民党**を結党した。

中国ナショナリズムの爆発である五・四運動によって、パリの中国代表団は勇気づけられた。中華民国政府はヴェルサイユ条約への調印を命じたが、代表団はそれを無視して、山東半島問題への不満を理由として調印を拒否したのである。ヴェルサイユ条約に調印しなくとも、サン・ジェルマン条約に調印することで国際連盟には加盟できたのだ。

ここでも、民衆がまき起こした民族自決への戦いは一定の成果を収めたのである。

アムリットサル事件からサティヤーグラハ運動へ

イギリスの支配下にあったインド人も、十四カ条の民族自決に期待していたし、インド帝国には、大戦中の約束によれば自治が与えられるはずであった。

しかし、イギリスの総督がインド人にもたらしたのは**ローラット法**であった。これはインド総督に令状なしで逮捕・投獄する権限を与えるもので、民族独立運動を抑圧しようとする強権的な政策であった。インド人は憤慨し、独立運動はますます高まっていった。

そして一九一九年四月、インド西北部パンジャーブ地方のアムリットサルでひらかれたローラット法への抗議集会に対し、イギリス軍が無差別発砲して多数の死傷者を出す事件がおきた（**アムリットサル事件**）。武器をもたない丸腰の一般民衆が虐殺されたのである。この事件がつたわると、全インドでイギリスの暴虐に対する怒りがまきおこった。

そうしたなか、ガンディーは国民会議派の大会で、植民地統治に対する**非暴力・不服従**の運動を方針として掲げた。非暴力による抵抗は、彼がすでに南アフリカで実践し、成功を収めた手法だった。

ガンディーはヒンドゥー教の不殺生と禁欲の思想にもとづき、これを「**サティヤーグラハ**（真理の堅持）」と名づけた。西洋の物質的欲望を自制するところにインドの自立があり、西洋の暴力に暴力で対抗するところに真理はないと宣言したのである。

サティヤーグラハの思想はその立ちふるまいにもあらわれている。ガンディーは粗衣粗食をつらぬき、イ

図2-9　チャルカを回すガンディー

ンドの伝統的な糸つむぎ機チャルカをあやつって、西洋の機械文明を批判し、インドへの誇りを取り戻そうとした。そうした禁欲的で誇り高い姿に支持者たちは感銘を受け、非暴力・不服従を実践しようとしたのである。

激動のインド帝国

ガンディーはイギリスに対して独立を認めさせるには、ムスリムとの連帯が不可欠であると考えていた。このころ、オスマン帝国が連合国に屈服する状況にあって、ムスリムの宗教的な支柱であるスルタン＝カリフが廃止されるという危惧がひろまっていた。

カリフ（ヒラーファト）とは、ムハンマドの後継者を意味する称号で、長らくムスリムの宗教的な最高権威とみなされていた。インドのムスリムたちはカリフ制擁護運動（**ヒラーファト運動**）を反英運動として展開した。

このヒラーファト運動への支持をガンディーは表明し、ムスリム民衆の支持を得た。全インド・ムスリム連盟は国民会議派と共闘することを決定した。かくしてサティヤーグラハ運動は、宗教対立を乗りこえた、まさに全インド人の民族運動としてスタートすることになったのである。

さらに宗主国のイギリスを動揺させたのが、インドに隣接する保護国アフガニスタンの独立戦争であった。

五月、アフガニスタンは独立を宣言し、混乱のさなかにあるインドに侵攻した（第三次アフガン戦争）。大戦で疲弊したイギリスは抵抗できず、八月に独立を承認した。

イギリスは混迷するインド統治を落ち着かせるべく、一二月にインド人の自治や議会の設置などを認める**インド統治法**を発表した。しかしこれらは形式的な自治にすぎず、実質はあいかわらずの総督の独裁であった。大戦中に約束された全面的な自治とはほど遠い内容に、サティヤーグラハ運動はさらにはげしく燃えあがっていくのである。

終わらない戦争——ハンガリーとオスマン帝国

パリ講和会議でドイツ、オーストリア、ブルガリアに対する講和条件が決められていく一方で、同じ敗戦国であるハンガリー、オスマン帝国との講和条約の準備は停滞していた。これら二つの国についてはまだ戦争が継続しており、戦後の国家状態がどのようなものになるか未確定だったからである。

ハンガリー情勢に影響を与えたのはロシア共産党である。一九一九年三月、ロシア共産党は、世界革命を推進するための国際連帯組織、**コミンテルン**（**第三インターナショナル**）をモスクワで結成した。コミンテルンは従来のインターナショナルと異なり、世界革命を推進するための革命支援組織であり、ロシア共産党を頂点とし各国の共産党を支部とする指導体制が構築されていった。

このころ、ハンガリーで社会主義革命が起こった。ハンガリー共産党はクン・ベラを指導者としてソヴィエト政権を樹立し、コミンテルンの指導のもと、次々と金融機関の国有化や土地改革などの社会主義政策を実行にうつしていった（**ハンガリー革命**）。

しかしハンガリーでは社会主義国家への国民的な合意はなく、地方の農民を中心にソヴィエト政権への反発がひろがっていった。経済や行政が混乱していることに乗じて、ルーマニア軍がトランシルヴァニアの領有を目指して侵入してきた（**ルーマニア・ハンガリー戦争**）。

コミンテルンの指導下にあるハンガリー政府というだけでも、パリにあつまっている戦勝国にとって微妙だったのに、戦争状態にあり国境が流動的になっている状況では、講和条約どころではなかった。

結局ルーマニアはトランシルヴァニアを占領し、さらにブダペストに侵攻した。ハンガリー・ソヴィエト共和国は崩壊し、クン・ベラはロシアに亡命した。ハンガリー革命はわずか四カ月で失敗に終わった。

オスマン帝国では、降伏したにもかかわらず連合国の侵攻がとまらなかった。イギリスとフランスは、ロシアが抜けたものの、サイクス・ピコ協定の約束にもとづき、オスマン帝国を分割していった。各国は講和がまとまる前にできるだけオスマン帝国から領土を奪いとってしまおうと、各地を占領していった。

とりわけギリシアは、ギリシア人が多く住む小アジア東岸地域、とりわけその主要都市**イズミル**（ギリシア語でスミルナ）の領有権を主張し、連合国の承認のもと、大規模な軍事侵攻を実施した。**ギリシア・トルコ戦争**の勃発である。オスマン帝国軍は、帝都イスタンブルを連合国に事実上占領され、何もできなかった。

この侵略はトルコ民族主義を刺激し、イズミル奪還のために続々と義勇兵があつまり、ギリシア軍との衝突を繰り返した。このようにオスマン帝国は、戦後の戦争によって領土をさらに大きく失った段階で、講和条約を結ぶことになったのである。

第一次世界大戦によって世界分割はさらに進行したが、ソヴィエト・ロシアとウィルソンが提唱した「民族自決」というスローガンは、民族運動を世界的な規模で活性化させた。一方でロシア内戦のひろがりはユーラシア大陸に大きな変動をもたらしていくのである。

第3章　平和と協調の模索——一九二〇年代

関東大震災朝鮮人犠牲者追悼碑（東京都墨田区）
関東大震災時に虐殺された朝鮮人に対する慰霊碑は関東の各地に存在する。ここは東京都における震災・空襲全体の犠牲者を追悼する東京都慰霊堂の脇につくられた（撮影：筆者）。

中央・南・東南アジア	東アジア	南北アメリカ・国際
インドネシア共産党結成 独立派，ブハラ，ヒヴァ・ハン国滅ぼす	日本，戦後恐慌 尼港事件 新婦人協会結成	国際連盟発足 サッコ・ヴァンゼッティ事件 アメリカ憲法修正19条(女性参政権) ラジオ放送開始
	中国共産党結成 モンゴル人民政府 日英同盟破棄	ワシントン会議開始 四カ国条約
ガンディー，サティヤーグラハ運動停止 ソヴィエト政府，中央アジアを併合	日本共産党結成 日本，シベリア撤兵	ワシントン海軍軍縮条約 九カ国条約
	関東大震災。朝鮮人・中国人虐殺	
ソ連内にカザフ共和国など成立	第1次国共合作 護憲三派内閣成立 モンゴル人民共和国	1924年移民法
インド共産党結成 ベトナム青年革命同志会結成	日ソ基本条約 孫文死去 治安維持法 五・三〇運動 広州国民政府樹立	
インドネシア共産党の武装蜂起	国民政府軍，北伐開始	
スカルノ，インドネシア国民党結成	上海クーデタ 南京国民政府樹立 第1次山東出兵	
	済南事件 張作霖爆殺事件 国民党，中国統一	不戦条約（ケロッグ・ブリアン協定）
インド国民会議ラホール大会		ニューヨーク株式市場大暴落

ひろがる

なぜ人種主義はエスカレートし、それを誰も正そうとしなかったのだろうか？

不戦条約が成立したのに、なぜ戦争は繰り返されたのだろうか？

西　暦	ヨーロッパ・ロシア	アフリカ・中東
1920年	英仏，シベリア撤兵 ソヴィエト・ポーランド戦争 トリアノン条約	アンカラにトルコ大国民議会 セーヴル条約
1921年		イランでレザー・ハーンのクーデタ
1922年	ファシスト党のローマ進軍 ソヴィエト社会主義共和国連邦（ソ連）成立	エジプト王国独立 アンカラ軍，イズミル奪還 スルタン制の廃止
1923年	ルール占領 『パン・ヨーロッパ』刊行 ミュンヘン一揆	ローザンヌ条約 トルコ共和国成立
1924年	レーニン死去	カリフ制廃止 イブン・サウードがメッカ占領
1925年	ロカルノ条約 『わが闘争』刊行	パフレヴィー朝成立
1926年	ドイツ，国際連盟加盟	
1927年	トロツキー除名，スターリン指導体制へ	
1928年	ソ連，第1次五カ年計画開始	
1929年	ブリアン，ヨーロッパ連邦計画	
	世界恐慌	世界恐慌

1　世界大戦後の戦い

ソヴィエト・ポーランド戦争

ヨーロッパの周縁部では、依然として第一次世界大戦後にも戦争と混乱がつづいていた。しばしば、第一次世界大戦後の国際秩序（ヴェルサイユ体制）は一九一九年のヴェルサイユ条約によって成立したと理解される。しかし実際には、東ヨーロッパの多くの地域で、その国家体制や領土は、周辺国との交戦状況も含めて定まっておらず、きわめて流動的であった。

一九二〇年、独立をはたしたポーランドは、旧領土の回復をさけんでウクライナに侵攻し、**ソヴィエト・ポーランド戦争**が勃発した。ソヴィエト政権が参加していないパリ講和会議では、東部の国境が確定しなかったことを受けての実力行使であった。

ピウスツキ将軍ひきいるポーランド軍はキエフまで到達したが、長きにわたるロシア内戦で勝利を収めつつあったソヴィエト赤軍はこれを撃退し、逆にワルシャワ近くまで軍を進めた。ポーランドにソヴィエト政権が打ちたてられ、世界革命がはじまるかもしれないという恐怖が、ヨーロッパをおそった。

しかしピウスツキは、赤軍との戦闘で決定的な大勝利を収めて押しもどし、翌一九二一年にベラルーシとウクライナの一部を奪いとり、戦争は終結した。大戦中からの数年間で、ロシア、ドイツ、独立国家、ソヴィエト政権、そしてポーランドと、目まぐるしくその支配者を軍事力によって交代させられていたウクライナの住民は、そこで発生する無秩序な暴力の犠牲になった。

トリアノン条約とマイノリティ問題

ハンガリーではソヴィエト政権が崩壊したのち、ホルティ政権が成立したが、一九二〇年六月に新政権が連合国とようやく結んだ**トリアノン条約**では、ルーマニアの侵略によって奪われたトランシルヴァニアをはじめ、七一％もの領土を失い、多数のハンガリー人がルーマニアやチェコスロヴァキアに取りのこされることになった。

このようにヴェルサイユ体制下の東欧では、民族の境界線にそった国民国家建設が目指されていたにもかかわらず、先述のポーランドのみならず、チェコスロヴァキアは国境地帯のドイツ人、ルーマニアはハンガリー人という民族マイノリティをかかえ、そしてセルビア人・クロアティア人・スロヴェニア人王国（のちの**ユーゴスラヴィア**）はその名の通りの多民族国家として成立していた。

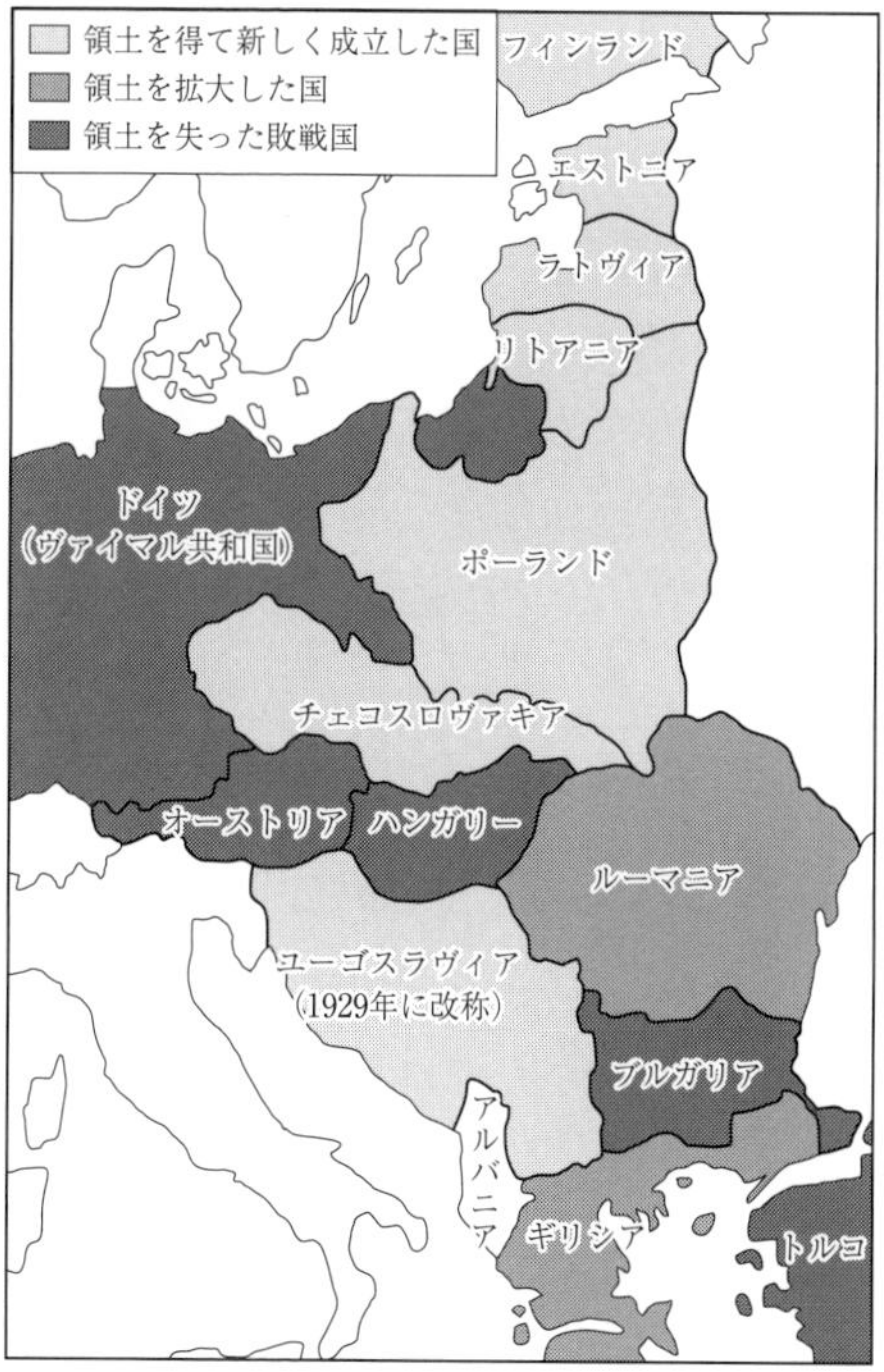

図3-1　第一次世界大戦後の東ヨーロッパの領土変更と独立国

逆に、周辺国に領土をけずり取られたドイツ、オーストリア、ハンガリー、ブルガリアといった敗戦国は、おおむね単一民族の国家

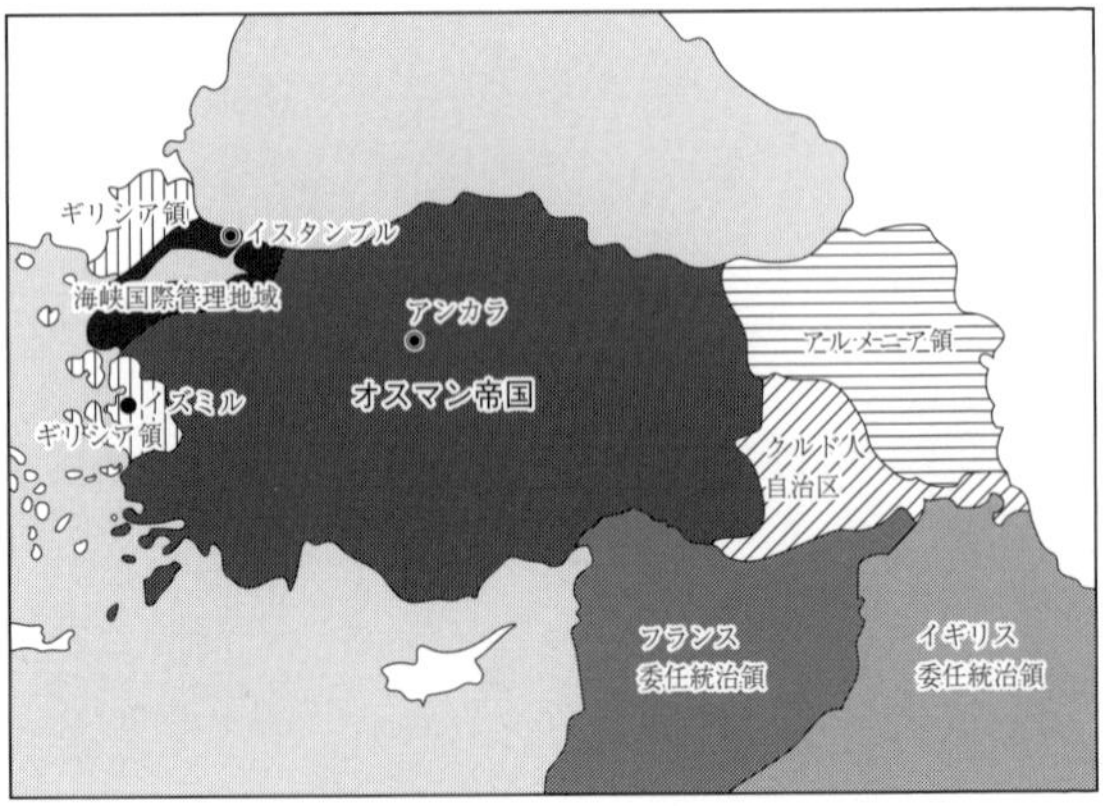

図３－２　セーヴル条約によるオスマン帝国分割
（出典）池内（2016：41）より作成。

になった。それらの国々にとっては、奪われた領土を取り戻し、隣国に取りのこされた民族同胞たちを迫害からすくい出すことが、国民的な悲願になっていったのである。

セーヴル条約の衝撃

敗戦国のうちで、最も過酷な講和条約を強要されたのが、オスマン帝国であった。一九二〇年八月、イギリス、フランス、そしてギリシアに小アジアの領土を侵食された状況で、**セーヴル条約**が締結された。内容は、まさに列強によるオスマン帝国の分割であり、第一次世界大戦がイスラーム分割の流れで勃発したことを思い起こさせるものであった。

まずイスタンブルと小アジア以外のオスマン帝国領はすべて割譲され、シリアとレバノンはフランスの、イラク、ヨルダン、パレスチナはイギリスの委任統治領とされた。

戦後にギリシアが占領したイズミル（スミルナ）とその周辺は、ギリシアの管理下に入った。オスマン帝国の関税自主権は制限され、治外法権が強要されるという、不平等条約でもあった。

なお、現在のトルコ東部からイラン北部の山岳地帯に住む**クルド人**には、ウィルソン十四カ条の「オスマン帝国内の諸民族の自治」という条項が適用され、自治区が与えられることになった。

いた。セーヴル条約は、一九世紀に「瀕死の病人」とまでいわれたオスマン帝国を死に至らしめる内容を持っていた。この屈辱的な条約に対して、トルコ人の中に激しい怒りがまき起こった。

ケマルの戦い

死に体となったオスマン帝国に追い打ちをかけるように、ギリシアがセーヴル条約で認められた領土を越えて、軍事侵攻を再開してきた。ここで立ちあがったのが、第一次世界大戦での活躍で名をあげていた将軍、**ムスタファ・ケマル**（**ケマル・パシャ**）であった。

このときケマルは、連合国の勢力がまだおよばない内陸部の**アンカラ**で、**トルコ大国民議会**を開催し、臨時政府を樹立していた。アンカラには全国からトルコ人義勇兵があつまり、その数はみるみるうちに膨れあがった。ケマルは義勇軍をひきいて小アジアの内陸部を支配下におさめ、オスマン帝国から完全に自立した革命政府をつくりあげた。

連合国は、講和条約の結果を受けいれようとしないアンカラ政府を警戒し、鎮圧することを目指した。かくして一九二一年、イギリスによって軍事援助されたギリシア軍がアンカラへと侵攻していった。

一進一退の攻防ののち、翌年アンカラ軍はついにギリシア軍を撃退し、イズミルなどを回復した。ここで、侵略者ギリシア人に対するおそるべき復讐が繰りひろげられた。トルコ人の暴力にさらされたイズミルのギリシア人は、エーゲ海をわたってギリシア本土に移住していった。

一九二二年一一月、ケマルはスルタン制を廃止し、オスマン帝国は滅亡した（**トルコ革命**）。こうして全権を掌握したアンカラ政府は、連合国に対して講和条約の修正を要求した。第一次世界大戦の「終戦」から四年がたち、連合国にはもはやトルコとの戦争をつづける気はなかった。

こうして一九二三年にセーヴル条約は破棄され、**ローザンヌ条約**が締結された。トルコはイスタンブル周辺と小アジアの領土を回復し、外国軍は撤退した。治外法権などの不平等条約も撤廃された。一方で、セーヴル条約でいったんは認められたクルド人自治区の構想も撤回されてしまった。トルコ人の領土を確保し、国民国家として統合するためであった。

イズミルは正式にトルコの領土となった。ここで、トルコに住むギリシア正教徒と、ギリシアに住むムスリムとの住民交換が実行された。この住民交換はきわめて大規模であり、かなりの混乱や犠牲もあったが、これによってトルコ共和国における宗教的均質性が、ある程度ととのえられた。

ケマルがなしとげた事業はヨーロッパの、特にドイツやハンガリーといった講和条約で領土を奪われた敗戦国に衝撃を与えた。つまり、ヴェルサイユ体制の領土は絶対ではなく、戦争によって条約を修正することは可能なのだという実例を、ケマルはしめしたのである。

トルコの政教分離とカリフ制の廃止

一九二三年、新たに成立したトルコ共和国の大統領に就任したケマル・パシャは、トルコを近代的国民国家とするために、様々な改革を実施した。そのポイントの一つは政教分離であり、例えば女性がかぶる**ヴェール**が**廃止**された。

女性参政権も認められ、女性の社会進出も進んだ。これまで上流層にかぎられていた女性教育の機会は、庶民にもひろげられた。ムスリムの伝統的な服装は否定され、ヴェールをはずした彼女たちは、洋服を着るようになった。

イランでは、一兵士から身をおこした軍人の**レザー・ハーン**が、一九二一年にクーデタで政権を握り、のち一九二五年にパフレヴィー朝をひらく。そのレザー・ハーン政権も、ヴェールの廃止を決定した。ただ、ムスリム女性の側からも反対があり、イランではヴェール禁止令が撤回されている。

さらに内外に大きな反響を呼んだのが、一九二四年の**カリフ制の廃止**である。スルタンとカリフはオスマン帝国がイスラーム世界の盟主として君臨するための柱であると同時に、パン・イスラーム主義のように西洋列強に対抗するムスリムの連帯の象徴でもあった。トルコ共和国では、その両方ともが廃止された。

アラブの内戦

これに対し、アラブ人のあいだでは動揺がひろがった。大戦中に「アラブの反乱」を主導したハーシム家のフセインは、フセイン・マクマホン協定の約束をやぶられ、聖地メッカとメディナを中心とする小国ヒジャーズ王国の君主に収まっていた。

フセインはトルコでのカリフ制廃止を受けて、「ムハンマドの一族」として自らカリフとなることを宣言した。しかしイスラーム世界のあいだに支持はひろがらなかった。逆に彼に挑戦するように、アラビア半島内陸部のリヤドを中心に勢力をひろげる**イブン・サウード**の軍隊が、メッカにせまっていた。

イブン・サウードは、かつてアラビア半島で「ムハンマド時代にかえれ」というイスラーム復古運動を展開したワッハーブ王国の再興を目指していた。大戦中のオスマン帝国の混乱に乗じて急成長したイブン・サウードの王国は、アラビア半島の統一を掲げ、メッカに侵攻した。一九二四年、サウード軍はフセインをやぶり、メッカを併合して**ヒジャーズ・ネジド王国**を建国した。

このように、トルコが政教分離を断行することによってイスラーム世界における宗教的中心が失われ、アラブにおいてハーシム家とサウード家との間で宗教的主導権をめぐる内戦が勃発した。イブン・サウードは

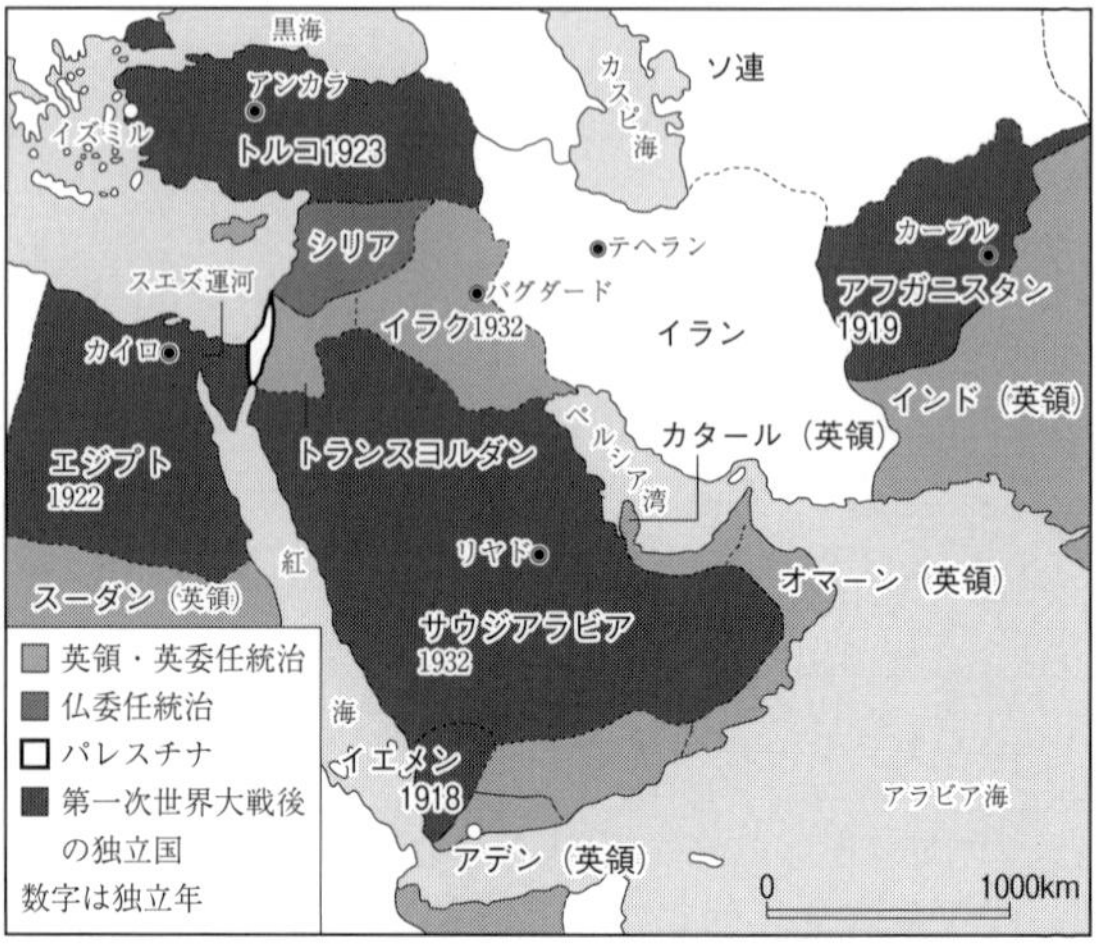

図３－３　第一次世界大戦後の西アジアにおける領土変更と独立国

この内戦に勝利したのである。

内戦にやぶれたハーシム家はメッカを追われ、イギリスをたよった。植民地構造を変容させようとしていくイギリスは、フセイン・マクマホン協定を部分的に実現する形で、フセインの長男ファイサルを委任統治下のイラク王国の国王とした。イギリスはさらにフセインの次男アブド・アッラーを国王とするトランスヨルダン王国の成立を、同様に認めた。

さらにイギリスは、ワフド党による民族運動が起こっていたエジプト王国の独立も、一九二二年に認めている。

かくして一九二〇年代、第一次世界大戦後のアラブ世界の混乱は収まっていき、イギリス世界帝国の内部で、独立や自治を認めつつ利権を維持するという構造変化が進んでいったのである。

サティヤーグラハ運動の苦難

一方、トルコによるカリフ制廃止は、インドのムスリムにも衝撃を与えた。守るべきカリフがいなくなり、しかも同じムスリムによってそれがなされたことで、ヒラーファト運動は混乱し、衰退していった。国民会議派との反目もしばしばみられるようになった。

ガンディーひきいるサティヤーグラハ運動自体も、すでにゆきづまっていた。暗礁に乗りあげつつあった。そもそも非暴力・不服従の運動は、たいへんな忍耐力と自制心を必要とする。どんなに弾圧され逮捕されようとも、けっして暴力で応酬してはならない。多くのインド人にとって、理念は理解できても、実行は困難であった。

こうしてインド民族運動はしばしば暴力をともなった。一九二二年、農民によるイギリス警官殺害事件が発生したことで、ガンディーは運動の中止を指示した。サティヤーグラハ運動は挫折したのである。

2　共産主義の拡大

イタリア・ファシズムの登場

一方、ロシアで火のついた共産主義運動は、ヨーロッパの多くの国では失敗に終わろうとしていた。イタリアでは、大戦による経済不況によって北部の工業地帯で労働運動が高まり、社会党左派（のちのイタリア共産党）の指導のもと、労働者による工場の占拠が行われた。さらに貧しい南部では貧農小作人による農地占拠の動きが拡大していた。イタリアは革命前夜であるように思われた。

しかし、こうした社会主義勢力に対抗する愛国主義的な大衆運動が登場した。**ムッソリーニ**ひきいる**ファシスト党**である。一九二二年一〇月、ファシスト党は全国から数万の党員をローマに結集させ、武装集団「黒シャツ隊」をひきいて「**ローマ進軍**」と称する大示威行動を実行した。政権奪取のためのクーデタである。

イタリア政府は戒厳令でこれを解散させようとしたが、国王は勅令へのサインを拒否して、逆にムッソリーニを呼びよせて組閣を命じた。かくしてムッソリーニ政権が成立した。イタリアの国王や伝統的エリート層は、ファシスト党を利用して社会主義勢力を排除しようとしたのである。

中央アジアのソヴィエトへの編入

しかしユーラシア大陸全体でみれば、一九二〇年代はじめに共産主義の拡大の趨勢はゆるぎないものになっていた。

アルメニア人、グルジア（ジョージア）人、アゼルバイジャン人など多くの民族が入りまじって暮らすカフカス地方（黒海とカスピ海の間の山岳地域）は、ロシア革命に乗じて独立を宣言した。しかしロシア内戦の混乱を受けてトルコ軍が侵入、大戦中のアルメニア人虐殺の記憶も生々しいなか、トルコの侵略に恐怖したカフカス政府は、ソヴィエト赤軍に支援を求めた。

その結果、ザカフカス・ソヴィエト共和国が成立し、コミンテルンの影響下に入ることになった。一九二二年、内戦に勝利したソヴィエト政権は、ロシア、ウクライナ、ベラルーシ、ザカフカスの四つのソヴィエト共和国からなる**ソヴィエト社会主義共和国連邦（ソ連）**を結成した。

旧ロシア帝国の領土をひきつぎ、ユーラシアの覇者の地位に収まったソ連に対し、帰属をまよっていたのが中央アジアである。中央アジアでもロシア内戦を契機に独立運動が起こり、一九二〇年に独立派がブハラ・ハン国とヒヴァ・ハン国（両方ともロシアの保護国だった）をほろぼし、共和国を樹立していた。

しかしそこにもコミンテルンの勢力がひろがっていた。中央アジアのムスリムは、独立派と、コミンテルンに代表を派遣する共産主義者に二分され、内戦状態となった。結局、一九二二年にソヴィエト赤軍によって独立派は制圧され、ソ連に併合された。

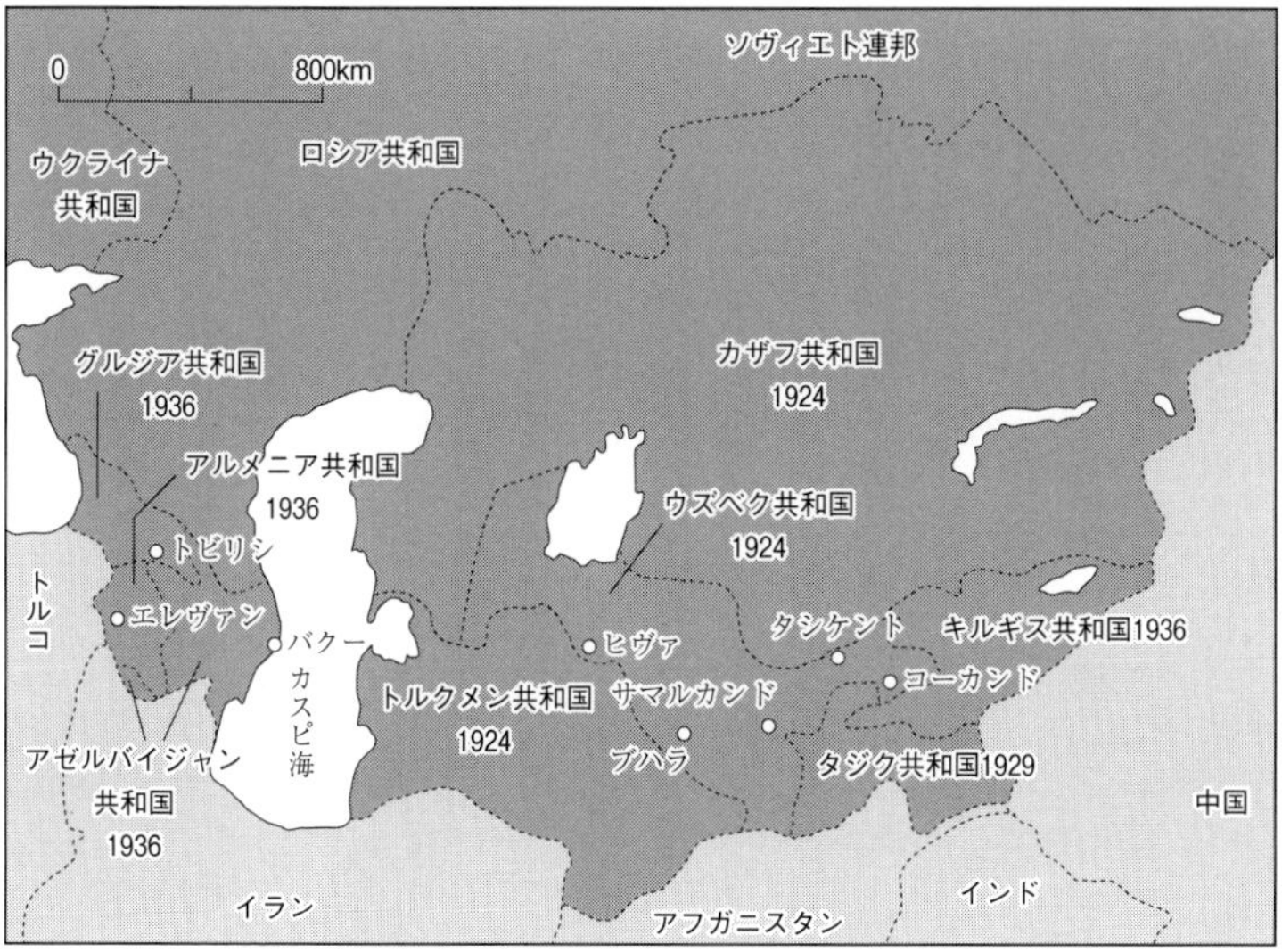

図３-４　中央アジアのソ連への編入

外に対しては「民族自決」をかかげたソヴィエト政権だが、ヴェルサイユ条約で独立を認めたバルト海沿岸をのぞけば、旧ロシア帝国の領土をそのままひきつぎ、軍事力によって民族独立派を制圧していった。

他方で、ソ連は支配下の諸民族に一定の自治を認め、民族ごとの社会主義共和国へと再編していった。カザフ共和国（カザフスタン）、ウズベク共和国（ウズベキスタン）、トルクマン共和国（トルクメニスタン）は一九二四年に成立し、その後ザカフカスでも民族ごとの共和国がつくられていくのである。

モンゴル革命

シベリア出兵のさいに中国に併合されたモンゴルの情勢は、ロシア内戦の経緯におうじて二転三転した。まずこの地に反革命の白軍が侵攻し、中国軍は追い出された。しかし、すでにみてきたように、ロシア内戦で白軍は劣勢になり、ソヴィエト赤軍が勝利を収めていくことになる。モンゴルでは、ソヴィエト政府はモンゴル民族主義者を共産主義に取りこみ支援した。

このときソヴィエト赤軍の支援を受けて、モンゴル民族独立のために立ちあがったのが、**チョイバルサン**ひきいるモンゴル人民革命党である。チョイバルサンは一九二一年に臨時人民政府を建設し、赤軍をモデルに人民義勇軍を組織し、独立戦争を起こした。ソヴィエト赤軍の軍事支援によって優位に立った人民義勇軍は、白軍と中国軍を駆逐し、外モンゴル全域を制圧することに成功した（**モンゴル革命**）。

かくして一九二四年に**モンゴル人民共和国**が独立を宣言した。これはソ連につづき世界史上二番目の社会主義国家である。建国の経緯もあり、チョイバルサンはコミンテルンの忠実なるしもべになった。モンゴルはソ連にとって最も模範的な衛星国になっていくのである。

尼港事件とシベリア撤兵

そして、ロシア内戦の混乱に乗じてシベリアに出兵し、利権を拡大しようともくろんでいた日本の思惑もはずれた。白軍は赤軍の前に敗れ、最大でバイカル湖まで進出した日本軍は撤退戦を余儀なくされていた。一九二〇年には同じく干渉戦争を起こしていたイギリス、フランス、アメリカも撤退した。

日本軍が進出した最北端は、沿海州のニコライエフスク（尼港《にこう》）である。樺太に向かいあうこの街には多くの日本人が居留しており、出兵の目的は彼ら在留日本人の保護であった。ところが一九二〇年、日本軍はソヴィエト赤軍のパルチザン（ゲリラ戦を展開する別動隊）に惨敗し、在留日本人が虐殺されるという事件が起こった。

この**尼港事件**は国内でも大きな反響をよび、シベリア出兵の正当性に疑問がなげかけられた。すでにロシアから撤兵していた諸外国は、いつまでも出兵をつづける日本を非難した。白軍の政権は各地で崩壊し、日本軍は圧倒的に優勢な赤軍パルチザン相手に絶望的な戦闘を強いられ、大きな犠牲を出していた。

最終的に日本軍がシベリアからの撤兵を完了したのは一九二二年（北樺太にはなおも駐兵をつづけた）。莫大な費用をかけながら、何の成果もあげず、ただいたずらに犠牲者だけが増えていった、無益な戦争は終わった。

共産主義者のアジア・ネットワーク

かくして、およそ五年間にわたってつづいたロシア内戦は終結した。史上初の社会主義国は生き残ったばかりか、広大な領土と強大な軍事力をほこる世界強国としてユーラシア大陸に君臨した。

コミンテルンの各国支部としての共産党は、まず資本主義が成熟し、社会主義思想が浸透したヨーロッパで結成されたが、ドイツやイタリア、ハンガリーなどでの革命行動は失敗に終わり、その後もつづかなかった。

むしろコミンテルンはアジアで勢力をひろげた。一九二〇年、アジア最初の共産党であるインドネシア共産党が結成され、民族独立を唱えて急速に拡大した。一九二一年にはコミンテルンの指導のもと、陳独秀を代表とする**中国共産党**が成立した。モンゴル人民革命党もこのころ結成されている。一九二二年には**日本共産党**が非合法で結成されている。一九二五年にはインド共産党が、そして同じ年にはフランス帰りの社会主義者**ホー・チ・ミン**によってベトナム青年革命同志会が結成された。

これらの共産主義組織はモスクワのコミンテルン本部と連絡を取りあい、その指示のもと、社会主義思想にもとづく民族独立運動を展開した。いわば、モスクワを中心とする**共産主義ネットワーク**がユーラシア大陸の東西にはりめぐらされていったのである。

しかしその中心であるモスクワでは、一九二四年にレーニンが死に、後継者争いが起こっていた。ソ連一国でも社会主義を実現できる（一国社会主義）とする書記長の**スターリン**は、世界革命論を唱えるトロツキーを追放し、権力を掌握していく。

以後、コミンテルンの方針も一国社会主義にもとづき、ソ連一国のために世界の共産主義ネットワークを活用するようになっていくのである。

中国の内戦

ソ連の勢いは共産主義者ではないアジアの民族主義者の注目もあつめた。たとえば孫文である。一九二三年、孫文の中国国民党はソ連との提携を表明し、広州に拠点をおいて軍事力の増強につとめた。翌一九二四年の第一回中国国民党大会では、「連ソ・容共・扶助工農」のスローガンのもと中国共産党を取りこみ、いわゆる**第一次国共合作**が成立した。「連ソ」とは、ソ連と連帯するという意味である。

このころ、中国は軍閥の内戦状態にあった。とりわけ北京を中心とする華北では、日本の関東軍によって支援された、東北地方を拠点とする奉天軍閥の**張作霖**《ちょうさくりん》が、北京まで進出した。華北以外でも、山西や江南などに有力な軍閥が割拠していた。

これらの軍閥は列強と結びついていた。その背景には、ヴェルサイユ体制にならぶもうひとつの戦後国際秩序である、**ワシントン体制**がある。一九二一年からアメリカ大統領ハーディングが主催したワシントン会議には、第一次世界大戦中に中国に過度に進出しすぎた日本を牽制する意味がこめられていた。この会議では海軍の軍縮をはじめ、多くの国際条約が結ばれたが、中国にとってとりわけ重要な意味を持ったのが**九カ**

国条約であった。

九カ国条約の締結国は、アメリカ合衆国、イギリス、フランス、イタリア、日本、それにオランダ、ベルギー、ポルトガル、そして中華民国だった。中国はアメリカやイギリスの支持のもと、日本が奪っていた山東半島の利権を回復し、中国の主権尊重と領土保全を約束された。

一方、九カ国条約をはじめとするワシントン体制では、これまでアメリカ一国の外交方針にすぎなかった「門戸開放」が国際原則になった。これによって列強による中国への経済進出が促進され、イギリス、アメリカ、日本などと軍閥勢力との結びつきが、さらにつよまることになったのである。

3　黄金時代の人種主義

女性たちの新時代

一九二〇年は、社会に進出する女性たちにとって新しい時代への幕開けになった。日本では平塚らいてうと市川房江らが新婦人協会をつくり、女性参政権の獲得や、女性の政治参加を認めさせようと活発な政治活動を展開した。その結果、一九二二年には女性の政治集会への参加が認められるようになった。

ヨーロッパでは明暗がわかれた。各国では戦時中に男性の代替労働力として女性が社会進出し、それとともに女性運動も活発になっていたのだが、戦争が終わって男たちが復員すると、女性たちは職場から追い出された。ドイツではヴァイマル憲法のもと女性参政権が実現したが、イギリスでは年齢制限があり、フランスでは実現しなかった。

ソヴィエト政権下のロシアでは女性参政権が認められ、就業率に男女差がなくなった。しかし性別による役割のイメージが変わることはなく、既婚女性は働きながらも家事・育児の大半を担当するという、男性よりも苦しい状況におかれてしまった。

アメリカではウィルソン大統領のもと、ついに**憲法修正一九条**により女性参政権が認められた。アメリカではすでに女性の就労率や高校・大学への進学率が大幅にのびており、参政権獲得もその成果であった。このためヨーロッパと違って、大戦が終わっても女性運動は衰退しなかったのである。

活動的になった女性たちは自らを縛る息苦しいコルセットをはずし、ココ・シャネルのスーツを着た。**モダン・ガール**と呼ばれる新しい女性たちが、さっそうと街を闊歩した。主婦であっても政治や社会に関心があるのが、当たり前の風潮が生まれた。新時代が到来したのである。

アメリカの大量消費社会

新時代の女性たちは、政治に参加することで大衆社会の一翼をになった。とりわけアメリカにおいて彼女たちは「**アメリカ的生活様式**」の主役になった。それは「大量生産・大量消費」の時代であった。

一九二〇年代、フォードのベルト・コンベア方式に代表される生産技術の革新は、大量生産と価格の低下を実現し、それが大量販売につながり、企業利益の増大とともに労働者の賃金も上昇し、その労働者が自動車、ラジオ、冷蔵庫、洗濯機といった新商品を購入し、新しい生活様式を実現していった。

自動車では、大量生産された安価なフォードT型車が一九二八年までに一五〇〇万台を売り上げ、三世帯に二台の割合で車を普及させた。まさにマイカー時代の到来であった。週末には誰もが同じ車に乗り、いくつかのレジャー施設や商業施設へと殺到していく光景が当たり前になった。

ラジオは一九二〇年にアメリカでの放送を開始し、ほとんどの家庭に急速に普及していった。誰もが同じスピードで同じ情報をえて、同じ流行の音楽を楽しむことができた。そこで流れていたのは、黒人たちのジャズやブルースであった。

ジャズは黒人と東ヨーロッパ出身のユダヤ系移民の音楽が融合したもので、多様な民族的ルーツを持つ移民国家アメリカを象徴する音楽であった。黒人たちは音楽をつうじてアメリカ社会に自らの存在をアピールした。スウィング、ブルース、アドリブなどのジャズ的要素は西洋音楽の形式を破壊した。それはさらに勢いを増すアメリカの人種主義に抗するさけびのようであった。

図3-5　ヘンリー・フォードとフォードT型車（左）。フォードT型生産累計1000万台の記念写真（1924年）。

アメリカ人種主義の過激化

「黄金時代」として繁栄を謳歌するアメリカの一九二〇年代、それは同時に人種主義がかつてなく激しくなっていく時代でもあった。「民族自決」がユーラシア大陸を動かすのと時を同じくして、アメリカの黒人たちも自らの権利を主張した。戦争を通じた好景気によって世界各地からの移民も増大していた。移民国家としてのアメリカの性格はますますつよまっていた。

しかし、新しい移民が増大するとそれに対する人種的反発は強まる。このころWASP《ワスプ》、つまり白人（ホワイト）、イギリス系（アングロ・サクソン）、プロテスタントという属性を持ったアメリカ建国初期の白人層こそがアメリカ社会の中枢にあるべきとする考え方が強まっていた。W

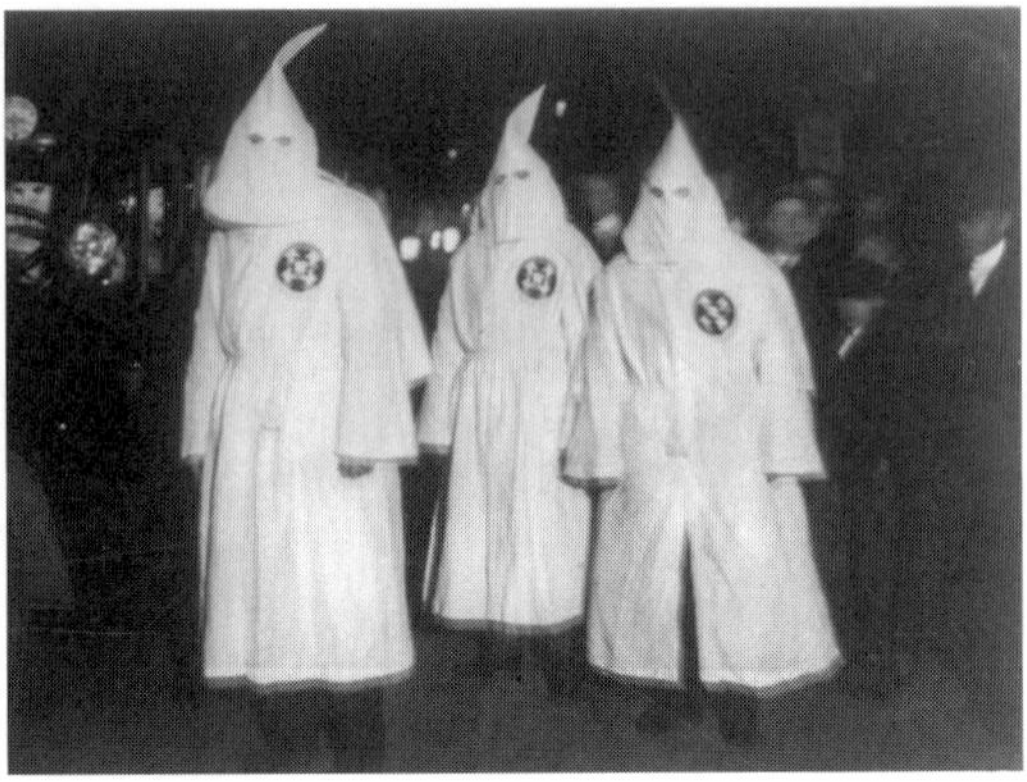

図3-6　KKKのメンバー（1922年）

ASPに属さない住民は何らかの差別にさらされた。

こうした風潮を受けて、南北戦争後に誕生していたものの、しばらくは沈静化していた秘密結社**KKK**（**クー・クラックス・クラン**）が再生した。KKKは独特の白頭巾をかぶったあやしげな集会で知られる。彼らは一九世紀には黒人を排撃する狂信的な人種主義団体だったが、二〇世紀によみがえると黒人だけでなく、WASPに属さないカトリック、ユダヤ人、アジア系移民も攻撃の対象にした。

自動車王ヘンリー・フォードはアメリカ的生活様式を生み出した白人の成功者だが、彼もまた人種主義イデオロギーに取りつかれ、反ユダヤ主義キャンペーンをはったことで知られる。

そんな人種主義国家アメリカを象徴する事件が起こった。**サッコ・ヴァンゼッティ事件**である。一九二〇年、ボストン近郊で強盗殺人事件が起こり、イタリア系移民で無政府主義者のサッコとヴァンゼッティが十分な証拠もないまま逮捕され、そのまま殺人罪で処刑された。これはWASPに属しない白人へのあからさまな差別というだけでなく、社会主義者への偏見が顕著にあらわれた事件であった。

黄金時代のアメリカは、人種主義の黄金期でもあったのである。

一九二四年移民法

ＷＡＳＰを頂点とするアメリカ人種主義のヒエラルキーの最下層に、黒人とともにおかれたのが、アジア系移民である。

日本は大戦による特需の恩恵を受けていたが、戦争が終わってヨーロッパ経済が戦時から平時に復帰すると、輸出が大幅に減少した。さらにインドや中国、南アメリカの経済成長によって、世界経済において日本が占めるシェアは小さくなった。

その結果、早くも一九二〇年から日本では**戦後恐慌**が発生した。株式市場は暴落し、好景気をささえた綿糸や生糸の相場も、半値以下に大暴落した。これ以降、日本は長い不況の時代へと突入することになる。

経済的な困窮におちいった日本人は、黄金時代のアメリカへと移住していった。しかし人種主義が台頭するアメリカでは、アジア系移民の増大に対する激しい反発が起こっていた。反移民世論を受けて、一九二四年に新たな**移民法**が制定された。

この移民法は、日本人移民を「帰化不能外国人」と規定して、入国を完全に禁止したため、しばしば「排日移民法」と呼ばれる。しかしこの呼称は、あたかも日本人だけをターゲットとしたような印象を与えるので、適切ではない。

「帰化不能外国人」として入国禁止された移民は日本人だけでなく、アジア系全般が対象であった（植民地のフィリピンをのぞく）。またこの法律はＷＡＳＰ系でない白人の移民も制限した。とりわけロシア内戦で急増したロシア人やユダヤ人の移民が制限の対象になったのである。

人種主義国家アメリカは、アジアからの移民を事実上閉ざした。これ以後、多くの日本人家族が、すでに多くの日系移民を受けいれていたラテンアメリカのブラジルに向かい、日本政府もそれを奨励した。こうし

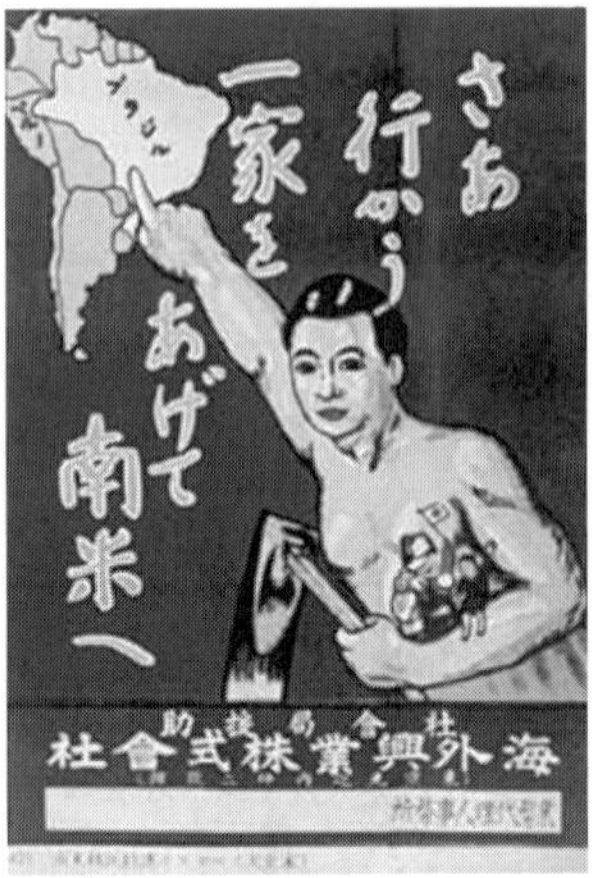

図3－7　ブラジルへの移住を促すポスター

て多くのブラジル日系移民が生まれた。

このころラテンアメリカ諸国は、アメリカ資本が大量に投下されて対米従属化が進む一方、一定の経済発展も成しとげていた。そうした中で移民は重要な労働力になっていたし、移民にとっても努力によって成功にありつくチャンスがあった。しかし困窮した日系移民にとっては、異国で生活基盤をつくりあげること自体、大変な苦労をともなったのである。

関東大震災と朝鮮人虐殺

アメリカでは人種主義の対象として差別と迫害を受けた日本人だが、日本とその植民地では、朝鮮人に対する人種差別が存在した。

植民地朝鮮では「文化政治」の名のもとに、憲兵警察が廃止され、朝鮮人官吏が登用された。日本は朝鮮の経済開発にも積極的に投資し、米騒動の教訓から計画された米の増産事業や、各種の公共事業が行われた。しかし増産された米のほとんどは、日本本土に優先的に送られて、逆に朝鮮半島での米の消費量は減少した。日本人の上司のもとで官僚や企業人として出世する朝鮮人は、ごく一部だった。

困窮した朝鮮人は生きていくために日本にわたり、都市の土木・炭鉱労働などの肉体労働に従事した。しかし、どの仕事の賃金も日本人の半分程度であり、日本人と異なる生活スタイルや言語の違いなどで差別を受けることが少なくなかった。

日本の海外領土から移民し、日本の民族マイノリティとなった朝鮮人は、アメリカでの黒人たちと同じように民族集団として差別された。植民地支配にともなう人種主義が日本に存在していたのである。

一九二三年九月、**関東大震災**が発生した。東京・横浜を中心に、全焼・全壊五七万戸、死者・行方不明者あわせて一〇万五〇〇〇人という未曽有の大災害であった。日本の政治・経済の中枢は壊滅的な打撃を受け、日本経済はますます混迷の度合いを深めることになった。

あまりに大きな被害に人々はパニックにおちいり、朝鮮人が井戸に毒を投げこんだとか、暴動を起こしたとかいった流言飛語がひろがった。三・一独立運動の記憶もまだ新しく、人々は、植民地にされた民族が支配民族に復讐するかもしれないという恐怖につつまれた。

疑心暗鬼にかられた被災地の民衆は、竹槍や日本刀で武装した自警団を組織し、無差別に**朝鮮人を虐殺**しはじめた。警察や軍隊もそれに加担した。中には理性をたもち朝鮮人をすくおうとした日本人もいたが、彼らも命がけだった。朝鮮人とともに、数百人の中国人も殺害された。

虐殺された朝鮮人の数は、六六〇〇人、二六〇〇人、二三〇〇人など調査機関によって様々であるが、多くの人々が犠牲になったことには違いない。大震災という異常事態のさなかとはいえ、日本の人種差別という暗部を如実にしめした事件であった。

沖縄ソテツ地獄と南洋諸島

日本の不景気は、日本の周縁部に当たる沖縄県の人々を困窮状態に追いこんでいた。沖縄の特産品であるサトウキビは、第一次世界大戦期に需要があがって活況を呈したが、大戦後に黒糖価格が暴落し、台湾でのサトウキビ栽培ものびていたことから、沖縄は深刻な不況にみまわれてしまった。

疲弊した沖縄の農村では、本来食用ではない有毒のソテツの実や幹を何とか毒抜き調理して食べて、飢えをしのがなければならなかった。こうした沖縄の極限的な困窮状況は**ソテツ地獄**と呼ばれた。

この地獄からのがれるために、沖縄の人々は南米や台湾、朝鮮、そして新しく日本の委任統治領となった南洋諸島への移民となった。

その南洋諸島では、日本人が行政機関で働くために移住していき、日本人を支配民族とする住民のヒエラルキー（序列）が成立していった。日本人は南洋諸島の現地人を「土人」と呼んで蔑視していた。

それだけでなく、移住してきた日本人のあいだでも序列があった。沖縄県出身者と朝鮮人は「二等国民」とされていた。このように、南洋諸島という植民地統治のなかで大日本帝国の人種主義的なヒエラルキーが顕在化したのである。

アメリカ人種主義からヒトラーへ

さて、アメリカ式生活様式は、ラジオやハリウッド映画を通じてヨーロッパにも浸透していった。それにともないアメリカの人種主義もまた、ヨーロッパの人々に影響を与えることになる。

ヨーロッパの人種主義は、故郷を持たないよそものであるユダヤ人に向けられた。富裕なユダヤ人はねたみの対象になり、貧しいユダヤ人は蔑視の対象になった。一九世紀に人種主義が登場して以来、ユダヤ人を劣等民族ととらえ、国家からの排除をうったえる人種主義的な**反ユダヤ主義**がさかんになった。

アメリカにおけるジム・クロウ法や一九二四年移民法は、ヨーロッパの反ユダヤ主義者にも影響を与えた。劣等民族であるユダヤ人との混血は民族の血を劣化させるので、アメリカのように国家が法律を整備して排除すべきだというのである。

こうした人種主義的反ユダヤ主義を全面的に展開したのが、**ナチ党**（国民社会主義ドイツ労働者党）の指導者**ヒトラー**である。彼はさらに、ロシア革命の衝撃を受けて、ユダヤ人をあやつっているのは共産主義者であるという陰謀論的妄想にとりつかれていた。

ヒトラーはムッソリーニのローマ進軍成功の影響を受け、一九二三年にミュンヘンでクーデタを実行しようとしたが失敗し、翌年刑務所に収監された。そのあいだに口述筆記で執筆されたのが**『わが闘争』**である。この本にはヒトラーの激しい反ユダヤ主義がもりこまれており、この時点で彼が人種主義イデオロギーの妄想にとりつかれていたことはうたがいない。

しかしグローバルな視座に立てば、アメリカでは人種主義が制度化され、それが当然のこととして受け止めてられていた。フォードの反ユダヤ主義キャンペーンはヒトラーに感銘を与えたという。人種主義はヒトラーの個人的妄執にとどまるものではなく、一九二〇年代の世界に蔓延していたのである。

4　平和運動と国際協調

「ヨーロッパの没落」とパン・ヨーロッパ

「アメリカ的生活様式」は、ラジオや映画の発達というメディアのグローバル化によって急速に全世界にひろまっていく。その主役は一定の所得を持った「大衆」であり、大戦前まで世界の中心にあったヨーロッパの資産家や教養市民層の価値観をゆさぶるものだった。ロシアにおける共産主義の勝利もショックを与えた。

そうしたヨーロッパ的価値観の終焉を予言してベストセラーになったのが、大戦中に発表されたシュペングラーの『**西洋の没落**』だった。この本は難解な思想書だが、そのタイトルのインパクトゆえに多くの読者を獲得した。実際、ほんの数年前には世界の中心にあったヨーロッパが第一次大戦とその結果によってボロボロになってしまったという「ヨーロッパの没落」は、当時のヨーロッパ諸国民の実感でもあった。

図3-8　リヒャルト・クーデンホーフ＝カレルギー伯爵

そこで、ヨーロッパを没落から救い出し、共産主義の脅威に対抗するために、ヨーロッパ統合の思想が注目をあつめた。一九二三年、オーストリアの貴族**クーデンホーフ＝カレルギー**は、国民国家に細分された大陸ヨーロッパを政治的・経済的に統合すべきとする**パン・ヨーロッパ**構想を発表した。彼の政治運動は各国の指導者のあいだにひろまっていった。

クーデンホーフのパン・ヨーロッパ運動は、第一次世界大戦のような惨禍を二度と繰り返してはならないという、ヨーロッパのほとんどすべての国民の間で共有された**平和運動**の一つのあらわれでもあった。総力戦の結果、ヨーロッパの参戦国は前線銃後を問わず、すべての世代が何らかの形で戦争の惨禍を経験した。その結果、「戦争はもうごめんだ」という意識が実感をもって大衆に共有され、平和運動が広範な支持をあつめることになったのである。

ロカルノ条約と国際協調の時代

パン・ヨーロッパ構想の最大の支持者ともいうべき存在が、フランス外相の**ブリアン**だった。彼はドイツ外相の**シュトレーゼマン**とともに、一九二五年に**ロカルノ条約**を締結した。これは、集団安全保障体制によってドイツが紛争の火種にならないようにするための、複数の条約からなっていた。ロカルノ条約は、一九世紀からつづくドイツとフランスの敵対関係にいったん終止符をうったという意味で、歴史的な和解であった。ドイツが降伏したあとも、フランスとベルギーがルール工業地帯を占領するなど、独仏の敵対関係はつづいていた。

しかし、シュトレーゼマンはイギリスやアメリカなどの助力をえてフランスとの和解を模索し、一九二五年、ブリアンとともにロカルノ条約をつくった。

この条約につづき、翌年一九二六年には**ドイツの国際連盟加盟**が実現した。ドイツはこれから、何か不平不満がある場合には武力にうったえるのではなく、国際社会での話しあいによって問題を解決することを誓った。多くのヨーロッパ人が憎悪と暴力にうんざりし、平和と秩序を歓迎したのである。こうしてヨーロッパでの戦争の時代は終わり、**国際協調**の時代が到来した。

図３－９　グスタフ・シュトレーゼマン
（出典）Bundesarchiv.

日本でも一九二四年の護憲三派内閣以降、外務大臣を歴任した**幣原《しではら》喜《き》重郎《じゅうろう》**が**協調外交**を展開した。幣原はワシントン会議で日本代表をつとめた経験から、アメリカやイギリスの動きを注視していた。幣原外交は、正義と平和を基調とする「世界の体制」に歩調をあわせ、軍事力よりも経済を重視した外交であった。

さらに幣原外相は、一九二五年に**日ソ基本条約**を締結してソ連との国交を樹立し、シベリア撤兵の後も残留していた北樺太から完全撤退するかわりに、同地方の油田の半分の開発権を手にした。まさに軍隊にかわって経済利益を得たのである。

さらに日本では、国際的な軍縮の動きとも連動し、海軍につづいて陸軍の軍縮が進められた。これは師団の規模を縮減してその浮いた予算で軍備を近代化するものだった。重要なのは、このときの軍縮には世論の賛成があったことである。一九二〇年代半ばの欧米と日本には、平和と国際協調を支持する風潮が、たしかに広範に存在したのである。

アジア民族主義の新段階――ネルーとスカルノ

しかし、それはあくまでも列強の中での国際協調にすぎなかった。アジアでは民族独立のための戦いがさらに激しさを増していた。

インドでは、ガンディーの非暴力・不服従の運動が挫折したあと、民族運動は混乱していた。ここで国民会議派の主導権をにぎったのが**ネルー**である。彼はインドを近代国家として独立させる**プールナ・スワラージ**（完全な独立）を主張し、一九二九年のラホール大会でその方針が採択されることになった。

インドネシアでは共産党が勢力を急拡大し、一九二六年からスマトラ島やジャワ島で武装蜂起を繰り返した。しかしそのことごとくがオランダ軍によって鎮圧され、翌年ついにインドネシア共産党は壊滅した。

しかしそれもまた新たなステージへの階梯となった。一九二七年、**スカルノ**が**インドネシア国民党**を結成し、ムルデカ（独立）をスローガンに、新たなる民族運動を開始したのである。

これまで、複数の民族や宗教が入りまじったインドネシアでは、植民地全体をまきこむ民族主義は起こりにくかった。スカルノは、そうした様々な要素をつらぬく一本の中心軸として、インドネシア民族主義を提唱した。

スカルノの民族主義は、たとえ言語や宗教や主義主張が異なろうとも、共通の祖国に生まれた国民として、同じ民族に帰属しているという意識を重視するものだった。民族性ではなく出生地によるアイデンティティを創出したのである。想像された共同体としてのインドネシア民族の誕生であった。

中国の五・三〇運動と北伐

中国は植民地化されていたわけではないが、軍閥と列強との結びつきが顕著になっていた。しかし、五・四運動によって、自ら現状を変えられるという意識をもった中国民衆が、いつまでも外国のいいなりになるはずはなかった。

一九二五年五月三〇日、上海にあった在華紡（日系紡績工場）の労働争議で死者が出たことに抗議してデモが行われ、それに対してイギリスを中心とする上海の租界警察が発砲し、数十人の死者を出すという事件が起こった。同胞の血が流れたことで、外国勢力に対する激しい怒りが中国人のあいだにまき起こった。

広州に拠点をかまえる中国国民党は、三月に孫文が死んだのち、**蔣介石**《しょうかいせき》を新たな指導者として再出発しようとしていた。国民党と共産党は、上海で起こった労働争議事件に対する国民的な怒りを、国民統一運動へと転化して自身の勢力を拡大すべく、運動を展開した。これを**五・三〇運動**という。こうして国民党は勢力を拡大し、広州国民政府を樹立した。

翌一九二六年七月、蔣介石ひきいる国民革命軍は、ついに中国統一のための軍事行動、**北伐**を開始した。国民革命軍は、宣伝と動員をともない、国民の支持を得ながら軍事力によって租界などの外国利権を回収していった。外国資本は恐怖した。

蔣介石は外国資本を安心させるために共産党勢力を上海クーデタによって一掃し、南京に入って**南京国民**

政府を樹立した。こうして国共は完全に分裂した。以後、蔣介石はアメリカやイギリスとの関係を改善していく。

強硬外交と山東出兵

中国における国際戦争の危機はいったん回避され、列強は蔣介石の北伐を見守る立場になった。しかし危機は再来した。日本の中国介入である。

幣原外相は協調外交の立場から北伐の進行にさいしても静観の態度をとった。しかしイギリスなどが干渉を宣言するなか、日本でも軍部や立憲政友会から「軟弱外交」との批判があびせられた。

ついで田中義一《ぎいち》首相兼外相は、中国内戦への干渉政策を画策した。協調外交から**強硬外交**（積極外交）への転換である。まず満洲における日本権益を確保するべく、張作霖の奉天軍閥に対する支援を強化した。

さらに田中内閣は、在留日本人を保護するために山東半島への派兵を三度にわたって実行した（**山東出兵**）。一九二八年四月、国民政府内部を固めた蔣介石は北伐を再開し、山東半島に至った。日本軍は、国民革命軍とのあいだに軍事衝突を起こし、済南《さいなん》城を占領した（**済南事件**）。

この山東出兵は、日本にとっては在留日本人保護を目的とする限定的な派兵であったが、中国の民族運動にとっては、これまで反帝国の憎悪がおもにイギリスに向いていたのが、日本に向けられるようになったという意味で、重要であった。中国と日本との戦争の萌芽はすでにここに発生していた。

蔣介石は日本との衝突にかまわず北京に侵攻し、張作霖を敗走させた。六月、日本の関東軍は張作霖にかわる親日的な政権の樹立を画策し、奉天に戻る途中の張作霖を列車ごと爆破した（**張作霖爆殺事件**）。

張作霖の息子張学良は、当然日本を恨み、父から引きついだ満洲の地をすべて国民政府に引き渡し、満洲全土で中国国民党の青天白日旗が掲げられた。かくして蔣介石による中国統一がなった。日本のもくろみはことごとく失敗に終わったのである。

不戦条約——一九二〇年代の到達点

まことに矛盾するようだが、このように軍事力を行使して中国に暴走ぎみに介入していった直後、田中内閣はパリで不戦条約の調印にのぞんでいた。強硬外交に転じたのは対中国のみであって、対欧米については協調外交を維持するという、外交の二面性があらわれていた。

この不戦条約は、一九二〇年代における平和運動と国際協調の到達点であった。その立役者はロカルノ条約からひきつづき、フランス外相ブリアンであった。ブリアンはアメリカ国務長官ケロッグと協議して、大国を中心とする多国間条約による平和の保障を目指した。

こうして一九二八年八月、パリで不戦条約が結ばれた。立役者二人の名前からケロッグ・ブリアン協定ともいう。全三条からなる短い条約だが、そのメインは以下の二条である。

第一条　締約国は、国際紛争解決のため戦争にうったえることを非難し、かつその相互関係において、国家政策の手段としての戦争を放棄することを、その各自の人民の名において厳粛に宣言する。

第二条　締約国は、相互間に発生するいっさいの紛争・衝突は、その性質または原因にかかわらず、平和的手段以外による処理・解決を求めないことを約束する。

「国家政策の手段としての戦争」を放棄するという条項は画期的だった。そして当初は一五カ国、のちに六三カ国がこの条約に調印し、平和の実現を誓ったのである。この条約が理念どおりに守られれば、日中戦争も第二次世界大戦も起こらなかったであろう。しかし不戦条約にはいくつもの抜け道があった。

まずこの条約では「自衛のための戦争」は禁止されていなかった。実際には国益のための侵略戦争であっても、自衛だと主張する方法はいくらでもあった。さらに違反行為への罰則規定もなかった。条約を公然と無視する暴走国家には対処しようがない。さらに、条約を締結した独立国だけに適用されるのであり、民族運動を繰りひろげる植民地は蚊帳の外であった。

こうした問題点はあれど、不戦条約は、世界から戦争をなくそうという方向性を国際条約という形ではっきりと諸国がしめしたという点で、平和運動の大いなる前進であった。ブリアンはこの方向性をさらに進め、一九二九年に国際連盟で「パン・ヨーロッパ」を意識し、ヨーロッパ連邦を目指す演説を行った。

ドイツ兵として従軍した経験をもつ作家レマルクの『西部戦線異状なし』が発表されたのも一九二九年である。この小説は戦争の非人間性をつよく読者に印象づけ、平和を求める潮流にのって世界的なベストセラーになった。

このとき、世界には平和への希望が満ちていた。――一九二九年一〇月二四日のニューヨーク株式市場大暴落、いわゆる「暗黒の木曜日」が世界恐慌へと発展し、世界が暗黒につつまれるまでは。

一九二〇年代は第一次世界大戦の惨禍を経験した人々が、平和と国際協調の構築をめざしていく希望の時代であった。アメリカ的生活様式の中で女性たちが新時代をつくり、アジアの民族運動は新しいステージに入った。しかし同時に、人種主義の台頭がその希望に暗い影を落としていたのである。

第4章　奈落へとおちる世界——一九三〇年代

ダッハウ強制収容所跡地（ドイツ）

ヒトラー政権成立後，はじめて建設された強制収容所。最初はナチに反対する政治犯が，やがてポグロムで逮捕されたユダヤ人などが収容され，後にドイツ支配領域全土におよぶ強制収容所のモデルになった。鉄扉には「働けば自由になる」という欺瞞にみちた文言がある（撮影：筆者）。

中央・南・東南アジア	東アジア	南北アメリカ・国際
ベトナム国民党，武装蜂起 ガンディー，塩の行進 英印円卓会議 タキン党結成	国共内戦激化 昭和恐慌始まる	アルゼンチン軍事政権 ブラジル，ヴァルガス政権
	満洲事変勃発	
	第1次上海事変 「満洲国」建国 五・一五事件	
スカルノ流刑	日本，国際連盟脱退	フランクリン・ローズヴェルト大統領就任 ニューディール開始
フィリピン独立法	毛沢東，瑞金放棄し長征開始	キューバ独立 メキシコ，カルデナス政権
新インド統治法	八・一宣言 冀東防共自治政府 北京学生による「抗日救国」運動	
	二・二六事件 毛沢東，延安到着 日独防共協定 西安事件	
ソ連，中央アジアへの朝鮮人強制移送	日中戦争勃発 第2次上海事変 第2次国共合作 南京大虐殺	
	日，国家総動員法 張鼓峰事件 東亜新秩序声明 重慶爆撃開始	
	ノモンハン事件 平沼内閣総辞職 朝鮮人の徴用開始 朝鮮で創氏改名強制	アメリカ，中立宣言

日本の満洲・中国侵略は、第二次世界大戦への道にどのような影響を与えただろうか？

なぜ二〇世紀の戦争はジェノサイド化したのだろうか？

西　暦	ヨーロッパ・ロシア	アフリカ・中東
1930年	ナチ党，国会第2党に躍進	
1931年	英，ウェストミンスター憲章	
1932年	オタワ連邦会議 ウクライナなどで大飢饉	サウジアラビア王国成立 イラク王国独立
1933年	ヒトラー政権成立 独，国際連盟脱退 ユダヤ商店ボイコット	ユダヤ人のパレスチナ移住増大
1934年		
1935年	ドイツ再軍備 英独海軍協定 コミンテルン第7回大会，人民戦線戦術 ニュルンベルク法	伊，エチオピア侵攻
1936年	ラインラント進駐 スペイン内戦勃発 ベルリン・ローマ枢軸 ソ連で大粛清進む スターリン憲法	パレスチナでアラブ人の反ユダヤ大蜂起 伊，エチオピア併合 エジプト・イギリス条約
1937年	ゲルニカ爆撃	
1938年	独オーストリア併合 伊，防共協定参加 ミュンヘン会談 独，大ポグロム	
1939年	チェコ併合 独ソ不可侵条約 ドイツ軍，ポーランド侵攻。第二次世界大戦勃発 ソ連ポーランド侵攻，カティンの森事件	

1　世界恐慌下の民族自決

世界恐慌下のアジア・ラテンアメリカ

一九三〇年代は、第二次世界大戦という人類が経験した最悪の地獄へとつらなる暗い時代である。平和と協調を模索した一九二〇年代からこうした暗黒へと転換したきっかけが、アメリカにはじまる**世界恐慌**であったことは間違いない。

しかし資本主義が発達した欧米列強における恐慌は、アジアの植民地にとっては民族自決を実現する好機になった。

植民地は本国経済の都合によって、綿花やゴムなどの一次産品を優先的に生産するモノカルチャー経済を強制されていた。しかし恐慌で欧米諸国の購買力が低下すると、そうした一次産品の輸出量は激減し、植民地経済に壊滅的打撃を与えることになった（図4－1参照）。経済が困窮した植民地の人々の怒りは当然本国に向けられ、民族運動は激しさを増していくのである。

「塩の行進」

サティヤーグラハ運動が挫折してから雌伏の日々を送っていたインドの**ガンディー**は、こうした民族運動の高まりを受けて、一九三〇年に新たな非暴力・不服従の運動をはじめた。

彼が注目したのは「塩」であった。イギリス本国はインドに専売制をしき、自由な塩の生産を禁じるとともに、塩に税金をかけていた。塩は人々が毎日必要とするだけに、イギリスによる抑圧と搾取のシンボルだ

輸出低下率	国　名
80%以上	チ　リ
75～80%	中　国
70～75%	ボリビア，キューバ，英領マレー，ペルー，サルバドル
65～70%	アルゼンチン，カナダ，英領セイロン，オランダ領東インド，エストニア，グアテマラ，英領インド，アイルランド，ラトビア，メキシコ，タイ，スペイン
60～65%	ブラジル，ドミニカ，エジプト，ギリシア，ハイチ，ハンガリー，オランダ，ニカラグア，ナイジェリア，ポーランド，ユーゴスラヴィア
55～60%	デンマーク，エクアドル，ホンジュラス，ニュージーランド
50～55%	オーストラリア，ブルガリア，コロンビア，コスタリカ，フィンランド，パナマ，パラグアイ
45～50%	ノルウェー，イラク，ポルトガル，ルーマニア
30～45%	リトアニア，フィリピン，トルコ，ベネズエラ

図4-1　世界恐慌期（1929～1933年）における1次産品輸出国の輸出低下率の比較
（出典）キンドルバーガー（1982：164）より抜粋。ゴチックは非ヨーロッパ諸国。

と考えられた。

ガンディーはインド人の権利として誰はばかることなく塩をとるために、内陸部から海岸まで歩きはじめた。支持者が続々とあつまり、長い列をなした。これが「**塩の行進**」である。非暴力・不服従を体現する、第二次サティヤーグラハ運動のはじまりであった。ガンディーは二四日間にわたって三八六キロメートルを歩き、ついに海岸で塩を採取した。

こうしたガンディーの行動は国内外の世論を味方につけ、彼の名声は世界にひびきわたった。過激化しかけたインド独立運動は、ふたたび非暴力・不服従の精神を取りもどした。インド独立運動はさらなる一体感を得て高揚し、国際世論のあとおしもあって、イギリスは対応をせまられることになった。

イギリスはインド人の様々な代表をまねいて**英印円卓会議**を開催した。この会議は一九三二年までの間に三回開催され、ガンディーも出席したが、ムスリムや不可触民の選挙区問題などで議論はまとまらず、成果は少なかった。

英印円卓会議は失敗に終わり、独立運動は継続された。人々は何度逮捕されても抵抗をつづけた。ネルーに至っては九度も逮捕されている。このころネルーが獄中で娘インディラにあてた手紙は、出獄後、『父が子に語る世界歴史』として出版されている。

アジアの独立と自治の時代

インド民族運動の高揚を受けて、同じイギリスの植民地としてインド帝国に編入されていたビルマでも、民族運動がもりあがった。一九三〇年にラングーン大学で結成された「われらビルマ人協会」、通称**タキン党**は、**アウン・サン**という強力なリーダーをえて成長し、激しい独立運動を展開した。

このように世界恐慌の苦しさを追い風にして、インドでもビルマでも民族運動がひろがっていった。一九三〇年代は、アジア民族主義にとって自立と建国の時代になった。

それは中東においても顕著だった。アラブの内戦の結果、サウード家がついにアラビア半島を統一し、一九三二年に**サウジアラビア王国**を建国した。一方のハーシム家は、ファイサル国王のもと、**イラン王国**が同年にイギリスの委任統治からの独立をはたした。

エジプトでもワフド党を中心に民族運動が激しくなっていた。その結果、一九三六年に**エジプト・イギリス条約**が結ばれ、スエズ運河一帯における軍の駐屯権をのこして、それ以外は撤退することになり、エジプト王国の独立国としての主権は、ほぼ回復することになった。

この時期にイギリス本国は金本位制を停止し、オタワ連邦会議をひらいて、いわゆるスターリング・ブロックと呼ばれるブロック経済を形成するなど、恐慌によって非常に厳しい立場に追い込まれていた。植民地の民族主義の要求を認めざるを得なくなっていた。

そして一九三五年、イギリスはついにインドの各州に自治を認める**新インド統治法**を定めた。これはインドの財政・防衛・外交については依然としてイギリスが権力をにぎり、独立を認めない不完全なものであったが、長きにわたる独立運動がついにひとつの成果をえたのである。

ビルマについては、インド帝国から分離して一定の自治が与えられることになった。しかし完全な独立を求めるアウン・サンは独立運動を継続していく。

民族運動への弾圧——ベトナムとインドネシア

恐慌下でアジアの民族主義が高まるなか、イギリスが脱植民地化の動きをつよめたのに対し、それ以外の「帝国」は民族主義を暴力によって徹底的に弾圧した。

フランス領インドシナでは、第一次世界大戦後にベトナムへの投資が増大し、北部の工業、中南部のゴム・プランテーションなどが発展した。その結果、ベトナム人の民族資本が台頭して、そうした背景から民族主義政党の**ベトナム国民党**が成立した。ベトナム国民党は一九三〇年に北部で武装蜂起したが、フランス軍によって厳しく弾圧された。

一方、産業発展は労働者階級の成長も生み出す。ベトナムの労働者運動の高まりを受けて、ホー・チ・ミンのベトナム青年革命同志会は、コミンテルンの指示のもと一九三〇年に**インドシナ共産党**を結成した。インドシナ共産党はベトナムだけでなく、ラオスやカンボジアといったフランス植民地全体をカバーしていた。インドシナ共産党は農村でソヴィエト政権を樹立し、土地配分などの社会主義的な政策を行おうとしたが、やはりフランス軍は彼らを弾圧し、党は壊滅的な打撃を受けた。

スカルノを指導者とするインドネシア国民党は、広範な民族運動を展開していた。しかし恐慌下での民族運動の高まりを警戒するオランダは、弾圧を強化した。指導者の大部分が逮捕され、スカルノもまた一九三三年に流刑となった。

このように、ベトナムでもインドネシアでも、民族運動は列強の圧倒的な軍事力によってねじふせられていた。

ラテンアメリカの独裁政権

ラテンアメリカでも、アジア植民地と同じような状況が起こっていた。一九二〇年代にアメリカ資本が集中的に投下されていたラテンアメリカ諸国では、世界恐慌の勃発によってアメリカ資本が引きあげ、きわめて深刻な打撃を受けることになった。

経済不況は社会不安を高め、国民の不満を吸収する形で、各国でつぎつぎと独裁政権が成立していった。アルゼンチンでは、一九三〇年代に軍事政権が成立した。一九三三年にはキューバで民族主義政権が成立し、アメリカからの独立をうったえた。

メキシコでは革命後にもアメリカ資本の影響力は残りつづけ、農地改革も不徹底に終わっていたが、一九三四年に民族主義的な**カルデナス**が大統領に就任した。カルデナスは土地を所有していなかった農民に土地を分配する農地改革や、労働組合の育成、さらに外国石油企業の国有化など、メキシコ革命ではたせなかった政策を推進した。

さらにブラジルでも、同年に軍事クーデタが起こり、**ヴァルガス**大統領が独裁政権を確立した。彼もまた地下資源の国有化や労働者保護政策、福祉増進政策を推進していく。

カルデナスやヴァルガスに共通するのは、アメリカ資本の支配から脱却することによって世界恐慌の泥沼から脱出しようとする、民族主義的な政策である。そのアメリカでは経済がどん底におちいり、カリブ海に対する強圧的な政策を維持する余裕も、ラテンアメリカ諸国に有無をいわせぬ資本を投下する経済力もなくなっていた。

一九三三年にアメリカ大統領に就任した民主党の**フランクリン・ローズヴェルト**は、ラテンアメリカ諸国に対する**善隣外交**の方針を打ち出し、翌年、これらの国々との互恵通商協定によって自由貿易圏をつくりあげようとした。ラテンアメリカとのあいだにドル・ブロックを形成して貿易上の利益だけでも確保しようとしたのである。

さらにアメリカはキューバの完全独立も認めた。これはキューバ民族主義政権の要求を受けたものでもあったが、背景にはアメリカ国内における**植民地放棄論**があった。白人の失業者が増大するなか、植民地から安価な外国人労働者が入ってくることを嫌悪し、いっそのこと独立させて移民法を適用して排除したほうがよいという世論であった。

アジア唯一のアメリカの植民地フィリピンもまた、植民地放棄論を受けて一九三四年に**独立法**が制定され、一〇年後の独立を保障された。これらもまた、世界恐慌による列強への打撃が民族独立運動にとってプラスに働いた事例であるといえよう。

2　独裁の恐怖と翻弄される人々——ソ連・満洲・パレスチナ

ソ連の農業集団化と飢餓

このように欧米列強が世界恐慌にあえぐなか、**スターリン**を指導者とする社会主義の大国ソ連は一九二八

図4－2　スターリン

年から進めていた第一次五カ年計画によって恐慌の影響をあまり受けず、工業生産を順調にのばしていた。しかし、一見順調なソ連の計画経済は、その裏側で農村経済のおそるべき破綻をまねいていた。

五カ年計画では重工業の発展が優先されたため、消費物資の生産が減少してモノ不足になり、国民は不自由な生活を強いられた。さらに、スターリンは農業の集団化を強制し、農村を土地・農具・家畜などを共有する集団農場である**コルホーズ**に再編し、さらにそのモデルとなる大規模な国営農場（ソフホーズ）をもうけた。

革命で地主支配から脱し、自分の土地を持つことができたと思っていた農民たちは、集団化に抵抗した。特に激しい抵抗をしめしたのは比較的豊かな自営農たちであった。スターリンはこうした自営農たちを、社会主義の理想をはばむ強欲なブルジョワであり、内なる敵であると名指しして徹底的に弾圧した。富農たちはつぎつぎに逮捕され、処刑されるかシベリアの強制収容所に送られた。

スターリンは富農だけでなく、集団化に抵抗する農民たちを容赦なくシベリア送りにしていった。いったんレッテルがはられると破滅が待っている。農業集団化は農民たちへの恐怖の支配によって徐々に進行していったのである。

さらに、農業集団化自体も悲惨な結果を生んだ。どれだけ収穫しても自分の利益にならず、働きがいを失った農民たちは、コルホーズでの農業労働を拒否したり手を抜いたりした。その結果、農業生産は落ちこんだ。

しかもソ連は、五カ年計画を成功させるために農産物を都市部に大量に供給させた。農村は集団化によって土地を失ったばかりか、自分たちが生産した食糧を手にいれることすら困難になった。その結果、一九三二年から一九三三年にかけて、多くの地域で飢餓がひろがり、穀倉地帯のウクライナやカザフスタンで大量の餓死者が出ることになったのである。

飢餓による死者は数百万人にのぼるといわれる。資本主義諸国が世界恐慌に苦しんでいるまさにそのとき、ソ連では、恐慌とはまったく異なる次元で地域経済が破綻し、大量死が進行していたのである。

大粛清とスターリン独裁

ソ連は一九三三年から第二次五カ年計画を開始したが、この時期にスターリンの個人独裁が確立していく。スターリンはみずからの権力を確固たるものにするために、大量の人々を逮捕し、強制収容所に送るか処刑した。

ラーゲリと呼ばれる強制収容所は、ロシア帝国の時代から存在していたが、スターリン時代になってからその数は増大し、政治犯や重犯罪者、集団化に抵抗する農民たちが収容され、強制労働に従事させられた。一度いれられると出ることは困難であり、劣悪な環境で死ぬまで国家に奉仕させられる。

当初、この**大粛清**の対象になったのは、スターリンのやり方に意見をいうことのできる古参党員や、トロツキーに立場が近い明確な反対派であったが、しだいにスターリンに忠実な政府高官や、赤軍の将官たち、さらには一般市民にまで矛先が向けられた。

少しでもスターリンへの忠誠をうたがわれるようなことがあれば、ささいなことでも逮捕された。忠誠の表明は過剰になり、それはもはや個人崇拝ともいうべき段階になった。大粛清の対象はきわめて恣意的で大規模なものになり、死者数は少なくとも一五〇万人から三〇〇万人におよぶとされる。収容された人数はそれをはるかに上まわる。

粛清の嵐が吹き荒れるなか、一九三六年に**スターリン憲法**と俗称される新憲法が制定された。この憲法に含まれていた多くの民主主義的な条項は、恐怖政治と個人崇拝の風潮のなかで守られることはなく、共産党による国政代行を強化することで、逆に**スターリン独裁**を確立させたのである。

ソ連の脅威と満洲事変

もちろん対外的には、恐怖におおわれたソ連国内の実態は情報統制によって隠され、五カ年計画の成功が宣伝されていった。西洋諸国が恐慌に苦しむなか、工業生産高を上昇させるソ連に世界は驚愕し、「ソ連型モデル」として称賛されることになった。

一方で、ソ連の工業大国化とは、航空機や戦車が当たり前の兵器となった近代戦の時代においては、すなわち軍事大国化を意味する。そのことに早くから敏感に反応したのが、シベリア出兵以来ソ連を仮想敵国とする日本であった。

いや、日本というよりも、第一次五カ年計画の宣伝が伝わるごとに、現場感覚としてソ連の脅威を感じ取っていたのは、「帝国」日本の最前線に当たる満洲の利権を守護するべく現地に駐留する**関東軍**であった。

軍事大国化したソ連が南下すれば満洲から日本勢力は追い出され、たちまち朝鮮半島への脅威にもなる。関東軍内部では、そうなる前に日本は満洲を手にいれなければならないという強迫観念に駆られ、「満蒙の危機」がさけばれた。

こうして一九三一年九月一八日、関東軍は謀略をめぐらせ、奉天郊外の柳条湖で満鉄の線路を爆破し（柳条湖事件）、これを中国軍の仕業だと主張して、満洲全土を占領するべく独断で軍事行動を開始した。**満洲事変**である。

翌年の二月までに満洲の主要部を占領した関東軍は、三月に清朝最後の皇帝（宣統帝）であった溥儀《ふぎ》を執政にすえて**満洲国**の建国を宣言した。

満洲事変は、構造的にみれば世界恐慌のひとつの帰結であった。戦後恐慌以来一貫して経済不況にあえいでいた日本では、世界恐慌のあおりを受けて一九三〇年から**昭和恐慌**に直面していた。満洲占領は、日本の長い長い閉塞状況を打開する糸口のように思われ、日本のマスコミや世論はまるで戦争熱に浮かされたように、軍部の独走を熱狂的に支持した。

恐慌下の満洲・朝鮮

昭和恐慌によって日本本土での失業者は二五〇万人にたっしていたが、その影響は当然ながら「帝国」の最深部である満洲の日本人社会にもおよんでいた。

旅順や大連の日本企業や満鉄が不況に苦しむなか、中華民国の国民政府は北伐のときに全国で展開されていた利権（国権）回収運動を満洲にも拡大させ、中国の民族資本が満洲の日本利権をおびやかしていた。このため、満洲の日本人社会でも、関東軍の軍事行動は圧倒的に支持されたのである。

さらに朝鮮半島への恐慌の影響も大きかった。朝鮮では米を増産して日本に輸出していたが、日本で**農業恐慌**が勃発して米価が暴落すると、輸出も禁止された。その結果、朝鮮でも米価が暴落し、農業恐慌が発生した。

困窮した朝鮮農民の中には社会主義運動を展開する者もあったし、国境を越えて満洲に移民する者もあった。満洲には朝鮮人の抗日運動の拠点が多く存在したので、そこに加わる人々もいた。

満洲に移住した朝鮮人は現地の中国人とのあいだに紛争をひき起こした。関東軍は日本の朝鮮籍民を保護するという名目で満洲の侵略を進めていった。その一方で、朝鮮人の抗日ゲリラは容赦なく弾圧していった。

このように満洲の占領は、恐慌によって不安定化した帝国日本の周縁部の諸問題を軍事力によって解決するという意味合いをもっていた。日本の直接支配のおよばない満洲で朝鮮人や中国人が不穏な動きをするのであれば、軍事的支配を強行して暴力で押さえつける必要があると軍部は考え、それを実行にうつしたのである。

ブラジルから満洲への移民転換

満洲国の建国後、日本は本国からの満洲移民を推進していくが、その背景にはラテンアメリカにおける民族主義政策の影響があった。

それは移民に対する迫害である。日本人移民の多いブラジルのヴァルガス大統領は、ポルトガル語以外の言語の使用を禁じるなど、強圧的な民族主義政策を実行にうつした。アジアや東欧など多くの移民労働者によってなり立っているブラジル社会から、多様性が排除された。

日本人や中国人の移民たちはブラジル社会のさまざまな場所で抑圧されることになった。ブラジルは、アメリカのように移民自体がすぐ禁止されたわけではないが、安心して渡航できる移民先ではなくなってしまった。そうして日本政府は、ブラジルにかわり満洲への移民を推奨することになる。

満洲国は国際的な承認を得られず、国際連盟が派遣したリットン調査団の報告書を不服とした日本は、一九三三年三月に国際連盟を脱退した。しかし実体として満洲国は成立し、傀儡とはいえ溥儀が満洲国皇帝に即位し、独立国家としての形式を整えたのである。

さっそく満鉄は鉄道沿線の炭坑や製鉄所を経営し、満洲の重工業はいちじるしく発展した。それらの資源は朝鮮半島をとおって北九州に運ばれ、日本の軍需産業を支えた。満洲は文字通り「日本の生命線」になった。一九三四年には特急あじあ号が運行を開始し、世界にほこる旅客列車の象徴となった。

満洲の主要農産物である**大豆**もまた、満鉄によって大連まで運ばれ、そこから欧米や日本に輸出されていった。満洲大豆は貿易額のかなりの割合を占めるようになるが、いかんせん重工業に傾斜しすぎて、農地開発は遅れを取っていた。

このアンバランスさを解消するために、日本から満洲への農業移民が進められることになる。一九三六年に日本政府は「二〇カ年百万戸計画」を閣議決定し、満洲移民の計画が本格的に始動した。

世界恐慌から直接的に打撃を受けていたのは、近代日本をささえた生糸産業だった。恐慌下で最大の輸出先であるアメリカが生糸を輸入しなくなり、さらに繭の価格が下落すると、特に養蚕農家の多い長野県の農村は、悲惨な困窮状態になった。こうして、「満洲に行けば二〇町歩の農地をもらえる」という宣伝につられて、長野県から多くの農民たちが満洲にわたることになった。

実際に彼らが開拓団として組織され、満洲に送りこまれるのは、日中戦争の勃発後である。専門的な訓練を受けた満蒙開拓青少年義勇軍をあわせると、満洲移民の数は敗戦までに三〇万人を越えることになった。

しかし、これだけ大規模な移民に対して土地を無償提供するために、日本は満洲の中国人の土地を奪っていった。当然現地の中国人は反発し、満洲の抗日運動を高める結果になったのである。

図4－3　1933年4月のユダヤ商店ボイコット

ナチの反ユダヤ政策からパレスチナ問題へ

もうひとつ、恐慌期に国策として推進された移民と現地人との衝突の事例をみてみよう。それはドイツからパレスチナへのユダヤ人移民である。

世界恐慌で失業者が急増したドイツでは、社会不安と政治不信がひろまり、ナチ党と共産党が議会で勢力をのばした。共産主義の台頭に脅威をおぼえた保守派は、大衆に人気のある極右のナチ党に連立内閣を組ませることにした。

かくして一九三三年一月、ヒトラーが首相に就任し、ナチ党が政権をにぎった。ナチ・ドイツはたちまち国会を無力化し、諸政党を解体させ、一党独裁体制を築くとともに、人種主義と戦争のための政策を着々と実行にうつしていった。

とりわけナチの人種主義の標的になったのはユダヤ人であった。ナチはさっそく四月に**ユダヤ商店ボイコット**を実施し、政府としてユダヤ人を公然と差別した。ナチ党員は街頭でこのようなプラカードを掲げた。「ドイツ人よ、防衛せよ。ユダヤ人のところで買い物をするな。」

このときからユダヤ人は、ドイツ国家の中で二等国民のあつかいを受けるようになった。一九三五年に制定された**ニュルンベルク法**では、ユダヤ人は公民権を奪われ、ドイツ人との結婚や性交渉が禁じられた。アメリカの異人種間結婚禁止法を彷彿とさせる、差別と迫害を目的としたあからさまな人種主義政策であった。

『わが闘争』で宣言した反ユダヤ主義が現実になったことを目のあたりにして、多くのユダヤ系ドイツ人は恐怖し、つぎつぎと祖国ドイツから亡命していった。ヒトラーはまず、ユダヤ人が自発的にドイツから出ていくように迫害したのである。

物理学者のアインシュタインなど、地位や人脈のあるユダヤ人はアメリカやイギリスなどに亡命したが、そうでないユダヤ人はパレスチナに移住し、ナチもそれを後押しした。

イギリスの委任統治領としてユダヤ人の民族的郷土の建設が推進されるはずだったパレスチナでは、当初はそれほどユダヤ人移民の数は多くなかった。もともとオスマン帝国時代からユダヤ人と共生していたアラブ人も、ユダヤ人の移民自体には反対していなかった。

しかし、ナチの迫害によってユダヤ人のパレスチナ移民が急増すると、イギリスの支援を得て様々な優遇措置をえていたユダヤ人の存在が、アラブ人社会をあからさまに圧迫してきた。

パレスチナのアラブ系農民の中には、土地を失い貧困にあえぐ者も少なくなかった。このため、パレスチナ・アラブ人は危機感をつのらせ、ユダヤ人移民の停止と土地売却の禁止、さらにはイギリスからの独立と民主的政府の樹立を求める運動を展開した。そしてついに、一九三六年にユダヤ人移民に反対するアラブ人の大反乱が起こったのである。

これは現代につながる**パレスチナ問題**の顕在化であった。それはイギリスの無責任な外交によって準備され、ナチ・ドイツのユダヤ人迫害によって促進され、ついに一九三〇年代に爆発したのであった。

3　ジェノサイド化する戦争のはじまり

エチオピア戦争

満洲事変は、侵略戦争によって領土や植民地を拡大することは可能であり、国際連盟がそれを認めなくとも無視して脱退してしまえば、既成事実化でき、国際条約違反であっても軍事的に優位であれば誰にも妨げられないという成功モデルになってしまった。

かくして、満洲事変の成功に力をえて、イタリアのムッソリーニ政権は一九三五年に**エチオピア戦争**を開始した。イタリアもまた世界恐慌に苦しんでおり、ムッソリーニは国民の不満をそらすために対外戦争に打って出たのである。

エチオピアは一九世紀末にイタリアが植民地化に失敗した国であり、その征服はイタリアのナショナリズムを大いに刺激するものでもあった。かくしてイタリアの国家的威信をかけた戦争は、毒ガスの使用やエチオピア民衆の虐殺を含む悲惨なものになった。

連盟加盟国であるエチオピアの皇帝は、国際連盟に提訴した。満洲事変のときとはちがい、国際連盟は集団安全保障の原理にしたがって、イタリアに経済制裁を加えることを決定した。しかしその制裁は石油取引を除外する中途半端なもので、侵略戦争をくいとめる実質的な効果はなかった。

ヴェルサイユ体制を打破したいと考えていたもうひとつの国、ナチ・ドイツのヒトラーもまた、公然と軍事力による領土変更を実行にうつした。一九三五年に再軍備を宣言し、翌年ロカルノ条約を破棄し、非武装地帯であった**ラインラントに軍を進駐**させた。国境地帯に配置されていたフランス軍は動かなかった。

こうした独裁国家によるヴェルサイユ体制への挑戦に対して、国際社会は無力だった。イギリスはドイツと海軍協定を結んで再軍備を容認した。エチオピアは結局一九三六年五月に併合され、イギリスやフランスも併合を承認したのである。

図4－4　国際連盟でスピーチをするエチオピア皇帝ハイレ・セラシエ

スペイン内戦から枢軸陣営の形成へ

日本やイタリアの侵略戦争に対して、国際連盟があてにならないことが誰の目にも明らかになったとき、戦争を阻止するためのもう一つの有力な方向性として国際社会の注目をあつめたのが、コミンテルンの**人民戦線**である。

人民戦線は一九三五年の**コミンテルン第七回大会**で提唱されたものである。コミンテルンはこれまで、主要な敵を社会民主主義だと考えていたが、「ファシズム」を打倒するためには敵対関係をいったん解消し、社会民主主義勢力との反ファシズム統一戦線を結成すべきであると方針転換したのである。

この方針にもとづいて、フランスではブルム人民戦線内閣が成立し、フランス版ニューディールとも呼ばれる様々な改革を実施したが、一年あまりしかつづかなかった。

ちなみにこのとき、ホー・チ・ミンのインドシナ共産党が、

図4－5　ヒトラーとムッソリーニ（1938年11月のミュンヘン会談時のもの）
（出典）Bundesarchiv.

ベトナムでの人民戦線を唱えて民族主義政党と連携し、地方議会に進出したが、これは本国政府軍によって鎮圧されている。フランス人民戦線は、植民地との連帯を視野に入れるものではなかったのだ。

スペインでも左派の社会党や共産党などが協力して、一九三六年二月にアサーニャを首班とする人民戦線政府が成立した。しかしこれに反発する右派の**フランコ**将軍は、七月に北アフリカの植民地モロッコで反乱を起こした。**スペイン内戦**の勃発である。

ヒトラーは、再軍備したドイツ軍の実力をためす良い機会だと考え、スペイン内戦にフランコ側に立って参戦した。ムッソリーニもまたフランコを支援した。

それまで、ヒトラーによるオーストリア併合の野心をムッソリーニが阻止してきたという経緯から、ドイツとイタリアは対立していたが、スペイン内戦をきっかけに両者は急接近し、一九三六年に**ベルリン＝ローマ枢軸**が結成された。「枢軸」とは、「世界の中心となるべき」国々の協力関係を意味する。

イタリアのファシズムとドイツのナチズムは、大衆に支持された一党独裁体制という類似した政治形態を取っていたことから、同じ「**ファシズム**」国家とみなされていたが、これまで同盟をくんでいたわけではなかった。

しかしここにきて両国は、国際協調に反した軍事行動をそれぞれ展開し、ヴェルサイユ体制と国際連盟の秩序を破壊し、ついに「枢軸」という同盟関係を構築した（以後、これらの国々を「枢軸陣営」と呼ぶ）。戦争をおそれ秩序の維持をのぞむ国際社会は、攻勢をつよめる枢軸陣営に対抗しなければならなくなった。

図4-6　爆撃によって廃墟と化したゲルニカ
（出典）Bundesarchiv.

ゲルニカ——無差別爆撃のはじまり

そうしたなか、一九三七年四月二六日、ドイツ空軍はスペイン北部バスク地方の小都市**ゲルニカ**を爆撃した。バスク地方の自治と自由の象徴であるゲルニカは、大量の焼夷弾の投下によって廃墟となり、多くの住民も犠牲となった。これは史上初の都市に対する**無差別爆撃**であったとされる。

無差別爆撃は、敵国の軍需工場や関連施設の破壊、都市機能の破壊、そして敵国民の戦意を喪失させることを目的に、意図的に一般市民を殺戮する戦略爆撃である。無抵抗の市民を軍隊が虐殺することは当然国際法違反であり、ドイツに対して国際的な非難がまき起こった。

パリにいた画家**ピカソ**が大作「ゲルニカ」を書き、この年に開催されたパリ万博で展示したのも、この蛮行に対する非難を世界中の人々にアピールするためである。万博のスペイン政府館の主催は人民戦線政府であり、スペイン内戦の対立が展示に反映されていたのだ。

しかし、ピカソの怒りもむなしく、無差別爆撃はその後世界各地で繰り返されることになる。戦争目的を遂行するために市民を戦略的に虐殺することが一般化していくのである。

八・一宣言から抗日救国運動へ

このように枢軸陣営の軍事的支援を受けてフランコは内戦を優位に進めていき、人民戦線側は徐々に敗色を濃くしていった。その一方で、人民戦線が実質的に成功して内戦を収束させた地域もあった。中国である。中国では蔣介石の国民政府が日本と停戦協定を結び、中国共産党を内なる敵として攻撃した（**第一次国共内戦**）。先に国内を安定させ、そのあとに外国勢力を追い出す「安内攘外《あんないじょうがい》」の方針であった。これにより共産党は壊滅的な打撃を受ける。

そんななか、コミンテルン第七回大会を受けて、モスクワにいた中国共産党の代表は、一九三五年八月一日に、国共内戦の停止と抗日民族統一戦線の結成を呼びかける**八・一宣言**を発表した。コミンテルンが人民戦線によって対抗すべきとした「ファシズム」には、ドイツのほかに日本も含まれていたのである。

このとき**毛沢東**を中心とする共産党の軍隊（紅軍）は、勢力を立て直すための「**長征**」の途上にあった。このため八・一宣言を受けとれる状況にはなかった。しかし中国の人民は抗日に向けて民族運動を激化させていった。

同じ時期、日本は「満洲国」の支配をかためるために、隣接する河北省やチャハル省（内蒙古）を中華民国から分離させる**華北分離工作**を進めていた。この一環として一一月には河北省北東部に**冀東防共自治政府**が樹立された。

こうして日本の権益が華北にまでおよぶと、日本に対する民族的反発が起こり、一二月九日には北京の学生たちが抗日運動に立ちあがった。この動きは全国に拡大し、「**抗日救国**」をスローガンに民族統一戦線がよびかけられていったのである。国民政府の内部でも動揺がひろがった。それでも、蔣介石は共産党への攻撃をやめなかった。

一九三六年に毛沢東ら紅軍が延安にはいると、蔣介石は張学良に共産党掃討を命じた。しかし張学良は、父の仇敵日本をにくむ八・一宣言支持に傾き、延安を攻撃しようとしなかった。それどころか一二月、督戦のために西安に入った蔣介石を監禁し、内戦の停止と一致抗日をせまったのである（**西安事件**）。しかしそれでも、蔣介石はなかなか説得におうじなかった。

日中戦争の勃発と南京大虐殺

このころ日本は、一九三六年一一月に**日独防共協定**を結んだ。日本とドイツはコミンテルンの人民戦線に対抗するべく、「防共」を旗印に接近したのである。国際社会は日本もドイツ・イタリアの枢軸陣営に加わったと認識した。

そして抗日民族運動によって緊張が高まるなか、ついに日中が衝突した。一九三七年七月七日、北京郊外の盧溝橋で、日本軍（義和団戦争後の北京議定書にもとづいて駐留していた外国軍）と中国軍とのあいだで、偶発的な小競りあいが起こった。**盧溝橋事件**である。

盧溝橋事件をきっかけに、日本軍は北京・天津への全面攻撃を展開し、**日中戦争**が勃発した。**近衛文麿**内閣は、当初不拡大方針を唱えていたが、八月に日本軍が上海に上陸すると、戦線の拡大を容認した（**第二次上海事変**）。日中双方に宣戦布告のないまま、全面戦争へと発展していった。

この局面に至って、ついに蔣介石は一致抗日を受けいれ、共産党の行軍と根拠地を国民政府に編入する形で**第二次国共合作**が成立した。コミンテルンの方針転換によって出された八・一宣言から長い時間がかかったが、ようやく抗日民族統一戦線が形成されたのである。

国民党軍は上海に主力部隊を投入して激しく抵抗したが、大軍をようする日本軍に敗北した。日本軍はそのまま国民政府の首都南京にせめのぼり、一二月に南京を陥落させた。このとき、日本軍によって多数の中国人一般住民や捕虜が殺害される**南京大虐殺**（教科書によって南京事件、南京虐殺事件とも記述される）が起こった。

日本政府は首都南京を陥落させれば国民政府は瓦解すると楽観視していたが、蔣介石は簡単に屈服しなかった。国民政府は武漢、そして重慶と、長江をさかのぼるように内陸部へと移転し、日本軍への抗戦をつづけていった。

さらに日本軍は中国の広大な領土を制圧することができず、その支配領域は「点と線」（都市と鉄道）に限定され、いたるところで中国軍との戦闘が継続した。また、食糧も現地調達とされたため、各地で略奪や暴行などが頻発した。

日中戦争は当初の予想を大きくこえた長期戦となった。終わりのみえない戦いによって軍や一般市民を問わず膨大な犠牲者が積み重なっていった。

一九三〇年代後半、エチオピア戦争、スペイン内戦、日中戦争と世界各地で戦争が続発していくうちに、戦争目的の達成のためには一般市民を無差別に殺戮することも辞さないという、戦争のジェノサイド化ともいうべき特徴があらわれてきた。国土全体が戦場となるなかで軍隊と市民との境界線があいまいとなり、すべてが虐殺と破壊の対象となっていくのである。

4　第二次世界大戦勃発の裏側で

大ポグロムとキンダートランスポート

一九三八年、ヨーロッパでは戦争への危機が高まっていた。ナチ・ドイツは三月にオーストリアを併合したが、オーストリアの抵抗も外国の妨害もなかった。さらにドイツとチェコスロヴァキアとの国境ズデーテン地方の割譲を要求した。

ドイツとチェコスロヴァキアが戦争をすれば、間違いなくヨーロッパ規模の大戦が再発し、前回をうわまわる破局がまっている。そう考えたイギリス首相ネヴィル・チェンバレンは、ヨーロッパの平和を確保するためにドイツに譲歩する**宥和政策**をえらび、九月の**ミュンヘン会談**でフランス、イタリアとともにズデーテン地方の割譲を承認した。

たしかに、これでナチ・ドイツは振りあげたこぶしを収めざるを得ず、当面の戦争は回避された。しかしチェコスロヴァキアの主権は侵害され、ナチの要求に相談なしにしたがったことで、「反ファシズム」の旗を掲げるソ連の英仏に対する不信感も高まった。

そうしたなか、ドイツ国内で大規模な**ポグロム**（ユダヤ人迫害）が起こった。一九三八年一一月九日から一〇日にかけての夜、ドイツ全土でユダヤ人の商店やユダヤ教の寺院（シナゴーグ）が襲撃され、破壊された。街頭にひきずり出されたユダヤ人は暴行を受けた。ナチはこの暴力行為を、破壊された建物のガラス破片の輝きから「水晶の夜」と呼んだ。

ドイツやその領土でユダヤ人が迫害されていることは、ヨーロッパ全土の人々にとって既知の事実だった。

図4－7　キンダートランスポートの想起のための像（ベルリン）
（出典）筆者撮影。

しかし各国政府はユダヤ難民を引き受けるというやっかいな仕事をいやがり、本格的な救済に乗りだそうとしなかった。

しかし民間の慈善事業においては動きがあった。それは、ドイツやその支配下に入ったオーストリアやチェコから、ユダヤ人の子どもたちをイギリスに移送しようとするものだった。イギリスの慈善団体や宗教団体、そして様々な個人がになったこの活動は、ドイツでは「**キンダートランスポート**（子どもたちの移送）」と呼ばれる。

一一月のポグロムは、そうした動きを促進した。子どもたちとの別離をのぞまないドイツ・ユダヤ人の親たちも、せめて子どもだけも安全な場所にいられるようにと、泣く泣くドイツから送り出した。結果的に移送された子どもたちの命は助かり、親たちはその多くが助からなかった。

こうして一九三八年末から第二次世界大戦の開始までのあいだに、約一万人の子どもたちがイギリスにわたり、イギリスの家庭にひき取られたり、寮に入るなどして生活することになったのである。

東亜新秩序声明から重慶爆撃へ

このようにヨーロッパでは戦争の危機がさけばれ、ユダヤ人がしいたげられていた。しかしユーラシア大陸の反対側の東アジアでは、すでに長期的な戦争がつづき、人々が生命の危機にさらされていた。

泥沼化する日中戦争を収拾するべく、一九三八年一一月に近衛文麿首相は**東亜新秩序**声明を出し、さらに一二月には「善隣友好・共同防共・経済提携」の近衛三原則声明を発表した。これは日本・満洲国・中国の連帯による新しい東アジア国際秩序をうたったもので、重慶の国民政府に参加が呼びかけられたが、現実に侵略されている側の国民政府が受けいれるはずがなかった。

図4－8　重慶爆撃（1940年8月19日のもの）

さらに、欧米勢力もそうした日本の思惑にはっきりと反発した。アメリカやイギリスは、東亜新秩序声明は彼らの中国利権を侵害するものだとして反対し、日本の支配がおよばないビルマやフランス領インドシナなど、東南アジア方面から重慶に向けて物資を送る、いわゆる「**援蒋ルート**」による支援を強化した。

こうして重慶は軍需物資が集中する抗日戦争の一大拠点となった。日本軍はこの状況を打破すべく、**重慶に対する無差別爆撃**を繰り返した。これに対して国民政府は総動員体制をしいて抵抗をつづけた。

一九三八年末から一九四一年秋までのあいだ、日本軍は重慶と周辺都市に対して、のべ二〇〇日以上の爆撃をおこなった。重慶爆撃による死者は一万一〇〇〇人、負傷者は一万数千人にのぼる。

国家総動員、皇民化政策、朝鮮人強制移住

日本人の生活も戦争によって圧迫されていった。一九三八年には**国家総動員法**が制定された。戦争への反対や軍部の方針に反する言論は封殺され、矢内原《やないはら》忠雄など多くの知識人が大学を追われた。矢内原教授は、日本の植民地政策を批判したために追放された。その植民地、朝鮮や台湾でも、国民精神の動員が強化された。日中戦争を契機に、神社参拝の強制、日本語使用の徹底と現地語の抑圧といった**皇民化政策**が展開されたのである。

朝鮮では「**創氏改名**」、すなわち日本式の家の称号である「氏」の制度が強制的に導入された。自らの名前を日本式に変えさせられるということは、つまり朝鮮人独自の文化を抹殺しようとするものであった。

実は日中戦争は、日本領外にいた朝鮮人にとっても悲劇となった。ソ連東部に住んでいた朝鮮人の中には、ソ連国籍を取得していなかった者や、日本領朝鮮に住む親戚などと連絡を取っている者もいた。

しかし日中戦争の勃発後、ソ連は中国を支援して日本と敵対関係になった。スターリンは、ソ連領内の朝鮮人が日本によってスパイとして利用されることをおそれた。疑心暗鬼にかられた独裁者スターリンは、東部の朝鮮人を中央アジアに強制移住させる政策を実行にうつしたのである。これはスターリンによる大規模な**民族強制移住**政策のはじまりでもあった。

「防共」と日本のムスリム支援

スターリンは、それだけ朝鮮と満洲国で国境を接する日本の動きにピリピリしていたのである。一九三七年には**日独伊三国防共協定**が成立していた。ユーラシア大陸の東西で「防共」をスローガンにソ連を封じ込めようとする枢軸陣営の動きは、たしかにソ連にとって脅威であった。

一九三八年七月には、朝鮮にも近いソ連と満洲国との国境不明確地帯に位置する張《ちょう》鼓峰《こほう》で日本軍とソ連軍が衝突し、双方とも大きな損害を出した（**張鼓峰事件**）。日中戦争を契機に、ソ連と日本との軍事的緊張が高まっていく。日本はドイツとの防共協定を軸にソ連に対抗するべく、軍事的準備を進めていた。

このころ日本は、ソ連に対抗するための「防共」ラインを、できるだけソ連国境全体にひろげようと画策していた。この一つのあらわれが日本でのイスラーム運動への対応である。第一章でのべたイブラヒムの来日のあと、一九二五年に中央アジア出身のムスリムが中心となり東京回教団が設立され、一九三八年についに**東京モスク**（現在の東京ジャーミーの原型）が設立された。

この東京回教団を日本政府は支援した。日本はアジア各地のムスリムに影響力を持とうとしたのである。そのために、一九三三年に再来日していたイブラヒムを東京回教団の指導者にすえ、一九三九年四月には蒙彊回教団（モンゴルと新疆のムスリム）を東京モスクにむかえて、彼らをもてなした。

日本政府のこうしたムスリム政策は、中央アジア出身のムスリムの名士であるイブラヒムを厚遇し、ソ連と新疆のムスリムを味方につけることによって「防共」の陣営に引き込もうとするものだったとみることもできよう。

図4－9　現在の東京ジャーミー
（出典）筆者撮影。

ノモンハン事件からふたたび世界大戦へ

このようにユーラシア大陸では「防共」をめぐる謀略がうずまいていた。ドイツの側からも一九三八年に、防共協定を強化して軍事同盟にすることを日本に提案していた。しかしこの場合、枢軸陣営の仮想敵国はソ連だけでなくイギリスやフランスにも拡大してしまう。

日本は返答をさきのばしにしていたが、一九三九年はじめに成立した平沼騏一郎《きいちろう》内閣は、ドイツとの軍事同盟を検討していた。

一方、ドイツは三月にミュンヘン会談での約束をやぶって**チェコスロヴァキアに侵攻**し、チェコを併合、スロヴァキアを保護国化した。イギリスとフランスは宥和政策が破綻したことを認め、ドイツとの戦争を覚悟した。

ふたたびドイツとの戦争に勝利するためには、東西で挟み撃ちすることが必須である。英仏はソ連との同盟交渉にはいった。しかしスターリンは、両国のこれまでの宥和政策への不信感から、ドイツと戦端をひらくことに躊躇した。

そうした情勢の中で、五月、ふたたびソ連と日本は戦火をまじえた。「満洲国」と外モンゴル（モンゴル人民共和国）との国境における**ノモンハン事件**である。ソ連戦車部隊の予想以上の火力と機動力を前に、日本軍は大打撃を受けた。

その後も日本軍は兵力を増強し、ノモンハンでソ連・モンゴル連合軍と再度戦うが、やはり敗北した。日ソ両軍が大量の航空機と戦車を投入し、それぞれ約二万人の犠牲者を出しており、事実上の日ソ戦争であった。そこで最近ではノモンハン戦争ともいう。ソ連軍の実力を目のあたりにして日本軍は対ソ戦の厳しさを実感することになった。

だがスターリンにとっても、日本の軍事的脅威を強く意識させられた。ユーラシア大陸の東西をはさんで、日本とナチ・ドイツと同時に戦うことはできない。スターリンは英仏との同盟を拒否し、ナチ・ドイツとの取引で国家の安全を確保する道をえらんだ。

かくして、スターリンはドイツとの当面の戦争をさけるために、「反ファシズムの砦」というそれまでの姿勢をかなぐりすて、八月、**独ソ不可侵条約**を結んだのである。

「防共」を唱えソ連を敵国とするドイツとの軍事同盟を画策していた平沼内閣は、突然の国際関係の大転換に混乱し、総辞職した。

独ソ不可侵条約には、ドイツとソ連でポーランドを分割占領するという秘密協定が含まれていた。こうして一九三九年九月一日、ドイツ軍はポーランドに侵攻し、英仏はドイツに宣戦布告し、**第二次世界大戦**がはじまった。ヨーロッパにおける第二次世界大戦は、ノモンハン事件によって独ソの共同侵攻という図式をつくり出したことで準備されたのである。

カティンの森事件

ドイツ軍は怒涛の勢いでポーランドを侵食、一〇月には首都ワルシャワを陥落させた。ソ連は独ソ不可侵条約の秘密協定にもとづいてポーランド東部を占領した。英仏はドイツとの国境地帯にとどまり、ポーランドは見殺しにされた格好になった。

このときソ連軍は、ポーランド人の将校約一万五〇〇〇人と、ポーランド政府関係者約七〇〇〇人をカティンの森で虐殺し、死体を埋めた。将来のソ連に対する反乱の芽をつむためであった。スターリンはソ連国内でそうであったように、ポーランドでも、反抗しそうな人々を味方につけようとするのではなく、粛清することを選んだのだ。

このカティンの森事件は、のちにドイツ軍がソ連領に侵攻したときに発覚し、ソ連の蛮行としてナチスのプロパガンダに利用された。これに対してソ連はドイツ側がやったことだと主張しつづけたのである。同じころ、ドイツ国内ではナチの優生思想にもとづいて精神・身体障がい者が、ドイツ民族の健康な発展を阻害する「生きるに値しない命」として、「安楽死」の名のもと毒ガスで殺害されていた。ソ連でもポーランドでもドイツでも、人権や人間の尊厳といったものがさしたる価値を認められなくなっていた。

一九二〇年代に世界的な広がりをみせた国際協調と平和への希望は、世界恐慌がはじまってから急速に打ちくだかれた。一九三〇年代、世界の至るところで人々が独裁者に翻弄され、民族マイノリティが迫害され、戦争のジェノサイド化がはじまった。人類は恐怖と殺戮にみちた奈落へとおち、なおも底がみえなかった。

第5章　世界の破滅、終わらない戦争——一九四〇年代

ホロコースト記念碑（虐殺されたヨーロッパ・ユダヤ人のための記念碑，ドイツ・ベルリン）
ナチ・ドイツによるユダヤ人大虐殺（ホロコースト）は，世界に衝撃をあたえた。現在のドイツはこの国家的犯罪を直視し，2005年，ベルリンの中心部にサッカー場２枚ぶんともいわれる広大な記念碑を完成させた（撮影：筆者）。

中央・南・東南アジア	東アジア	南北アメリカ・国際
日本軍，仏領インドシナ北部進駐	汪兆銘を首班とする南京政府樹立 杉原千畝，ユダヤ難民にビザを発行	
ベトナム独立同盟結成 日本軍，仏領インドシナ南部進駐 日本軍，英領マラヤ上陸	日ソ中立条約 東条英機内閣成立 日本，対英米宣戦	武器貸与法制定 大西洋憲章発表 ソ連に武器貸与法を適用 真珠湾攻撃
アジア太平洋戦争開始		
日本軍，シンガポール占領し，華人虐殺 抗日人民軍（フクバラハップ）結成 泰緬鉄道建設開始		日系アメリカ人の強制収用開始 ミッドウェー海戦 米，原爆開発計画に着手
	大東亜会議	
インパール作戦 ビルマで反ファシスト人民自由連盟結成	特攻を開始 日本本土への空襲	サイパン島の日本守備隊全滅
インドネシア独立宣言，独立戦争開始 ベトナム民主共和国独立宣言	東京大空襲 沖縄戦 広島に原爆投下 ソ連対日宣戦，満洲・朝鮮進攻 長崎に原爆投下 ポツダム宣言受諾	サンフランシスコ会議で国際連合憲章 米英ソ，ポツダム会談 ポツダム宣言
大日本帝国崩壊による大移動と変動	朝鮮信託統治開始	国際連合発足
フィリピン独立	極東軍事裁判開始 中国で国共内戦再開 日本国憲法公布 日本で女性参政権	「鉄のカーテン」演説 アルゼンチンでペロン政権成立
インドとパキスタンの分離独立 第1次印パ戦争 インドシナ戦争勃発	台湾で二・二八事件 →戒厳令 日本国憲法公布	トルーマン・ドクトリン マーシャル・プラン
ガンディー暗殺 ビルマ独立 スリランカ独立	大韓民国独立 朝鮮民主主義人民共和国独立	国連総会で世界人民宣言採択
フランス，ベトナム国独立承認 インドネシア独立	中華人民共和国成立 台湾国民政府成立	北大西洋条約機構（NATO）成立

第二次世界大戦では、なぜ非戦闘員の犠牲者数が戦闘員の戦死者数をうわまわったのだろうか?

大日本帝国の崩壊は、アジア各地にどのような影響を与えたのだろうか?

西　暦	ヨーロッパ・ロシア	アフリカ・中東
1940年	フランス，独軍に降伏 イギリス大空襲開始 ソ連，バルト三国併合 日独伊三国軍事同盟 ポーランドにゲットー建設	
1941年	独ソ戦開始 ドイツ軍，ソ連人を大量殺戮 ユダヤ人大虐殺（ホロコースト）始まる	
1942年	英ソ同盟条約 スターリングラードの戦い始まる	連合軍の北アフリカ上陸作戦
1943年	スターリングラードのドイツ軍降伏 イタリア降伏	カサブランカ会談 カイロ会談 テヘラン会談
1944年	ノルマンディー上陸作戦 パリ解放	
1945年	米英ソ，ヤルタ会談 ドレスデン大空襲 ソ連軍，ベルリン侵攻 ドイツ降伏 ドイツ四カ国占領 ニュルンベルク国際軍事裁判開始	
1946年	東欧諸国の共産化進む	ソ連，ボスフォラス・ダーダネルス海峡共同管理要求
1947年	ソ連，コミンフォルム結成	国連，パレスチナ分割案決議
1948年	チェコスロヴァキア・クーデタ 西欧同盟成立 ソ連によるベルリン封鎖 ユーゴスラヴィア，コミンフォルムから追放	イスラエル建国 →第1次中東戦争（パレスチナ戦争）
1949年	ドイツ連邦共和国（西ドイツ）成立 ソ連，核兵器開発成功 ドイツ民主共和国（東ドイツ）成立	

1　膨張する戦場

ヨーロッパ戦線の拡大とロンドン空襲

一九四〇年におけるドイツ軍の攻勢は、過去にない成功を収めた。ドイツ軍はデンマーク、ノルウェーを占領し、さらにオランダとベルギーにも侵攻した。多くの市民が戦場となった祖国から脱出して難民となったが、ドイツ軍はさらにフランスにも侵攻した。

フランスは六月に降伏し、ドイツ軍はパリに入った。第一次世界大戦であれだけドイツと何年もの持久戦を戦い抜いたフランス軍とは思えないあっけなさだった。翌月にはペタン元帥を首班とする**ヴィシー政権**がフランス南部に成立し、ドイツへの協力を約束した。もしこのまま徹底抗戦すれば、膨大な数のフランス人の人命が奪われてしまう――フランスの戦争指導者はそう考えて、屈辱をのんだのだ。

しかしあくまでもドイツの支配を受けいれないフランス人は、ロンドンに亡命した**ド・ゴール**将軍の自由フランス政府と連携し、**レジスタンス**勢力となった。対独協力のサボタージュ（怠業）や線路破壊、ドイツ将兵暗殺など、さまざまな抵抗活動を行った。

一方、大陸を制覇したヒトラーは、イギリスとの和平をのぞんだが、イギリス首相**チャーチル**は断固としてそれを拒否した。ヒトラーはイギリス本土侵攻を決意し、ロンドンなど主要都市への爆撃を開始した。ゲルニカで実験された都市への無差別爆撃がイギリスで再現されたのである。

何年にもわたって執拗に繰り返されたこの爆撃によって、イギリスの一般市民の多数が犠牲になった。特に重点的な爆撃が行われた**ロンドン空襲**では、多くの人々が地下鉄の駅で避難生活を送ったり、がれきのなかの生活を余儀なくされたりした。

それでもイギリスの人々はドイツ空軍の爆撃をたえぬき、ヒトラーにイギリス上陸を断念させるに至ったのである。

ユダヤ人迫害と「命のビザ」

ドイツ軍がヨーロッパ大陸を制覇していくなかで、ナチ・ドイツによって支配され、ヒトラーの人種主義におびやかされていたポーランドのユダヤ人たちは、絶望の淵においやられていた。

ナチ・ドイツは、ドイツ国内で行ったユダヤ人迫害を、占領地でも再現した。ユダヤ人は市民権を剝奪され、財産や職を奪われた。恐怖したユダヤ人たちはわれ先に海外に亡命しようとした。戦時中において彼らの逃げることのできる外国は限られており、ポーランドに隣接するリトアニアはそのひとつだった。

図5-1　杉原千畝

一九四〇年七月、リトアニアをはじめとするバルト三国には、ソ連軍が侵攻していた。もしユダヤ人たちがドイツの支配圏から逃れようとするなら、ソ連に併合される前に、外国の領事館から出国ビザを取得しなければならない。ビザさえあれば、シベリア鉄道にのってユーラシア大陸を横断し、アジアにのがれることができる。実際、リトアニアに到着したユダヤ人にとって、それが生きのびるための数少ない選択肢であった。

リトアニアのカウナスにあった日本領事館にも、ユダヤ難民が殺到した。日本領事代理の杉原千畝《ちうね》は、彼らの願いを何とかなえてやりたいと想い、できるだけ全員に日本通過ビザを発行することを決意した。

実は、日本の外務省はこのビザ発行を許可していなかった。同盟国のドイツの不興を買うことをおそれたのである。杉原は独ソ関係の内実をさぐるための密偵としての役割もおびており、ユダヤ人にビザを発給することの外交的なリスクを誰よりもよく知っていた。

しかしそれでも、彼は短期間ではあったが、独断でユダヤ人にビザを発給しつづけた。職務よりも人道的使命を優先したのだった。彼が発給した「命のビザ」によって日本に到着し、そこからアメリカや上海などにのがれたユダヤ人の数は、約六〇〇〇名にのぼるともいわれる。杉原千畝は、悲惨な戦時下においてなお人間の尊厳をしめした、高潔な人間の一例であった。

しかし、このように一部の「正義の人々」によって命を救われた東欧のユダヤ人はごく一部であった。このころ、ドイツ支配下のポーランドのユダヤ人は、ゲットーと呼ばれるいくつかの狭い区画に集住させられた。ゲットーでは住むところも食べられるものも限られ、栄養状況は最悪であり、病死や餓死が横行した。

中国での「三光作戦」

「命のビザ」をえてユダヤ人たちがのがれてきた東アジアは、戦争のない平和な土地ではなかった。日中戦争は三年目に入り、さらに激しさを増していた。

日本は重慶から国民党の実力者である汪兆銘《おうちょうめい》を脱出させ、重慶政府に対抗する南京政府をつくらせた。しかし汪兆銘政府はまったく中国人の支持を得られなかった。戦争は膠着し、泥沼化していた。

中国の「点と線」をおさえた日本軍だったが、内陸の土地までは支配がおよばなかった。「八路軍」として国民政府軍に組みこまれた中国共産党は、華北で住民をまきこんだゲリラ戦を展開し、日本軍を苦しめた。業をにやした日本軍は山西省中部の抗日根拠地を制圧すべく、大軍を派遣した。

ゲリラ戦では兵士と一般市民の区別がつかない。このとき日本軍は抗日根拠地を「燼滅《じんめつ》」（徹底的に滅ぼす）すべく、ゲリラの根拠地と目された村々を焼き、武器の有無を問わず老若男女を殺戮した。「焼きつくし（燃光）、殺しつくし（殺光）、奪いつくす（搶光）」――中国側は、日本軍のこの蛮行を「**三光作戦**」とよんで非難した。

中国人の国民的な抵抗が激しくなると、それに対する制圧作戦はほとんどジェノサイドの様相をおびる。「三光作戦」はこのころの日中戦争のいたるところで展開されることになり、中国人に甚大な犠牲者を生むことになったのである。

満洲のハルビンに配置された**七三一部隊**は、細菌戦や毒ガス戦の研究を行い、中国人やロシア人をもちいて生体実験を行った。そして実際に中国戦線で毒ガスを兵器として使用した。ジェノサイド戦争が長期化していくにしたがって、その戦術も非人道的なものになっていったのである。

南進論の台頭

このように、中国戦線に対して日本がさかなければならない資源は増大する一方だった。そのうえ、重慶で抵抗する蔣介石ひきいる国民政府には、フランスやイギリスによって内陸部からのいわゆる「援蔣ルート」を通じて、軍需物資が続々と届いていた。日本の戦争遂行のための資源不足は深刻だった。

この状況を打開するには、天然ゴムや石油などの資源の豊富な東南アジアを制圧するしかないという、**南進論**が日本軍部の中で台頭してきた。しかしこれをやれば、東南アジアに植民地を有するイギリスやアメリカなどと開戦するのはさけられない。日本の外務省は反対した。

こうしたなかで、ドイツ軍が西ヨーロッパを制覇したニュースが伝わる。これは日本の軍部にとって天啓であった。まず、ドイツがオランダを征服したことで、油田のあるオランダ領東インド（インドネシア）をうかがうことができるし、フランスが降伏したことで、援蔣ルートのひとつであるフランス領インドシナへの進出が可能になる。

日本軍部と政府は一気に南進論に傾いた。こうして一九四〇年九月、フランス領インドシナ北部に進駐し、それとほぼ同時期にドイツとの戦時体制をかためるべく、**日独伊三国軍事同盟**を結成した。

南進論をかためた日本にとって、戦略的にとりわけ重要性をおびたのが、南方における日本の植民地である台湾と、委任統治領の南洋諸島である。かくして、台湾と南洋諸島の軍事基地化が急速に進められた。国際連盟は委任統治領の軍事基地化を禁止していたが、連盟を脱退していた日本には意味がなかった。

明らかに東南アジアと太平洋への日本の軍事的脅威が増していた。アメリカの反応は早かった。アメリカは日本の南進に対して植民地フィリピンへの脅威を感じ、日本に対する航空機用ガソリンや屑鉄の輸出を禁止したのである。

独ソ戦はじまる

南進の方針をかためた日本は、北方の脅威をのぞくべく、一九四一年四月に**日ソ中立条約**を結んだ。これはソ連にとってみれば、ユーラシア大陸の東側の脅威をのぞき、きたるべきドイツとの戦争に集中する意味をもっていた。

そう、独ソ不可侵条約を結んでいたとはいえ、ヒトラーの最終的目標はロシアの征服であり、共産主義の

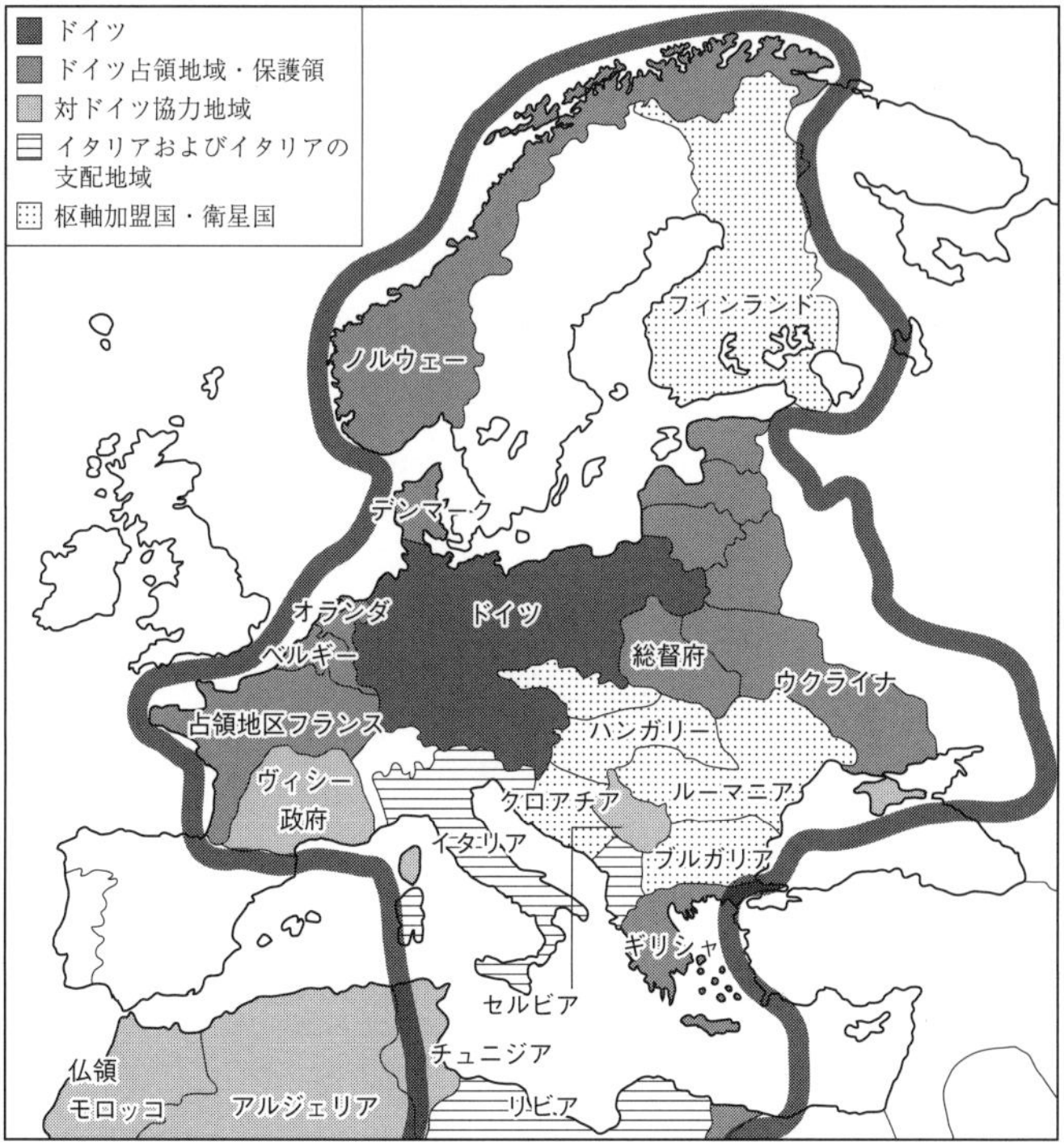

図５－２　第二次世界大戦　枢軸国の最大勢力圏（1942年）
（出典）木畑（2014：147)。

撲滅であった。そのことはスターリンもよく理解しており、ドイツとの開戦がいつになるのか、神経をとがらせていた。

西ヨーロッパを制圧したドイツ軍は、イギリス本土上陸を断念したのち、同盟国イタリアの要請もあって、バルカン半島に軍をさし向けた。ハンガリー、ルーマニア、ブルガリアは枢軸国に加わり、抵抗をしめしたユーゴスラヴィアとギリシアは軍事的に制圧された。

このようにドイツ軍の侵攻は東に向いた。スターリンは独ソ開戦が近いと感じて、西側の安全保障のために日ソ中立条約を結んだのである。スターリンは対独戦の準備を進めようとしたが、ヒトラーの決断はそれより早かった。

一九四一年六月、ドイツ軍は枢軸の同盟国とともに数百万の大軍団を編成し、多方面からソ連を滅ぼすべく侵入を開始した。**独ソ戦**の開始である。ソ連の防衛陣は間にあっていなかった。なにより、ソ連赤軍の将軍たちがことごとくスターリンによって粛清され、作戦指揮系統をになうべき人材が枯渇していたのである。

それだけではない。スターリンは持ち前の猜疑心を発揮し、ドイツとの戦端がひらかれるやいなや、国内のドイツ人を敵性分子としてシベリア送りにした。さらにソ連の支配に不満をもっていたチェチェン人、イングーシ人、クリミア・タタール人などの少数民族を、敵と通じる恐れがあるとして、中央アジアなどに強制移住させた。

そうこうしているうちに、ドイツ軍は怒涛の勢いでポーランド東部、バルト三国、ソ連西部を征服していった。これらの地域でもユダヤ人狩りが行われたが、ポーランド西部のようにゲットーに集住させるようなことはせず、ナチ親衛隊の特殊部隊がユダヤ人をあつめて即射殺した。

指揮官は未熟でも、人員と資源は豊富だったソ連軍は、やがてドイツ軍の猛攻をおしとどめた。そこにロシアの冬の寒波が押しよせた。一九四一年末、ドイツ軍はモスクワまでわずかにせまりながら、撤退を余儀なくされたのである。

アジア太平洋戦争の勃発

そしてこのころ、地球の反対側でも戦場が膨張していた。日本は一九四一年七月にフランス領インドシナ南部にも進駐し、南進をおし進めた。これに対してアメリカは日本への石油輸出を全面的に禁止し、イギリス、オランダとも連携して日本への強力な経済制裁網をしいた。

日本ではこれを「ＡＢＣＤ包囲陣」と呼んで、連合国による卑劣な対日攻撃だと国内向けにプロパガンダを展開した。日本国民は米英への憎悪を燃えあがらせ、戦争への意識を高めていった。

その一方でアメリカとの和解の交渉も進められていたが、結局成立せず、アメリカ側の事実上の最後通牒ともいうべき、強圧的な「ハル・ノート」を前に、**東条英機**内閣は対米英開戦を決意した。

一二月八日、日本軍はイギリス領マラヤ（マレー半島）に上陸、さらにハワイの**真珠湾**にも奇襲攻撃をかけ、イギリスおよびアメリカとの戦端をひらいた。日本側はこの戦争を「大東亜戦争」と命名したが、アメリカ側は「太平洋戦争」と呼んだ。戦後は軍国主義的な印象を持つ前者がさけられ、後者のいい方が定着した。

しかし近年では、一九三七年からつづく日中戦争との一体性および連続性から、「**アジア太平洋戦争**」というい方をするようにもなった。本書でもこのいい方を採用し、中国・東南アジア・太平洋の戦争を同時的にみていきたい。

「大東亜共栄圏」とアジア民族主義

アジア太平洋戦争は、しばしば白人の植民地支配からのアジア解放の戦いであったといわれる。しかし開戦当初の「宣戦の詔勅」では、米英が日本を中心とする東亜新秩序の安定を妨害し、さらに経済制裁によって日本の国家的存続をおびやかしているので、自存自衛のために戦うのだと宣言されていた。

ところが、マレー半島、香港、シンガポール、インドネシア、フィリピン、ビルマへと日本の支配領域がつぎつぎと拡大していくなかで、アジア諸民族を植民地支配から解放し、日本を盟主とする「**大東亜共栄圏**」を建設するというスローガンが前面に出てきた。

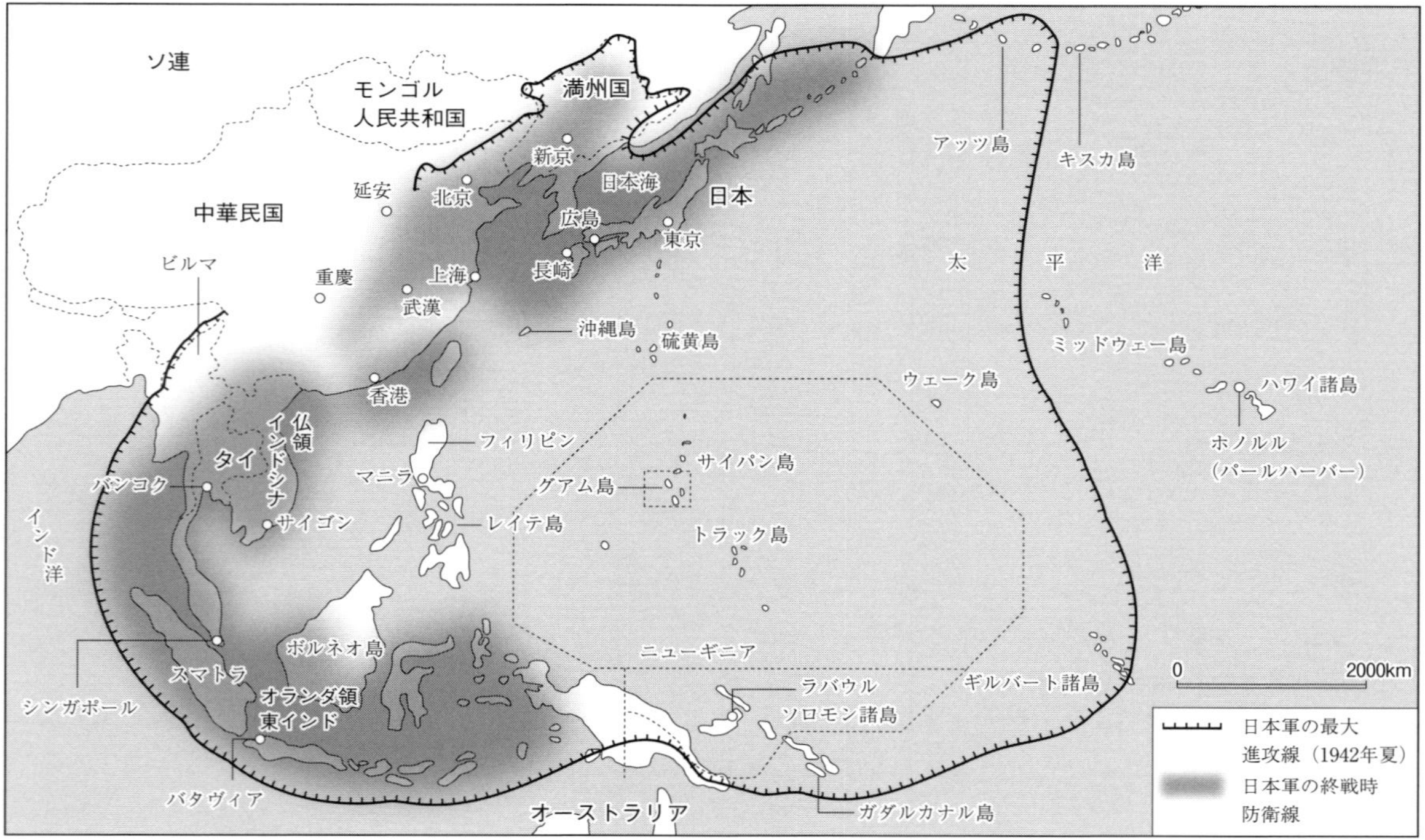

図5-3　アジア太平洋戦争

そしてこのスローガンは当たった。日本軍は占領地の民族主義勢力の協力を得ることに成功したのである。東南アジアの植民地では、半世紀にわたる民族独立運動によって民族主義が成熟していた。たとえばインドネシアのスカルノは一貫して日本の占領統治に協力的だったし、ビルマのアウン・サンも最初は日本に大きな期待をかけていた。

日本軍の勢力がおよばなかった英領インドの民族主義者も日本に協力した。国民会議派の**チャンドラ・ボース**である。彼はイギリスからの完全独立のために、日本の支援を得て「インド国民軍」をシンガポールで組織し、「自由インド仮政府」の指導者として日本とともにイギリス軍と戦うことになった。

たしかにこのとき、東南アジアの民族主義者たちにとって日本軍は大きな希望の星であった。そしてこの民族主義エネルギーを利用して、日本軍はアジア太平洋戦争初期に占領地の急速な拡大を実現した。

しかし日本軍の真の目的は民族独立などではなく、資源の確保であった。このギャップに民族主義勢力はほどなく気づき、今度は抗日運動に転じることになる。そのとき、この膨張しきった戦場は日本軍にとって大きな足かせになるのである。

アメリカの参戦と日系人の強制収容

一方、これまでアメリカは、枢軸国による侵略行為がどれだけエスカレートしようとも、**孤立主義**をつらぬいてきた。そこには、自国民の犠牲をおそれ、世界恐慌でさらに保守的になったアメリカ議会の意志があった。

ローズヴェルト大統領は第二次世界大戦勃発後、ナチ・ドイツのヨーロッパ征服を自由世界への脅威とみなし、この孤立主義をなんとか変えさせようとした。こうして、一九四一年には、イギリスや中国に軍需物

図５－４　収容所に連れてこられたカリフォルニア州の日系人

資の支援を行うための**武器貸与法**を制定し、チャーチル英首相とともに枢軸諸国を批判する**大西洋憲章**を発表するなど連携をつよめた。

しかし参戦にはふみきれなかった。ローズヴェルトは、アメリカ議会が参戦に賛成せざるを得ないような「事件」がないかぎりは、宣戦布告はできないのだとチャーチルにこぼした。そして、「事件」はついに起こった。日本の真珠湾攻撃である。

ローズヴェルトは宣戦演説で、日本が「だまし打ち」をしたと強調し、「リメンバー・パールハーバー（真珠湾を忘れるな）」と国民に呼びかけた。これにおうじて日本に対するアメリカ人の憎悪感情がふきあがった。

アメリカ国内では、二〇世紀はじめの「黄禍論」にはじまり一九二四年移民法に至る、日系移民に対する人種差別がながく存在していたが、真珠湾奇襲は日系人に対する反感をますますつよくした。

反日世論に押され、ローズヴェルトは、アメリカ西海岸の日系人約一一万人を、ロッキー山脈にもうけた収容所に強制移住させた（**日系人強制収容**）。すでに定住してアメリカ市民としての権利を持っていた人々を、ただ日系人であるという理由だけで収容所におしこめたのである。これは人種主義にもとづく偏見が戦争によって肥大化したものであった。

2　枢軸国によるジェノサイドと抑圧

ホロコースト——ユダヤ人の大量殺戮

ソ連との戦争を短期決戦で収めることに失敗したドイツは、体制の立て直しをせまられた。それと時を同じくして、日本の真珠湾攻撃があった。日独伊三国同盟にもとづいて、ドイツとイタリアはアメリカに宣戦布告した。ここに第二次世界大戦は文字通り「世界」規模の大戦となったわけだが、結果的にドイツはさらに厳しい戦局を覚悟しなければならなくなった。

長期戦のための物資が不足するなかで、ナチ・ドイツはフランスや東欧などの占領地から、物資の徴発や**強制労働**への動員を容赦なく行っていった。ヒトラーにすれば、戦時中でも支配民族であるドイツ人に苦しい思いをさせるわけにはいかなかった。そのぶん外国人労働者が強制動員され、軍需工場などで働かされた。ドイツの外国人労働者の数は、戦争捕虜を含め最終的には全労働人口の二五％を占めるまでにいたった。

ここでナチの人種主義思想が、きわめてグロテスクな形で発揮された。食糧不足を受け、もはやユダヤ人に対しては、わずかなりとも食糧や物資を配分する必要も余裕もないように思われた。ナチはヨーロッパ・ユダヤ人の絶滅を決定した。こうして一九四一年末から、強制労働ではなく最終的な殺戮を目的として、ポーランド各地に「**絶滅収容所**」と呼ばれる施設がつくられることになった。

ポーランド各地のゲットーから、ユダヤ人が家畜用の貨物列車にのせられて絶滅収容所へと大量移送された。その最大のものが、現在のポーランド、オシフィエンチムにある**アウシュヴィッツ・ビルケナウ絶滅収容所**である。働けないほど衰弱したユダヤ人はガス室におしこめられ、機械的に毒ガスで殺害された。

図5－5　アウシュヴィッツ・ビルケナウ絶滅収容所（1945年1月の解放時のもの）
（出典）Bundesarchiv.

こうしたナチによるユダヤ人の大量殺戮を**ホロコースト**という。アウシュヴィッツでは一〇〇万人以上が殺戮され、その他の収容所とあわせると四〇〇万人を越える人々が虐殺されたと考えられている。

しかし、ユダヤ人たちはガス室でのみ殺されたのではない。ソ連占領地域やバルカン半島などでは、ユダヤ人はその場で集団殺戮された。これらの犠牲者もあわせると、ホロコーストの犠牲者は六〇〇万人にのぼるとされ、これは全世界のユダヤ人の三六％に当たる。空前絶後の組織的大虐殺であった。

ロマの虐殺

ナチはユダヤ人以外にも、「ジプシー」と蔑称される**ロマ**民族も収容所に入れて殺戮した。ロマはインドに起源を持つといわれる流浪民であり、ヨーロッパで広く差別されていた。

ナチは、「ジプシー」もユダヤ人と同じ劣等民族であるとして、絶滅作戦の対象にした。強制収容所で殺害されたロマの人数の特定は困難だが、二〇万人以上といわれており、五〇万人に達するという推計もある。

さらにポーランド人やロシア人などのスラヴ人、同性愛者なども強制収容所で殺害されている。これらのジェノサイドは、ナチの人種主義的偏見が戦争によって肥大化し、占領地の人々に対する生殺与奪権をナチがにぎったときに、現出した。これらの地域では、人類がもっていたわずかな倫理観も消滅したかのようであった。

「大祖国戦争」——ソ連国民の甚大な犠牲

一九四二年、独ソ戦をめぐる状況も変化した。イギリスのチャーチル首相は、共産主義嫌いを封印して、ナチに勝利するために**英ソ同盟条約**を結び、ソ連に物資を送った。さらに、ついに世界大戦に参戦したアメリカもまた、アジア・太平洋で日本と戦うためにもソ連には頑張ってもらわねばならず、武器貸与法をソ連にも適用し、大規模な物資援助を決めた。

ソ連は連合国の支援によってもち直し、スターリンは大軍を動員してドイツに対するまきかえしにかかった。その戦いは過酷をきわめた。ドイツ軍は共産主義者を地上から撲滅することを目指し、戦時国際法を無視して捕虜も市民も見境なく殺戮した。ソ連では、ドイツ軍に対する憎悪が燃えあがった。

スターリンはこの戦いを「**大祖国戦争**」と名づけて、ソ連国民の愛国心にうったえかけた。もともと、粛清や飢餓、強制移住政策によってソ連国民のスターリン体制に対する怨嗟の声はきわめてつよいものだったが、ドイツ軍の蛮行に対する怒りはそれをうわまわった。

ソ連国民は犠牲をいとわず戦い、祖国のために膨大な死者がつみあがった。その数は、他国と比べても桁違いのものとなった。第二次世界大戦をつうじたソ連の死者は、二五〇〇万人を越えるとされる。軍人の死者はそのうち約三分の一であり、それ以外は一般市民であった。独ソ戦はまさにジェノサイド戦争の様相をしめしていた。

戦線の膠着に業をにやしたヒトラーは、資源の豊富な南方を攻めとるべく、ロシア南部の拠点**スターリン**

グラードの攻略を命じた。この戦いは第二次世界大戦最大の市街戦となり、両軍に膨大な戦死者を出すとともに、多くの市民も飢えや寒さで死んでいった。

「大東亜共栄圏」の破綻

一方、東南アジア全体にわたって勢力をひろげた日本の「大東亜共栄圏」だったが、日本軍は占領地に軍政をしいて、戦争遂行のために資源や食糧の獲得に邁進し、植民地からの独立という現地の要求にはさし当たり向きあわなかった。

それどころか、朝鮮や台湾と同様の**皇民化政策**を東南アジアでも実施した。日本軍は現地の文化や生活様式を無視して、日本語学習や天皇崇拝、神社への参拝を強要した。これは民族独立に真っ向から反する政策であり、民族主義者の反発を呼んだ。

それだけではない。日本に対する連合軍の経済制裁は継続しているので、「大東亜共栄圏」は世界経済から断絶することになった。生活必需品や工業製品をほとんど輸入にたよっていた東南アジア経済は、たちまち破綻した。

フィリピンでは輸入がとだえたために工業製品や食糧が大量に不足し、人々の生活は窮乏した。インドネシアでは、砂糖、石油、ゴム、錫などの販路を失い、輸出の利益がなくなった。

日本軍が現地ではたらく蛮行も、人々の怒りを買った。日本軍は、フィリピン・ルソン島のバターンを占領して大量のアメリカ兵捕虜を得たが、炎天下のなか捕虜は収容所までの約一二〇キロメートルを歩かされ、約一万七〇〇〇人が死んだ。これは「**バターン死の行進**」と呼ばれ、日本軍による捕虜虐待の代表例とされた。

タイは独立国であったが、日本軍の進駐を受けいれてアメリカ・イギリスに宣戦した。日本軍は隣国の英領ビルマに侵攻するために、タイとビルマを結ぶ**泰緬鉄道**の建設にとりかかった。

この泰緬鉄道の建設には大量の捕虜や、インドネシアなど各地から送られた労働者が使役されたが、あまりにも過酷な労働であったため、やはり数万人が死亡したという。その他の土木事業や鉱山労働にも現地労働者の強制動員が行われた。

図5-6　泰緬鉄道の建設

東南アジアの抗日運動と大東亜会議

こうした現状に失望し、東南アジアの各地で民族主義者たちが抗日運動を展開した。すでに一九四一年にはベトナムのホー・チ・ミンが**ベトナム独立同盟**（ベトミン）を結成した。ベトミンはかつてフランスの圧力で失敗した人民戦線の延長線上にあり、社会の各階層や少数民族を広く結集していた。

翌年にはフィリピンでも、日本の軍政に民衆は失望し、**抗日人民軍**（フクバラハップ）が生まれた。フィリピンはもともとアメリカから独立を約束されていたので、日本の支配を歓迎しないのは当たり前だった。

マレーシアやシンガポールには、多くの**華人**（現地在住の中国人一般のいい方）が生活していたが、日中戦争がつづくなかで、彼らは抗日救国運動を展開した。これに対して日本軍は、シンガポール占領後に数万人の華人を虐殺した。

さらにビルマではアウン・サンが反ファシスト人民自由連盟を結成し、抗日運動のなかで頭角をあらわした。

これらの抗日ゲリラの活動に、日本軍は手をやいた。日本政府も、さすがに「白人支配からの解放」をとなえながら軍政支配をするのは悪手であると気づき、一九四三年にフィリピンとビルマを日本軍の管理下で形式的に独立させ、インドネシアやマレーシアにも自治を約束し、独立準備をはじめさせた。

そして同年一一月、「大東亜共栄圏」の傘下にある諸政府の代表を東京に集め、**大東亜会議**を開催した。そこに列席したのは日本の東条英機、中国・南京政府の汪兆銘、ビルマのバー・モー首相、満洲国の張景恵《ちょうけいけい》国務総理、タイのワン・ワイタヤコーン首相代理、フィリピンのラウレル大統領、そして自由インド仮政府のチャンドラ・ボースであった。

大東亜会議では、アジアの解放を宣言し、諸民族の共存共栄をうたった。しかし日本の植民地である朝鮮や台湾、南洋諸島については「解放」の対象とはされなかったし、東南アジアでも日本による軍政は、なおもつづいていたのである。

強制労働と慰安婦

ともかく日本軍は戦線をひろげすぎた。これだけの戦線を維持し、かつ物量において圧倒的にまさるアメリカ軍を相手にするには、日本国内のみならず植民地や占領地の人員を総動員しなければならなかった。

日本の成人男性の多くが徴兵され、女性を労働動員してなお労働力がたりなくなると、朝鮮や台湾から数十万人の労働力を日本に移住させて鉱山や土木事業で働かせた。朝鮮半島内での鉱山や工場にも強制動員が行われ、四一五万人の朝鮮人が働かされた。

それでも労働力がたりなくなると、占領下の中国人も日本本土などに**強制連行・強制労働**させられた。その数は約四万人にのぼり、うち約七〇〇〇人が酷使されるなかで死亡した。秋田県花岡鉱山では、きびしい強制労働にたえかねた中国人労働者が蜂起する事件もあったが、鎮圧された。

また、日本軍兵士のために戦地に設置された「慰安施設」では、朝鮮人を中心に、中国人、フィリピン人、インドネシア人、オランダ人の多数の女性たちが、様々な手段であつめられ、**慰安婦**として働かされた。

日本軍の慰安施設だけでなく、ドイツ軍やソ連軍においても、女性に対する暴行が発生している。戦場というきわめて異常な環境の中で、女性が兵士に対する性的奉仕の道具とみなされたという事実は、現在、女性に対する人権侵害の歴史として国際的に記憶されている。

日本軍兵士の大量死

このように日本の支配領域における抑圧は、戦線がひろがるごとに苛烈なものになっていったのだが、それと同様に「皇軍」と呼ばれて華やかに戦場に送り出された日本軍兵士たちがおかれた環境も、きわめて厳しいものとなった。

そもそも戦線が膨張しきったがゆえに、物資の補給はとどこおりがちであった。日本軍は食糧などを現地調達するのが当たり前になっており、現地人のうらみを買った。

一九四四年、穀倉地帯である北部ベトナムでは、米の徴発に災害や疫病の被害が加わり、大飢饉が発生して膨大な人民が死んだ。ベトミンは日本軍の食糧庫をおそい、食糧をめぐる戦いが発生していた。

そしてアジア太平洋戦争では、日本兵自身が飢餓とマラリアなどの感染症に苦しんでいた。補給が断絶するなかで、日本軍は無謀な作戦を繰り返し、多くの兵士が餓死ないし病死した。一九四四年に実施された**インパール作戦**はその最たるものである。

同年から**特別攻撃隊**（**特攻**）による戦闘機の体当たり攻撃が行われるようになった。さらに「**玉砕**」と称された無謀な全軍突撃による全滅や、捕虜になることを禁止した結果生じた、自殺や傷病兵の殺害などが横行した。また、艦船や輸送船などの撃沈による海没死も非常に多かった。

このように、一九四四年から日本軍は兵士の命を捨て駒のように軽くあつかうようになり、死者が激増していったのである。日中戦争からアジア太平洋戦争にかけての日本軍兵士の死者は二三〇万人とされるが、その多くが一九四四年以降の、餓死・病死・海没死の犠牲者であったと考えられている。

3　連合国によるジェノサイドと破壊

パルチザンとレジスタンス

一九四三年二月、スターリングラードに投入されたドイツ軍がソ連軍に完全包囲されて降伏して以降、ヨーロッパの枢軸国は劣勢に立たされることになった。ソ連軍は徐々にドイツ軍を西へと押しもどしていった。ドイツ軍の劣勢が明らかになると、ナチ・ドイツの占領下で迫害されていた諸国の市民たちが抵抗運動を活性化させた。ユーゴスラヴィアでは、共産党の指導者**ティトー**がひきいる**パルチザン**（武装した非正規の民間部隊）が優勢になっていった。

ティトーは本名をヨシップ・ブロズというが、「ティ（君は）、トー（あれを）」という部下に対する口ぐせからこうよばれた。かれは共産主義者を中心としながらも、ナチ勢力の残虐な支配に憎悪を燃やす、はばひろい市民を動員し、パルチザン闘争を展開した。

一方、イギリスとアメリカは北アフリカを制圧し、七月には枢軸の一角イタリアを攻めるべく、シチリアに上陸した。するとイタリア内部に反ムッソリーニ勢力が形成され、九月にムッソリーニは失脚、あとをついだバドリオ政権が連合国に降伏した。

図５-７　第二次世界大戦時のティトー（一番右）とパルチザン

しかし連合国がイタリアを制圧する前に、ヒトラーはイタリア進駐を命令した。ドイツ軍はたちまちイタリア北部を制圧し、ムッソリーニを再びかつぎあげた。

ドイツの傀儡となったムッソリーニ政権を打倒するべく、イタリア全土でパルチザンが立ちあがった。ドイツ軍は各地でパルチザンとみなした市民を虐殺し、他方でイタリア人同士の殺しあいもエスカレートしていき、イタリア内戦の様相を呈した。

フランス・レジスタンスは、一九四四年六月に連合軍がノルマンディー上陸作戦を成功させると一斉に蜂起し、ドイツ占領軍をパリから駆逐した。ドイツ軍に対する激しい憎悪を爆発させたレジスタンスは、ドイツ兵を殺害するのみならず、ドイツ軍に協力したフランス人たちをつるしあげ、リンチした。

フランスにかぎらず、ドイツ占領地域だったところでは総じて、レジスタンスやパルチザンによる、ドイツ人に対する容赦のない復讐が繰りひろげられたのである。

図5－8　空襲によって廃墟となったドレスデン
（出典）Bundesarchiv.

ドイツ本土空襲

連合国による**ドイツ本土空襲**は、すでに一九四二年にははじまっていたが、本格化するのは戦争末期になってからである。これはドイツのあらゆる都市を標的にしたもので、イギリスとアメリカの空軍により、大量の焼夷弾が投下され、あらゆる建物や人々を焼きつくした。

ナチのゲルニカ空爆にはじまる無差別爆撃は、連合国の高度に発達した殺戮兵器と戦術によって破壊力と殺傷力を極限まで高めた。敵国の生産力を破壊するとともに、子どもを含めた一般市民を殺戮して国民の戦意を喪失させようとしたのである。

最大の犠牲者を出したのが一九四五年二月の**ドレスデン空襲**である。この空襲によってドイツ東部の古都ドレスデンは壊滅し、一日でおよそ六〜一〇万人がなくなったと考えられている。ドイツ全土での空襲の犠牲者は、六〇〇万人以上にもなる。

もはやドイツに戦争を継続する能力はなかったが、ヒトラーは最後まで降伏せずに徹底抗戦を命じ、国土での地上戦となった。連合国軍はがれきの山と化したドイツの諸都市に侵攻していった。

ソ連による東欧の「解放」とドイツの崩壊

ソ連は、一九四五年に入ると東欧諸国のナチ支配からの「解放」を達成していった。ルーマニア、ハンガリー、ブルガリアで親独政権がたおされ、ポーランドやチェコスロヴァキアもソ連軍によってナチの支配から「解放」された。バルト三国はソ連に再併合された。

ポーランドでは、東からソ連軍が近づくとともに、それまで支配者として君臨していたドイツ人が西へと逃亡した。逃げおくれた人々は、復讐的な殺害・暴行・略奪のうきめにあった。

ソ連は東欧諸国を社会主義国にするべく、いわゆる**人民民主主義**と呼ばれる社会主義体制をつくりあげていった。これらの諸国では、ファシズムへの協力者の処罰、王政の廃止、土地改革などが実施された。

バルカン半島では独自の展開があった。ユーゴスラヴィアでは、ティトーのパルチザン部隊がナチとその協力者たちを殺害しながら解放区をひろげ、ついにソ連の力をかりることなく、独力で全土の解放を実現した。

ポーランドとチェコの「解放」によって、ドイツの首都ベルリンへの道が切り開かれた。一九四五年四月、ソ連軍によるベルリン攻撃が行われた。そしてベルリン占領直前の四月三〇日、ヒトラーは地下壕で自殺した。その後、五月にベルリンは占領され、ドイツは連合国に降伏した。

ヒトラーが自殺する二日前、イタリアではムッソリーニがレジスタンスによって逮捕され、銃殺刑に処せられていた。その死体は人民の前でつるしあげられた。かくしてヨーロッパにおける第二次世界大戦は終わった。

日本本土空襲

そのころ、**日本本土空襲**も本格化していた。一九四四年にサイパン島が陥落すると、アメリカ空軍はそこを拠点として本土空襲を行った。ドイツと同様、最初は工場などをねらった標的爆撃だったが、次第に一般市民を焼夷弾で焼き殺す無差別絨毯爆撃に移行した。

一九四五年三月一〇日の**東京大空襲**では、約三〇〇機のＢ29爆撃機が約一七〇〇トンの焼夷弾を投下し、一夜にして約一〇万人が焼死した。ここで特に重点的に爆撃されたのは、下町の人口密集地であった。一般市民を集中的にねらって焼き殺したのである。

続いて名古屋、大阪、神戸といった日本の主要都市に対しても大規模な空襲が繰り返され、六月以降には中小の都市が標的になった。本土空襲全体で、被災家屋は約二三四万戸にのぼり、約五六万人が犠牲となった。

沖縄戦

もはや日本にまともな戦闘能力は残されていなかったが、軍部はなおも本土決戦で抵抗しようと準備していた。そしてその時間かせぎとして沖縄が捨て石になった。四月、アメリカ軍は沖縄本島に上陸し、島民をまきこむ悲惨な地上戦となった（**沖縄戦**）。

沖縄を守備していた日本軍は、アメリカ軍を内陸に引きこんで持久戦を展開する作戦をとった。日本軍は働ける男性のほとんどを義勇軍として徴兵し、少年たちも戦わされた。しかし彼らにはまともな武器も支給されていなかった。女学生らも看護要員として動員され、悲惨な最期をとげた。

アメリカ軍は「鉄の暴風」ともたとえられるすさまじい規模の空襲や砲撃をおこない、兵士や島民を殺戮した。一般市民は洞窟にたてこもったが、アメリカ兵は火炎放射器で彼らを焼き殺した。日本軍兵士は敵に降伏することを禁じられ、捕虜になるなら自殺を選ぶように教育されていたが、沖縄では一般市民にもこれが適用され、「集団自決」が発生した。

六月二三日、沖縄戦の組織的な戦闘は終了した。日本軍は九万人あまりの戦死者を出して壊滅し、一般市民も約一〇万人が犠牲になったとされる。死者の数は、実に沖縄県民の四分の一にのぼった。

原子爆弾の開発と投下

アメリカ軍は、抵抗する日本軍を制圧し、およそ二カ月もの時間をかけて沖縄を占領した。もし日本本土決戦が行われれば、同じような悲惨な戦闘が繰りひろげられ、日本が降伏するまでにさらに長い時間がかかることが、沖縄戦の経験から予想された。

一九四五年七月、連合国首脳のポツダム会談にのぞんでいたアメリカ大統領**トルーマン**は、イギリス・中国とともに**ポツダム宣言**を発して、日本に対し無条件降伏を勧告した。日本が降伏しなければ、アメリカ国民の犠牲がさらに増えるだろうし、対日参戦を約束していたソ連が日本に侵攻し、日本の多くがソ連の占領下におかれるかもしれない。

日本政府はポツダム宣言を拒否した。トルーマンは、日本の降伏を早めるために、**原子爆弾**（**原爆**）の投下を決断した。

原子爆弾へと結実する核兵器の開発は、第二次世界大戦中にアメリカではじまった。世界中の物理学者が結集したが、特にナチの迫害によってドイツから亡命したユダヤ人科学者の協力があった。

原子物理学の発展によって、核反応の莫大なエネルギーが発見されたが、それは平和的にも破壊的にも利

図5－9　広島に原子爆弾を投下したB29「エノラ・ゲイ」

用できるものだった。第二次世界大戦という状況は、必然的に原子力を兵器転用させてしまった。

こうして、一九四五年八月六日、**広島**に最初の原子爆弾が投下された。上空に巨大なキノコ雲が発生した。一瞬にして都市がまるごと破壊され、一〇数万人の人々が殺害されたのである。核兵器のおそるべき破壊力が世界にしめされた瞬間であった。

おりしも八日には、ソ連が日ソ中立条約を破棄して対日宣戦した。**ソ連の対日参戦**は、日本政府をさらに絶望のふちへとおとしこんだ。

そして九日、**長崎**にも原爆が投下され、七万人以上が犠牲になった。広島・長崎で亡くなったのは日本人だけでなく、徴用・召集された朝鮮人や、中国や東南アジアなど日本占領地域からの留学生も犠牲となった。

原爆のおそろしさは投下直後の破壊と殺戮だけではない。被爆して生き残った人々も放射能におかされて数年後に亡くなっていった。被爆直後からの五年間に、広島では二〇万人以上、長崎では一四万人以上の市民が死亡し、その後もなお多くの人々が原爆症で苦しむことになったのである。

ソ連の参戦と二都市への原爆投下を受けて、日本政府は一四日にポツダム宣言を受諾し、降伏した。翌日、昭和天皇はいわゆる「玉音放送」を大日本帝国全体に放送し、アジア太平洋戦争は終わった。

原爆が終戦をわずかなりとも早めたという、核使用正当化論がある。しかしそれによって犠牲になった人命は膨大であった。さらにはたった一発で都市を壊滅させることができる兵器の登場は、人類にとっての脅威となった。

核兵器は人類を滅亡させうる究極の兵器であった。広島・長崎以後の世界は、核戦争への恐怖のもとで、あやうい均衡を維持することになる。

ただ、戦略上の理由からトルーマン大統領は数年間、核兵器による破壊力の実態を公表しなかった。世界が核兵器の恐怖におびえることになるのは、一九五〇年代になってからである。

第二次世界大戦の犠牲者

一九三七年にはじまった日本によるアジアでの戦争、一九三九年にはじまったドイツによるヨーロッパでの戦争は、第一次世界大戦をうわまわる犠牲者を出した。世界全体の死者は、ある推計では五〇〇〇万人を越えるといわれ、文字通り人類史上最悪の戦争となった。

そのうち兵士は一七〇〇万人で、民間人は三三〇〇万人である。このように、一般市民など非戦闘員の犠牲者が兵士の戦死者をうわまわっているのが、第二次世界大戦の最大の特徴であるといえよう。戦場と非戦闘地域の垣根がほとんどなくなり、ジェノサイド戦争が展開された。

一方、たしかにナチ・ドイツによる独ソ戦でのソ連人死者二五〇〇万人とホロコーストの犠牲者六〇〇万人、そして日本軍による日中戦争での中国人の死者推計一〇〇〇万人以上という数字は際立っている。

他方で連合国も、戦争を終わらせるために犠牲はやむなしとして、枢軸国を上まわる規模の無差別爆撃、そして原爆によって膨大な数の一般市民を殺戮した。枢軸国と連合国、敗戦国と戦勝国に関係なく、両陣営ともに地上を地獄と化すことに貢献したのである。

4　敗戦国の崩壊と人口移動

東欧からのドイツ人の追放

敗戦後のドイツは、特に東方における領土を大幅に縮小され、国土と首都ベルリンはアメリカ、イギリス、フランス、ソ連の四カ国によって分割占領された。そのけずり取られた東方領土から、大量のドイツ人が「祖国」ドイツへと移動してきた。彼らはソ連軍によって「解放」された東欧諸国から「追放」されたのである。

兵士以外のドイツ人が最も多く住んでいたのはポーランドである。ナチは占領したポーランドで、ポーランド人やユダヤ人の土地や財産を奪い、その土地に東欧の各地に住むドイツ人を移住させるという政策を推進していた。

ナチ・ドイツが崩壊すると、ポーランドからドイツ人が「追放」されることになった。国家政策としてポーランドに移住したドイツ人は、今度は「祖国」ドイツへと移住させられたのである。

そのうえ、ソ連がポーランド国境を一九三九年以前よりもさらに西へと移動したことによって、ドイツ建国以来の国土であった東部国境地域からもドイツ人が追放されることになった。彼らは先祖代々住んできた故郷を追われることになった。

ポーランドや、ドイツ人が多く住むチェコ国境のズデーテン地方をはじめ、東欧の全地域から追放されたドイツ人は、持ち物も制限され、移住手段も移住先も保証が一切なかった。ナチ・ドイツによる過酷な支配に対する復讐心から、追放されるドイツ人たちに対する暴行があとを絶たなかったし、食糧もわずかしかない過酷な移動によって、多くのドイツ人が死亡した。

教科書ではその詳細についてほとんど記載がないが、東欧から追放されたドイツ人は約一五〇〇万人、そのうち生きてドイツにたどりついたものは一二〇〇万人といわれる〔川喜田 二〇一九〕。死者の数もさることながら、その人口移動の規模が前代未聞であり、混乱も大きかった。

満洲国崩壊とシベリア抑留

アジアの敗戦国日本は、全土がアメリカ軍の占領下におかれ、**マッカーサー**を最高司令官とする**連合国軍最高司令官総司令部**（ＧＨＱ）の指令・勧告による間接統治が行われることになった。大日本帝国、とりわけ軍国主義に結びつく価値観を全否定する大規模な戦後改革が断行される一方、国民はがれきの山とバラック住宅の中で日々を生きのびるだけで精いっぱいだった。

そして、大日本帝国の敗戦もまた、大規模な人口移動をもたらした。日本はドイツとは異なり、戦争がはじまる前から植民地を持っており、そこに相当な数の日本人が居住していた。さらに中国や東南アジアといった占領地にも、多くの日本人が移住・駐屯していた。敗戦の時点で海外にいた日本の軍属は約三一〇万人、軍属以外の一般居留民が約三二〇万人いたとされる。

彼らは敗戦によって、それらの土地に住むことを許されなくなった。膨大な兵士の**復員**と一般市民の**引揚げ**が行われた。この日本人の大移動は各地で様々な混乱や余波をひき起こした。

まず、きわめて過酷な境遇におかれたのは、八月九日以降ソ連が侵攻してきた満洲の人々である。ソ連の侵攻によって関東軍は崩壊、皇帝溥儀が退位し、一八日に満洲国は滅亡し、中国東北部はひとまずソ連軍の支配下におかれた。

出発地	人数
ソ連	5,000人
千島・樺太	5,613人
満洲	1,016,963人
朝鮮半島	896,234人
中国	1,492,397人
台湾	473,316人
香港	19,050人
沖縄・本土隣接諸島	126,785人
東南アジア	787,795人
オーストラリア・ニュージーランド	138,964人
太平洋諸島・ハワイ	134,206人
合計	5,096,323人

図5-10 第二次世界大戦後の日本人の本土への移動

開拓団として満洲に居住していた膨大な数の日本人が満洲からの脱出をはかった。しかし、ソ連占領下の満洲に取り残されたおよそ一五〇万人の日本人は、ソ連軍による略奪や暴行を受け、飢えや寒さ、病気のために一七万人以上が死亡した。

脱出できなかったもののなかには、子どもや乳幼児もいた。彼らは**中国残留孤児**となり、土地の中国人にひき取られ、長い年月を中国で過ごすことになった。

ソ連軍は、日本軍兵士約六一万人を捕虜として、シベリアや中央アジアに送り、強制労働に従事させた（**シベリア抑留**）。厳寒のシベリアで、約六万二〇〇〇人がふたたび祖国の土をふむことなく死んだ。ソ連からの引揚げは遅々として進まなかったが、最終的には一九五六年ごろまでかかった。

樺太（サハリン）南部に駐留していた一〇〇〇人の日本兵は「玉砕」し、およそ五〇〇〇人の日本人が日本に引き揚げた。他方で南樺太には二万人以上の朝鮮人もいたが、彼らは引揚げの対象とはされず、数万人が現地に取り残された（サハリン残留朝鮮人）。

朝鮮半島の「解放」と人口移動

朝鮮半島において「八月一五日」は、三五年間におよぶ大日本帝国の植民地支配からの「解放」の瞬間だった。支配者として君臨していた日本人居住者およそ九〇万人が、なだれをうって日本に引き揚げていった。しかしこの「解放」は朝鮮人自身が勝ち取ったものではなく、連合国の勝利によって成しとげられたものだった。このため戦後の主導権はアメリカとソ連ににぎられた。

ソ連は満洲を制圧すると同時に朝鮮北部へと侵攻して日本軍を駆逐し、八月二一日には平壌に入った。朝鮮半島全土がソ連占領下におかれることをおそれたアメリカは、急遽上陸し、九月八日までに**北緯三八度線**以南を占拠した。

一二月、連合国は朝鮮を五年以内の信託統治とすることを決定した。即時独立を願う朝鮮人は失望し、独立運動が起こった。しかし米ソはその要求を認めず、それぞれの思惑にしたがって南北の国家構想が進められた。

一九四八年、ソ連は抗日ゲリラを指導した**金日成**《キムイルソン》をたてて**朝鮮民主主義人民共和国**（北朝鮮）を独立させ、アメリカは親米的な独立運動家**李承晩**《イスンマン》を大統領として**大韓民国**（韓国）の独立を認めた。朝鮮の南北分断の歴史がはじまったのである。

一方、日本に居住していた二〇〇万人以上にのぼる朝鮮人は、大日本帝国の崩壊によって帝国臣民としての地位を失い、「帰国」をうながされた。

戦時下に日本に強勢動員された朝鮮人にとっては「解放」でありよろこびの帰国だったが、長年日本に定住していた六〇万人の朝鮮人は、なじみのない朝鮮半島ではなく、生活基盤のある日本に住み続けることをえらんだ。

彼ら**在日朝鮮人**は、一九四五年一二月の選挙法改正によって選挙権を失い、一九四七年五月の**日本国憲法**施行にともなって「外国人」となり、さらに一九五二年のサンフランシスコ平和条約発効によって一律に日本国籍を失った。彼らは段階的にそれまで持っていた権利を奪われ、差別にさらされながらマイノリティとして生きなければならなくなったのである。

中国からの復員と国共内戦

終戦時、中国には南方を上まわる約一〇〇万人の日本兵がいた。この圧倒的な大軍は終戦をむかえると、執拗な侵略戦争が何でもなかったかのように、中国側の武装解除命令にしたがって粛々と中国から撤兵した。

しかし、中国大陸では一九四五年以降も戦争がつづいた。大戦末期、中国国民党と共産党とのあいだでは共闘関係がくずれていた。毛沢東ひきいる共産党は、ゲリラ戦によって日本軍との正面衝突をさけながら、農村部を「解放」し、みずからの勢力をひろげていった。

特に共産党が勢力を確立させたのは中国東北部である。ソ連の満洲侵攻後、中国共産党もまた満洲に入った。このときはまだソ連は、蔣介石の国民政府を中国の代表とする立場だったが、次第に中国共産党との協力関係がつくられていく。

蔣介石は、中国共産党の勢力拡大に焦燥感を強めた。アメリカによる調停もむなしく、四六年から本格的な**国共内戦**が勃発した。このとき、まだ山西省に残存していた旧日本軍兵士が、国民政府の軍閥から軍事協力を求められ、共産党との戦闘にかり出されるという場面もあった。

中国国民党は、日中戦争の長期化とインフレーション、さらに政権内部の腐敗によって国民の信望を失っており、そこに共産党のつけいるスキがあった。共産党は国民党へのネガティブキャンペーンをはり、ソ連からの軍事援助をバックに内戦に勝利しつづけた。

蔣介石は撤退戦を余儀なくされ、ついに台湾海峡まで追いつめられた。国民党軍は台湾に全面撤退し、ここに国民政府をかまえることになった。

台湾の「解放」と二・二八事件

その台湾は朝鮮と同じく「八月一五日」に、日本の植民地支配から「解放」された。台湾は中華民国の領土に復帰した。四七万人もの日本人が引き揚げた。当初はこれを歓迎する民族主義者もいたが、すぐに失望に変わった。

日本人といれかわりに台湾に乗りこんできた中国国民政府は、台湾人を「対日協力者」とみなして差別的なあつかいをし、例えば参政権を認めなかった。中国大陸からインフレが押しよせ、台湾人はたちまち困窮した。

これまで公用語・教育言語とされた日本語が禁じられ、本来の言語である中国南方の言語に戻るかと思いきや、国民政府は北京語をもとにした「国語」の使用を命じた。台湾人のあいだに国民政府に対する不満がひろがっていった。

そんななか、一九四七年二月、台湾の官憲とタバコ売りの女性とのあいだでトラブルが起こった。女性の味方をしようと群衆が集まったところで官憲が群衆に向けて発砲し、死者が出た。この事件をきっかけに大規模な抗議運動が起こり、台湾全土にひろがっていった（二・二八事件）。国民政府の支配に対する台湾民衆の不満が爆発したのである。

政府側は戒厳令をしき、大陸からの増援部隊が到着すると、反抗する民衆に対する大虐殺が起こった。その犠牲者は二万人ともいわれる。国民政府の台湾統治は、その出発地点で大きくつまずくことになった。

そして一九四九年一〇月、このような不穏な情勢の台湾に、共産党にやぶれ中国本土を追われた蒋介石ら

図5－11　二・二八事件　抗議する台北の民衆

国民党の政府関係者と軍隊が入ってきたのである。

蔣介石は戒厳令を解除せず、民衆の不満を武力でおさえこんだまま、台湾国民政府を発足させた。台湾においては以前からの台湾人は**本省人**、一九四五年以降に大陸から移住してきた中国人は**外省人**と呼ばれ、本省人が差別される政治がつづくことになった。

フランス、イタリア、日本の女性参政権

このようにナチ・ドイツと大日本帝国という広域帝国が崩壊したことによって、これらとかかわる人々の運命は激変した。一九四五年以降の数年間で二〇〇〇万人もの人々が敗北した「祖国」に向かって移動したが、待っていたのはがれきの山からの復興の日々だった。

一方で、戦争が終わることによって世界が確実に変わった側面もあった。それは女性の解放である。一九四四年、ナチの支配から解放されたフランスでは、新しい共和国をつくるための選挙においてついに**女性参政権**が付与された。イタリアでも終戦後にようやく女性に参政権が与えられた。

日本でも一九四五年一二月の選挙法改正で、はじめて女性が参政権を獲得した。翌年四月の衆議院選挙では三九人の女性候補が初めて当選し、超党派の婦人議員クラブを結成して男女平等のために活躍していく。

この日本の女性参政権は、ＧＨＱの政策として実現したものだったが、日本国憲法にも両性の本質的平等

や家庭の民主化がもりこまれた。こうした占領下での女性の権利実現に寄与したのが、ベアテ・シロタであった。

ベアテは少女時代に日本で過ごしており、日本の実情を知っているということでGHQの職員となった。憲法草案の作成にかかわることになった彼女は、「日本の女性が幸せになるために何が一番必要か」を考え、女性の権利を憲法にもりこむことに尽力したのである。

5　大戦後もつづく戦争

ギリシア内戦と冷戦のはじまり

ナチ・ドイツの崩壊後の混乱は非常に大きいもので、多くの人々が苦境に追いやられていたが、戦争が完全に終わったわけでもなかった。ナチからの「解放」後、ギリシアではイギリスが支援する政府軍とパルチザン勢力を中心とする社会主義勢力との間に内戦が勃発していた（ギリシア内戦）。

イギリスは疲弊しており、内戦は社会主義勢力が優勢となっていった。この状況に危機感をもったのがイギリスの前首相チャーチルで、彼は一九四六年にアメリカ・ミズーリ州のフルトンで有名な「鉄のカーテン」演説をした。

これを受けてアメリカのトルーマン大統領は一九四七年にトルーマン・ドクトリンを発表し、共産主義に対抗するためにギリシアとトルコに対する経済的・軍事的支援を大規模に行うことを宣言した。ソ連はこのころ、ボスフォラス・ダーダネルス海峡をめぐってトルコに圧力をかけていたのである。

アメリカによる支援の結果、ギリシアでは政府軍が勝利し、トルコではソ連の影響力が拒絶され、親米的な体制になった。ソ連の勢力が地中海や中東に進出する余地が狭められた。

アメリカはさらに、ヨーロッパ諸国への大規模な経済復興支援計画である**マーシャル・プラン**を発表し、西ヨーロッパを経済的勢力下においた。アメリカによる共産主義「**封じ込め政策**」のはじまりである。ソ連はこれに対抗し、東欧の共産主義圏との連携を密にするため、コミンフォルムを設立した。

一九四九年にはドイツの東西分裂が確定的になり、アメリカ・イギリス・フランス占領地域から**ドイツ連邦共和国**（**西ドイツ**）、ソ連占領地域から**ドイツ民主共和国**（**東ドイツ**）が成立した。西ドイツのアデナウアー首相は西欧の自由世界に属することを宣言し、東ドイツはソ連に忠実な衛星国となった。

アメリカを中心とする西側諸国とソ連を中心とする東側諸国によってヨーロッパは二分され、両者が軍事的衝突を起こさずににらみあう、**冷戦の構図**が成立した。一九四九年にアメリカと西ヨーロッパ諸国との軍事同盟である**北大西洋条約機構**（NATO）が設立されたことで、米ソの軍事的対立は確定的になった。

インドネシア独立戦争

大日本帝国の崩壊は、「大東亜共栄圏」のスローガンにより民族独立を触発された東南アジアにおいても、激変をもたらすものだった。日本軍がいなくなって旧宗主国がふたたびやってきたが、もはやその地が植民地でありつづけることはなかった。

日本の敗戦直後、一九四五年八月一七日に、インドネシア国民党の**スカルノ**は、インドネシア独立宣言を発した。しかし宗主国のオランダはこれを認めず、独立宣言を無視して軍隊を派遣した。

かくして**インドネシア独立戦争**が勃発した。スカルノひきいる独立軍は、旧日本軍が残していった武器を流用し、オランダ軍と戦った。その過程では、終戦後もすぐには引き揚げることができなかった日本軍兵士が、多数独立軍に加わるという一面もあった。
戦闘は四年間つづき、ついに一九四九年にインドネシア共和国の独立が承認され、スカルノが大統領となった。

インドシナ戦争の勃発

インドネシアと同じように旧宗主国との独立戦争へと突入したのが、フランス領インドシナである。日本が敗戦をむかえると、**ホー・チ・ミン**ひきいるベトナム独立同盟は一斉蜂起し、ベトナム全土を勢力下におさめた。

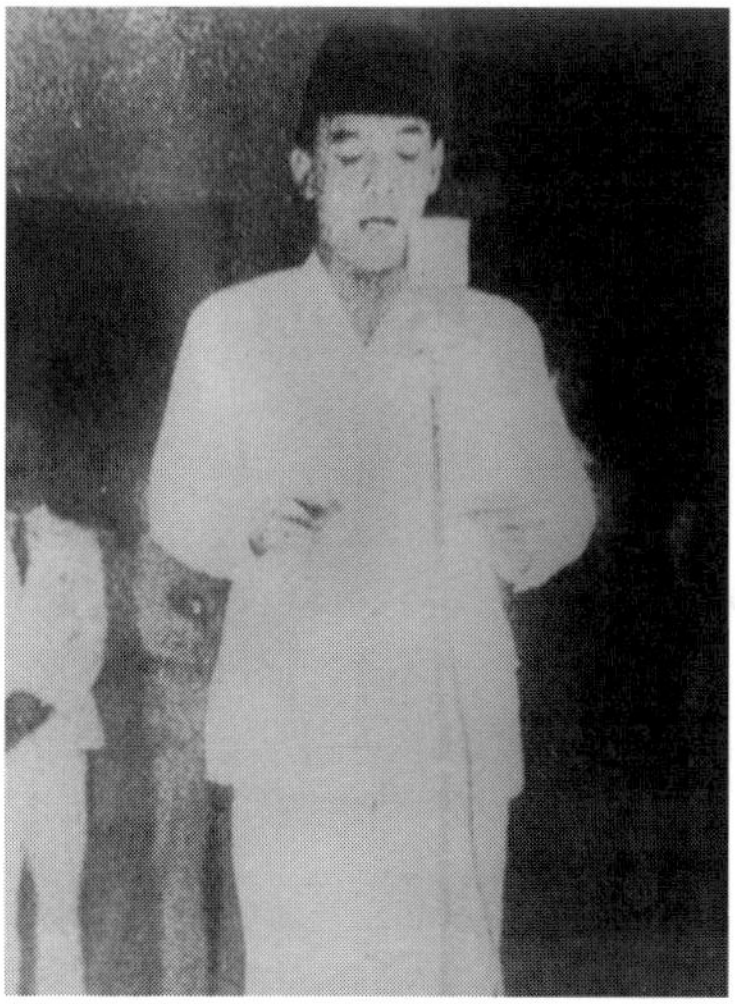

図5-12　インドネシア独立を宣言するスカルノ

一九四五年九月二日、ホー・チ・ミンは**ベトナム民主共和国**の独立を宣言した。しかし宗主国のフランスはこれを認めない。植民地インドシナを構成するラオスとカンボジアも、それぞれ「大東亜共栄圏」下で終戦間際に独立していたが、フランスはこれらも無効にした。

フランスはドイツ軍の占領から回復したばかりであり、国力は疲弊していた。このため植民地を自国再建のために利用したいと考えていた。そこでフランスは、一九四六年の第四共和国憲法で、フランスの海外領土や植民地を「**フランス連合**」の一員とし、一体感を演出しようとした。

しかし、民族独立への機運を高めていた植民地側は反発した。ホー・チ・ミンはフランス連合に対抗して「フランス人民への公開書簡」を発表し、植民地支配を打破するための植民地の国際的連帯を呼びかけた。

フランスはインドシナ諸国の独立を阻止するべく大軍を派遣した。こうして**インドシナ戦争**が勃発した。ベトナム軍は、日本軍との戦いでつちかったゲリラ戦術を駆使して、フランス軍を追いつめていった。

苦戦を強いられたフランス軍は、植民地に限定的な独立を認めてとりこむ策に打って出た。一九四九年、フランスはベトナムの旧王族であるバオ・ダイを元首とする**ベトナム国**を、フランス連合の一員として独立させ、ベトナム民主共和国に対抗させた。さらにラオスとカンボジアも、フランス連合の一員として独立を認め、ベトナム国の正統性を高めようとした。

図5－13　インドシナ戦争時のホー・チ・ミン（1950年）

しかしこれらは、あくまでフランスの管理下での形式的な独立であり、民族主義者たちの求める完全独立にはほど遠かった。インドシナ諸国の人民は独立戦争を継続した。
そんななかの一九四九年一〇月一日、国共内戦に勝利した中国共産党が**中華人民共和国**の成立を宣言した。ソ連につぐ社会主義の大国の出現である。共産主義者ホー・チ・ミンはソ連と中国の支援を受けやすくなり、ベトナム北部の支配権をかためた。一方バオ・ダイのベトナム国の領域はフランス利権の多い南部にかぎられた。

こうしてインドシナ戦争のさなか、ベトナムは次第に南北へと分断していった。そしてこのことは、インドシナ戦争が、社会主義の浸透とそれを防ぐための戦争になることも意味した。民族独立戦争に冷戦の構図が加わったのである。

マレー半島とフィリピン

イギリス領であったマレー半島は、華人社会が日本軍によって弾圧されたことで、華人社会に共産主義が浸透していった。日本軍の撤退後、宗主国イギリスは共産主義的な華人を冷遇し、マレー人を中心にすえた**イギリス領マラヤ連邦**を成立させた。

華人を中心とするマラヤ共産党は、イギリスによる抑圧に反対して武力闘争を開始した。イギリスはこの動きを徹底的に弾圧し、植民地支配を維持していく。

フィリピンの抗日人民軍もまた共産主義の影響を受け、土地改革などを主張していた。宗主国アメリカは、従来からの約束通り、一九四六年にフィリピンを独立させたが、親共的な抗日人民軍についてはこれも徹底的に弾圧し、フィリピンを共産主義封じ込めの一角にしようと画策していった。

東南アジアでは、アジア太平洋戦争が終わっても戦争は終わらず、独立戦争の新しいステージがはじまった。しかしイギリス、フランス、オランダの列強は独立を認めず、武力闘争、独立戦争に発展した。さらに、中国大陸の情勢が東南アジアでの共産主義勢力の拡大をうながし、冷戦の構図をおびることにもなった。

しかし冷戦の構図はあくまで列強や中国・ソ連にとって重要だったのにすぎず、東南アジアの諸民族自身にとっては民族独立運動こそが主軸でありつづけたことを忘れてはならない。以後でも、本書では冷戦の構図にはこだわらず、それぞれの民族の立場から脱植民地化のための闘争をみていきたい。

6　宗教対立と難民——パレスチナとインド

国際連合と世界人権宣言

枢軸国の敗戦により、連合国による世界秩序の再建が進められていった。一九四五年四月から開催されたサンフランシスコ会議で国際連合憲章が採択され、日本が降伏したあとの一〇月に、五一カ国を原加盟国とする**国際連合**が発足した。

国際連合は、世界の平和と民主主義、そして世界中の人々の人権を守ることなどを目的とした国際組織である。ただし、国際連合は英語でいえばUnited Nations、つまり「連合国」であり、本部はニューヨークにある。つまり、国際連合はアメリカを中心とする第二次世界大戦の戦勝国による国際組織であった。

このため国際連合は大国の国益に左右されやすい存在になった。しかし、国際連合が守るべき課題のひとつ、人権について、一九四八年の国連総会で**世界人権宣言**が採択されたことは、大きな進歩であった。この宣言が基準となって、その後のジェノサイド条約や国際人権規約などがつくられていくのである。

世界人権宣言は、人類の幸福を追求してきたはずの文明の歴史が、第二次世界大戦において最悪の人権侵害、人命軽視へと帰結してしまったこと、とりわけナチ・ドイツが実行したホロコーストの衝撃を反映したものだった。

その後も人権侵害やジェノサイドは世界で発生するが、国際社会はそうした行為を許されざるものとして断罪する基準を得たのである。

図5-14　ニュルンベルク軍事裁判
（出典）Bundesarchiv.

「勝者の裁き」——二つの国際軍事裁判

さらに、連合国はあらたな世界をつくりなおすに当たって、敗戦国の「戦争犯罪人」を裁くための軍事裁判を行った。そのさい、被告人に対する罪刑として三つの罪が設定された。**平和に対する罪**（A）、戦争犯罪（B）、**人道に対する罪**（C）である。A級戦犯などといった言葉は、戦争犯罪人のランクをしめすものではなく、あくまで罪の種類をさす。

Bの戦争犯罪は、捕虜の虐待など従来から存在する戦時国際法違反であるが、AとCは新たに新設されたものである。平和に対する罪とは、戦争をひき起こした罪であり、おもに政府や軍部の責任者が追及される。人道に対する罪とは、おもにホロコーストを想定したジェノサイドの責任を追及するものである。

ドイツにおける**ニュルンベルク国際軍事裁判**は、一九四六年一〇月に判決がくだされ、ゲーリング元航空相やリッベントロップ元外相など、ナチの指導者一二名が「平和に対する罪」に問われ、死刑判決がくだされた。B級・C級についてもそれぞれ多くの戦犯が裁かれた。

日本における**極東軍事裁判**（東京裁判）では、指導者二八名が起訴され、一九四八年一一月に東条英機ら七名が「平和に対する罪」で死刑となった。BC級戦犯についても四七五人が終身刑の判決を受けた。

これらの裁判には、戦勝国の戦争犯罪は不問に付されるなど、「勝者の裁き」としての側面が当時から指摘されていた。しかし、ともかくアジアでは大日本帝国の軍国主義が、ヨーロッパではナチスが、否定されるべき過去として断罪され、そこから再出発することになったのである。

ペロンのポピュリズム

こうしてヨーロッパ諸国は、ヒトラーやムッソリーニの「ファシズム」がなしたあらゆる行為を断罪するところから再出発した。しかしラテンアメリカでは、イタリア・ファシズムの影響を受けた政権が大衆の歓呼を受けて発足していた。

それはアルゼンチンの**ペロン**政権である。軍人であったペロンはムッソリーニに傾倒し、一九四三年にクーデタに参加して実権を掌握し、ファシズムにならって賃上げ、年金、労働法整備などの労働者保護政策をうち出していた。

このときのクーデタ政権は短期間で終わり、ペロンも失脚したが、ペロンを支持する労働者のデモがもりあがって政界に復帰し、一九四六年に大統領に就任した。ペロンの政治理念は、資本主義や共産主義ではない「第三の道」によって社会正義を実現することにあった。

大統領として実権をにぎったペロンは、ふたたび労働者政策を強化して支持層をかためた。大統領夫人エヴァ（エヴィータ）もまた、反貧困や福祉政策を主導し、絶大な人気をあつめた。このように大衆的に受けのよい政策によって強大な個人的権力を維持する体制を**ポピュリズム**という。

　ポピュリズム政権は現在にいたるまでさまざまな形で登場しているが、その先駆者ともいうべきペロンが、ファシズムをモデルにしていたことは留意されなければならない。大衆の支持にもとづく独裁というファシズムの特性は、ポピュリズムにひきつがれていく。

図５－15　エヴァとペロン（右）

パレスチナ戦争とパレスチナ難民

　戦後、ナチのユダヤ人虐殺に衝撃を受けた欧米諸国は、ユダヤ人に対して大きな負い目を持つことになった。その結果、彼らはパレスチナにおいてユダヤ人を優遇するようになり、パレスチナ問題の新しいステージがはじまってしまう。

　一九四七年一一月の国連総会は、翌年のパレスチナ委任統治の終了とともに、パレスチナをユダヤ人国家とアラブ人国家に分割する案を決議した。問題は、人口の多数をしめるアラブ人に不利な領土分割であったことである。明らかに、少数派のユダヤ人が優遇されていた。

　当然、アラブ人は反発した。彼らは国連の分割決議を拒否した。しかし、一九四八年五月にパレスチナ委任統治が終了すると、ユダヤ人国家**イスラエル**の建国が宣言された。古代以来国家を持たなかったユダヤ人の悲願が達成されたが、同時にアラブ人の憎悪

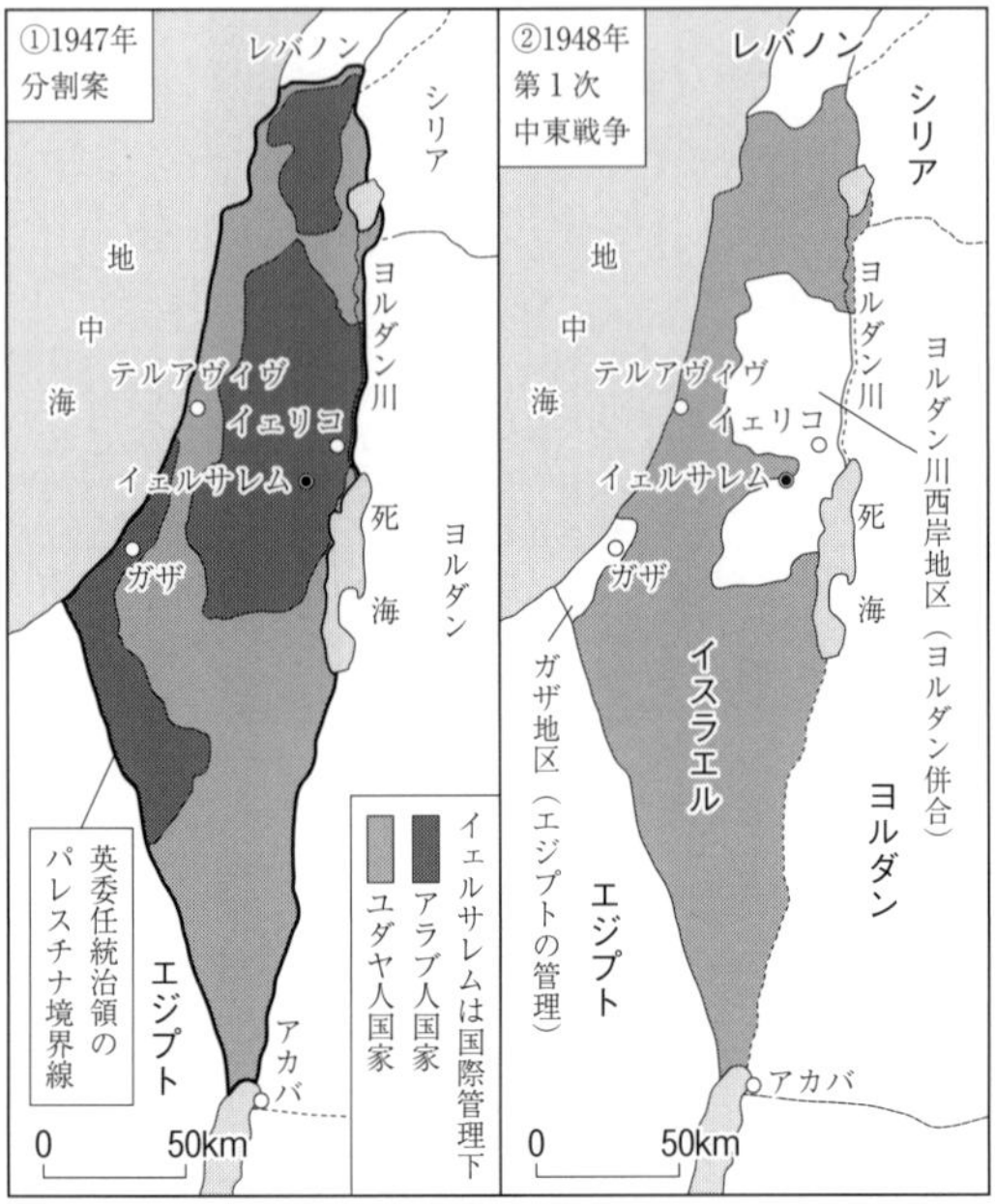

図５－16　パレスチナ分割案と第１次中東戦争後のパレスチナ

も燃えあがった。

かくしてエジプトなどのアラブ諸国はイスラエルに宣戦布告し、**パレスチナ戦争**（**第一次中東戦争**）が勃発した。アラブ諸国はやぶれ、国連分割決議案よりもさらに多い、パレスチナの約八〇％がイスラエルの支配下にはいることになった。

その結果、一〇〇万人を越えるアラブ人が故郷を追われ、難民化した（**パレスチナ難民**）。隣国のヨルダンやエジプトに移住するものもあったが、大多数は難民キャンプでの過酷な生活を余儀なくされた。しかしこのとき、欧米諸国はイスラエルを支持し、領土の大半を失ったアラブ人に対してきわめて冷淡だった。

イスラエルはナチ・ドイツによるユダヤ人虐殺の苦難を乗りこえ、ヨーロッパから追放されて建国されたという、強力な建国神話をつくりあげていた。ナチ支配を否定することで再出発したヨーロッパ諸国は、この建国神話を積極的に肯定するほかなかった。

この文脈の中で、アラブ人に対する暴虐も黙認された。シリア、レバノン、ヨルダンといった英仏の委任統治領だった諸国はすでに独立を達成していたが、中東にあらたな宗教・民族紛争が発生した。すなわちユダヤ教徒とムスリムとの憎悪の連鎖であった。

インドとパキスタンの分離独立

植民地支配の否定と民族独立はもはや全世界的な潮流であったが、オランダやフランスがこの流れに抵抗して軍事力で押さえつけようとしたのに対して、イギリスは戦争をするよりも独立を認めることを選択していった。

イギリス帝国の支柱ともいうべきインドもまた、ついに独立が承認された。インドは歓喜につつまれた。しかし、それは新たなる試練のはじまりでもあった。

インド国民会議派のガンディーやネルーは、全インドが分裂することなく独立することを主張していた。しかし**ジンナー**ひきいる全インド・ムスリム連盟は、ヒンドゥー教徒が中心に収まるインドに徹底的に反対し、インドにムスリム国家を分離独立させることを主張した。

一九四七年、イギリスは**インド独立法**をさだめたが、その内容はジンナーの主張にそうものであった。ムスリムの多い北方のパンジャーブ地方と東方のベンガル地方が分割され、ムスリム国家**パキスタン**として独立し、残りのインドはヒンドゥー教徒中心の国になった。

まもなく国境紛争が発生した。インド北部で中国とも境を接する**カシミール地方**は、イギリス統治時代に藩王がヒンドゥー教徒で住民の約六〇%はムスリムだった。藩王はインド加入を決定したが、パキスタンはこれに反発し、第一次インド・パキスタン戦争が勃発した。一九四九年に停戦ラインがひかれたが、現在に至るまでこの問題は解決していない。

インド宗教対立の激化と難民

しかし国境紛争以上に問題だったのが住民移動である。分離独立によって、インドに住むムスリムと、パキスタンに住むヒンドゥー教徒およびシク教徒との住民交換が実施された。これはトルコ革命後のギリシアとの宗教的住民交換を彷彿とさせる。しかしその人口規模はトルコの比ではなかった。

この住民交換はインド全域で大混乱をもたらし、住民レベルでの宗教対立が激化した。住民交換といっても、行先で土地や財産が保証されているわけではない。故郷を追われた一五〇〇万人もの人々が難民となった。

こうした混乱によって、全インドの地域レベルで宗教的な衝突が発生した。パキスタンではヒンドゥー教徒が、インドではムスリムが迫害され、双方あわせて数十万人が犠牲となった。

このような地獄絵図を独立運動の最初からおそれ、忌避していたのがガンディーである。ガンディーはパキスタンとの分離独立にも反対したし、ヒンドゥー教徒とムスリムとが憎みあうことなく共存するインドを目指していた。しかし、彼の願いは宗教的憎悪につつまれたインド国民には受けいれられなかった。

一九四八年一月三〇日、ガンディーは反イスラームをとなえる急進的なヒンドゥー教徒によって暗殺された。史上最大の人口移動にともなう混乱のなかで、宗教融和の理想を追い求めつづけた「マハトマ（偉大なる魂）」は死んだ。

混沌につつまれたインドにおいて、民族独立運動の世界的な象徴であったガンディーが死んだことは、二〇世紀が世界大戦による破滅をへてなお、憎悪の連鎖を克服できず、それでも希望を追い求める時代となることを暗示するかのようであった。

第6章　核の恐怖から平和共存へ——一九五〇年代

第五福竜丸（東京都江東区・第五福竜丸記念館）
ビキニ水爆実験により「死の灰」を浴びた第五福竜丸は，その後練習船として活用されていたが，1967年に廃船となり，夢の島に打ちすてられていた。しかし核兵器の恐怖を象徴するこの船を，平和を祈念するために展示しようとする運動が市民のあいだで起こり，現在でも実物を見学できる（撮影：筆者）。

中央・南・東南アジア	東アジア	南北アメリカ・国際
	中ソ友好同盟相互援助条約締結 中国，チベット征服 朝鮮戦争勃発 警察予備隊設立 中国人民解放軍が朝鮮出動	マッカーシー上院議員演説 国連軍を朝鮮派遣 朝鮮戦争での原爆使用を検討
米比相互防衛条約	サンフランシスコ平和条約 日米安保条約	太平洋安全保障条約（ANZUS）設立 グアテマラ左翼政権
	日本独立，沖縄に琉球政府設置	キューバ，バティスタ政権 米，水爆開発成功
	板門店で朝鮮戦争休戦協定 米韓相互防衛条約	カストロ，反バティスタ闘争開始
ジュネーヴ会議開催 コロンボ会議 ディエンビエンフー要塞陥落 ネルー・周恩来会談 ジュネーヴ休戦協定 カンボジア・ラオス独立承認 東南アジア諸国連合（SEATO）設立	米華（台湾）相互防衛条約 第五福竜丸被曝 映画「ゴジラ」	米，ブラウン判決 グアテマラ軍事クーデタ，左翼政権打倒 ビキニ環礁水爆実験 米，ジュネーヴ協定調印拒否
会議で平和十原則 南ベトナムにベトナム共和国建国。北緯17度線で南北分裂	広島で第1回原水爆禁止世界大会 日本で原子力基本法	キング牧師，バス・ボイコット運動 →公民権運動開始
	日ソ共同宣言 沖縄で反基地島ぐるみ闘争開始 日本，国連加盟	
		核戦争に反対するパグウォッシュ会議
	大躍進政策開始	米，大陸間弾道弾（ICBM）開発
	中国で大飢饉 チベット動乱，ダライ・ラマ14世亡命	キューバ革命。カストロ，バティスタ政権を打倒

なぜ人々は、「核戦争の恐怖」を実感したのだろうか？

なぜ一九五〇年代に、アジア・アフリカ諸国が平和原則を提唱したのだろうか？

西暦	ヨーロッパ・ロシア	アフリカ・中東
1950年	シューマン・プラン 核兵器反対のストックホルム・アピール	
1951年		
1952年	ヨーロッパ石炭鉄鋼共同体（ECSC） イギリス核実験成功	エジプト革命。自由将校団のクーデタ
1953年	スターリン死去 ソ連，水爆開発成功	
1954年	西ドイツ，主権回復しNATO加盟	アルジェリア独立戦争勃発
1955年	ワルシャワ条約機構 ラッセル・アインシュタイン宣言 米英仏ソ，ジュネーヴ四巨頭会談	アジア・アフリカ バグダード条約機構（METO）設立
1956年	フルシチョフによるスターリン批判 ポズナニ暴動 ハンガリー事件	モロッコ，チュニジア独立 ナセル，スエズ運河国有化宣言 →第2次中東戦争（スエズ戦争）
1957年	ソ連，人工衛星スプートニク号打ち上げ	ガーナ独立
1958年	ヨーロッパ経済共同体（EEC）・原子力共同体（EURATOM）	イラク革命 ギニア独立 アルジェリアで仏人入植者が武装蜂起
1959年	フランス第五共和政発足，ド・ゴール大統領就任	

1 朝鮮戦争と東アジアの危機

中国、ソ連、イギリスとマイノリティ

一九四九年一〇月に成立した中華人民共和国（以下中国）は、大国とはいえ、長きにわたる抗日戦争と内戦をようやく終わらせたばかりの、生まれたての社会主義国家である。社会主義国家の先輩ソ連と結びつくのは必然であった。

こうして、一九五〇年に中ソ友好同盟相互援助条約が結ばれ、以後中国は「向ソ一辺倒」といわれるほど、ソ連からの支援に依存して国家建設を行うことになった。ソ連をモデルとした第一次五カ年計画も開始された。

そしてこの条約により、中国とソ連とのあいだに存在していたわだかまりが、双方の譲歩によって解消された。戦時中、内モンゴルや新疆（清が併合したトルコ系ムスリムが多く住む中央アジアの中国領）は中国からの独立を画策していたが、中国はソ連との合意のもとに独立運動を解散させた。

国共内戦末期、中国共産党の軍隊は、国民党の勢力を南へと駆逐していく中で、ついに広東まで達したが、香港についてはイギリスの植民地のままにとどめることにした。イギリスとの協調関係をつくろうとしたのである。

この妥協によりイギリスは、一九五〇年にいち早く中国を承認した。香港には、社会主義国となった中国から上海の実業家などが移り住み、アジアにおける一大経済センターとして繁栄することになった。

このころ中国軍はさらにチベットへと侵攻した。チベットはイギリスの後ろ盾によって中国からなかば自

立した立場を得ていたが、香港をめぐるイギリスと中国の妥協によってチベットは後ろ盾を失い、中国に軍事的に征服されてしまった。

このように、内モンゴル、新疆、チベットは列強との外交的取引をへて中国に併合され、民族自決の権利を奪われ、中国内のマイノリティという立場におかれたのである。

朝鮮戦争とマッカーシズム

中国とソ連との蜜月は、冷戦の構図という文脈からみれば、ユーラシア大陸の大部分の社会主義化であった。そして**朝鮮戦争**もまたそうした流れの中に位置づけられる。

一九五〇年六月、北朝鮮は朝鮮半島統一を目指して軍をおこした。北朝鮮軍は破竹の勢いで南進し、九月には半島南端にせまった。国連安保理事会ではソ連が欠席するなか、北朝鮮の侵略行為だと断定され、国連軍の派遣が決定された。

国連軍の内実はほとんどアメリカ軍であり、占領下にあった日本、沖縄を基地として大軍が仁川《インチョン》に上陸した。アメリカ軍の出撃で占領軍が手薄となった日本では、治

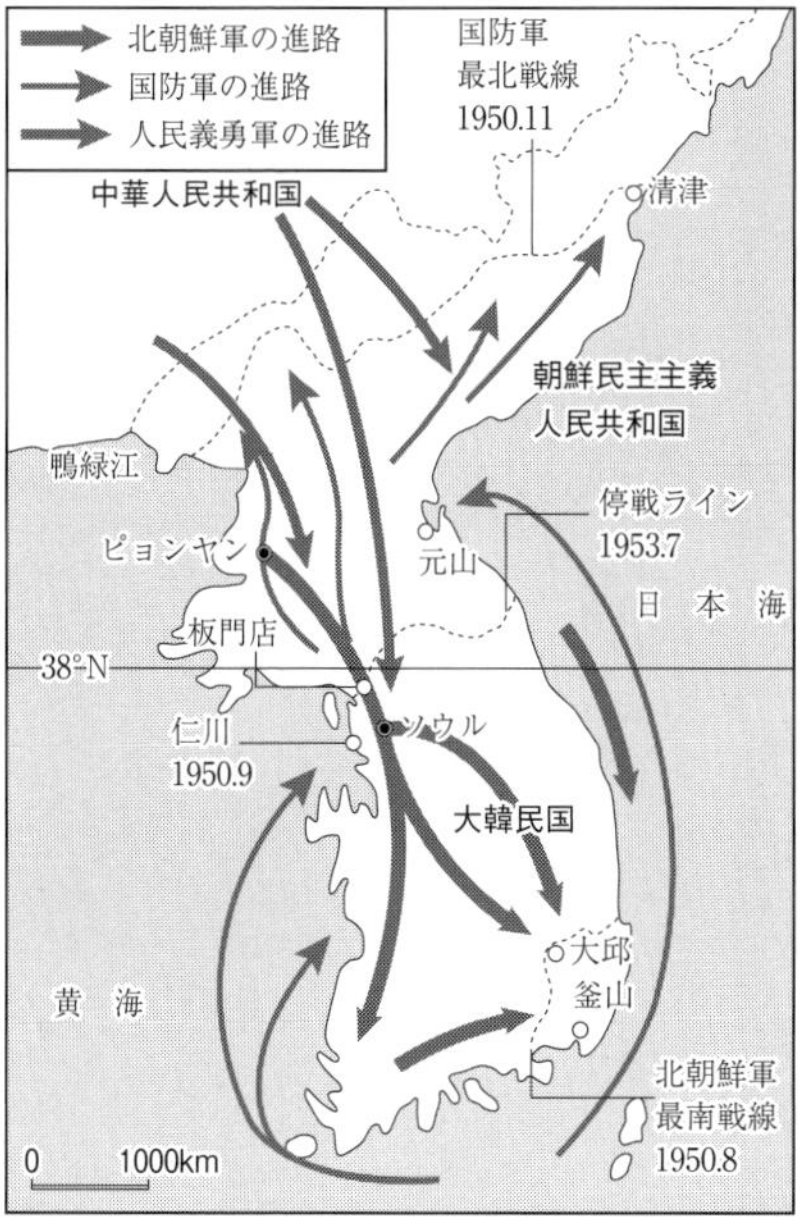

図6-1　朝鮮戦争

安維持のためにＧＨＱの指令によって再軍備が進められ、**警察予備隊**（のちの自衛隊）がつくられた。日本国憲法で戦力不保持を誓ってから、わずか三年での再武装であった。

国連軍は北朝鮮軍を駆逐しつつ北上し、ついに中国との国境線である鴨緑江にせまった。これに対し中国がソ連と連携して北朝鮮を支持し、大軍を派遣した。国連軍は一時総くずれとなり、アメリカ社会を動揺させた。

ユーラシアをおおう「共産主義の脅威」がアメリカにとって現実のものとなっている――こうしたイデオロギー的な恐怖心にとらわれ、アメリカ国内では共産主義者を社会的に排除する「赤狩り」がはじまった。そののろしを上げたのは、マッカーシー上院議員だった。彼は朝鮮戦争の危機的状況に触発され、共産主義との戦いを名目として、共産主義者やその同調者を公職から追放する運動を鼓吹した。これを**マッカーシズム**という。

公務員は政府に忠誠をつくしているかどうか審査され、わずかでも共産主義団体にかかわっているとみなされた公務員や教員が、多数解雇された。その運動はまたたくまに狂信的なものになり、政府に批判的な知識人や文化人にも「共産主義者」というレッテルがはられ、攻撃された。

こうしてアメリカでは言論が弾圧され、思想の統制、世論の翼賛化が進んだ。「自由の国」アメリカから自由な言動は失われた。ナチや戦時中の日本、スターリニズムなどと同様の全体主義が、民主主義の国アメリカでも再現されたのである。アメリカの民主主義は深く傷つき、社会は相互不信の闇におちていった。

東アジア同盟網の構築

一方、朝鮮半島で戦うアメリカ軍の総司令官**マッカーサー**は、中国軍の思わぬ攻勢によって追いつめられ

図6-2　サンフランシスコ講和条約に調印する吉田茂首相

ていた。総くずれとなったアメリカ軍は、一九五一年二月にようやく持ち直した。マッカーサーはアジア太平洋戦争に勝利し、日本占領を成功裏に進め、歴史に名をのこす名声を得て大統領選に勝利する予定だった。中国軍の朝鮮戦争参戦は、アメリカ軍総司令部に東アジア戦略の大きな見直しをせまった。それまで、アメリカは台湾の蒋介石政権をなかば見かぎっており、いざというときには台湾を切りすてることも考えていた。

しかし、はっきりと敵国になった中国が台湾を手にいれれば、アメリカ軍の拠点である沖縄やフィリピンを攻撃することも考えられる。アメリカの太平洋安全保障の一角がくずされる。マッカーサーはそれをおそれ、台湾海峡をアメリカにとっての軍事境界線に設定した。これにより、中国と台湾の分断が決定的となった。

日本は朝鮮戦争におけるアメリカの軍事拠点の中核となっていた。アメリカは極東安全保障の要として、日本を同盟国として定着させるべく、対日講和をいそいだ。その結果、日本は一九五一年に**サンフランシスコ平和条約**を締結し、ソ連や中国などの社会主義国や一部のアジア諸国をのぞく四八カ国と講和し、翌年独立した。

このとき沖縄や小笠原諸島は日本に帰属されず、依然としてアメリカの占領下におかれた。これはもちろん沖縄を朝鮮戦争の最前線基地として活用するためである。一九五二年にはアメリカ軍政を補助するための琉球政府もつくられている。

同時に日米安保条約も結ばれ、独立後もアメリカ軍が日本各地に駐留して、基地を使用することがさだめられた。日本本土も朝鮮戦争のための前線基地となることが期待された。しかしアメリカ軍の駐留がいつまでも継続することに対しては、市民から大きな反発が起こることになる。

日本とならんでアメリカにとって重要な軍事基地は、フィリピンである。一九五一年にアメリカ・フィリピン（米比）相互防衛条約が結ばれ、フィリピンの米軍事基地化が定まった。さらにこの年にはオーストラリア、ニュージーランドとともに太平洋安全保障条約（ＡＮＺＵＳ）も締結されている。

この早急な同盟網の構築は、これまでヨーロッパを焦点としていた共産主義「封じ込め」が、朝鮮戦争をきっかけにアジアに伝播したことを意味している。では、朝鮮戦争が惹起したアメリカの危機感とはいかなるものであったのか。

東アジア戦争と核戦争の危機

この時期の東アジア（この場合、東南アジアを含む）全体の状況を俯瞰してみよう。朝鮮半島で米中が戦争状態になることによって、アメリカが支援する台湾と中国とのあいだの戦争にも発展しかねなかった。さらにインドシナ戦争では、中国が同じ社会主義勢力である北ベトナムを支援した。

いわば、社会主義中国を結節点として朝鮮戦争とインドシナ戦争を結びつける東アジア戦争の危機が高まっていたのである。日本とフィリピンの軍事基地化、そしてオセアニアとの軍事同盟はこの危機感を反映したものであった。

一九五一年、こうした状況の中で、マッカーサーは中国軍への勝利を確実なものとするために、中国東北部への原爆の投下を構想し、何度もトルーマン大統領にねがい出た。しかし原爆の使用をトルーマンは認めなかった。

すでにソ連は原爆を開発しており、アメリカは唯一の核保有国ではなかった。ソ連と中国との全面戦争になる可能性があると考えれば、朝鮮戦争に原爆を使用することのリスクははかりしれない。もし原爆を使用すれば、東アジアでの核戦争がひき起こされる。

台湾海峡の軍事境界線化も、中国をいたずらに刺激するものであり、大統領は問題視した。かくしてトルーマンは、政府の意向を逸脱する行動をとるマッカーサーを、すべての役職から罷免した。

朝鮮の休戦と民族分断

朝鮮戦争はこのころから**北緯三八度**付近で戦局が膠着し、一九五三年七月に休戦協定が結ばれた。朝鮮戦争は、北朝鮮も韓国も戦争を終わらせることなく、ただ「休戦」という緊張状態がつづくことになった。南北の分断状態は確定的となった。

国連軍は撤退したが、翌年、**米韓相互防衛条約**が結ばれて、アメリカ軍は韓国に駐留しつづけた。また、米華相互防衛条約によって台湾でも同じ体制がしかれることになる。東アジア戦争の危機は去っていなかった。

三年間にわたる朝鮮戦争は、同じ民族同士が殺しあう内戦であったというだけでなく、アメリカと中国が直接的に介入することによって、核兵器以外のあらゆる兵器が使用され、朝鮮半島のほぼ全域が戦場となる、第二次世界大戦後最悪の戦争になった。朝鮮戦争の犠牲者は三〇〇～四〇〇万人、そのうち一般住民の犠牲者は二〇〇万人をこえるといわれる。

さらに南北の分断は家族の分断を生んだ。激しい戦争のさなかに生きのこるために、人々は南北に避難したり、難民化したりした。しかし北緯三八度の軍事境界線がひかれることによって、およそ一〇〇〇万人ともいわれる膨大な離散家族が生まれた。これは朝鮮半島人口の三人に一人をこえる。

日本敗戦後の混乱から朝鮮戦争への大きな歴史的なうねりの中で、数多くの朝鮮人が民族分断の悲劇にまきこまれたのである。その分断の悲しみは、休戦後六〇年以上たった今でも癒されることがない。

2 「アメリカ化」と「脱アメリカ化」

世界のアメリカ化

朝鮮戦争が終わっても、共産主義のユーラシアに対する「封じ込め」として形成されたアメリカの安全保障同盟網は解かれることがなかった。東アジアと西ヨーロッパは、アメリカの圧倒的な経済力と軍事力に依存することになった。

その結果、アメリカのライフスタイルがこれらの地域に深く浸透することになった。映画、ラジオ、新聞、雑誌などのメディアは、さかんにアメリカの「ゆたかさ」を魅力的に伝えた。ありあまる食糧、広い住宅リビング、冷蔵庫や洗濯機といった電化製品や自動車のある市民生活——人々はその生活様式に魅了され、同様の「ゆたかな社会」を目指していった。

こうして、アメリカ的生活様式が世界のスタンダードになっていった。いわばアメリカ文化のグローバル化、世界の**アメリカ化**（**アメリカナイゼーション**）が進行していたのである。このときアメリカは、かつてのヨーロッパ列強のような植民地支配ではなく、その世界的影響力と経済的繁栄によって文化的魅力を世界中に浸透させたのである。

グアテマラ左翼政権からキューバへ

こうしたアメリカの覇権への反発、いわば「脱アメリカ化」ともいうべき動きも、世界にひろがった。それはまずアメリカのおひざ元であるラテンアメリカからはじまった。アメリカはパン・アメリカ会議を主導して、戦後に**米州機構**（OAS）をつくり、ラテンアメリカ諸国への共産主義の浸透をふせごうとするとともに、この地域に対するアメリカの経済的・政治的覇権を確立した。

しかしアメリカの経済支配と政治的影響力の増大は、ラテンアメリカ諸国の反発をまねく。アルゼンチンのペロン政権は、アメリカ系企業によって支配された経済からの脱却をはかり、外資系企業の国有化や民族資本の育成を進めていった。ペロンの反米キャンペーンは国民的な支持をあつめ、アメリカの覇権に不満を持つラテンアメリカ諸国のモデルになった。

一九五一年、中央アメリカの**グアテマラ**で左翼政権が成立した。グアテマラ左翼政権は、アメリカ系フルーツ会社所有地の国有化などの農地改革を断行した。アメリカはこの動きを共産主義化の危険とみなし、攻撃した。

アメリカは**中央情報局**（CIA）や米州機構を通じて陰謀をめぐらし、一九五四年に親米的な軍事政権にクーデタを起こさせ、左翼政権を打倒した。国有化された農地はアメリカ系会社に返還された。

キューバでも、一九五二年に**バティスタ**親米政権が樹立され、アメリカ系企業の支援をバックに独裁政治がしかれた。このとき、キューバを民主化するために武装蜂起したのが、若き革命家**カストロ**であった。

図6－3　カストロとゲバラ（1961年）

カストロは一九五三年に兵営を襲撃して反バティスタ闘争を開始したが、まもなく逮捕された。彼は逮捕後の裁判で、「歴史は私に無罪を宣告する」との自己弁論を行い、革命のカリスマとなった。

その後、カストロはメキシコに亡命したが、そこでグアテマラ左翼政権の崩壊に怒りをあらわにする革命家の青年**ゲバラ**と出会った。カストロとゲバラは、グアテマラの経緯を知って、アメリカによるキューバ支配を終わらせるための武装闘争が必要だと決意をあらたにしたのである。

西ドイツ再軍備とヨーロッパ統合のはじまり

「封じ込め」のアジア以外の現場をみてみよう。冷戦の構図がもっとも典型的にあらわれたヨーロッパは、アメリカにとってソ連と対決する主戦場だった。NATOはそのための最も重要な軍事同盟であった。

そうしたなかで最大の問題だったのが、独立したばかりの**西ドイツの再軍備**である。東西ドイツの分離独立によって、ドイツは「冷戦」の最前線となった。アメリカとしては、西ドイツに早期に自前の軍隊を持たせて東ドイツと対峙させなければならない。全世界に軍事力を展開するコストがかかりすぎているアメリカにとって、これは喫緊の課題だった。

西ドイツのアデナウアー首相は再軍備に前向きだった。しかし真っ向から反対したのは、過去数十年間にわたってドイツ軍の侵略を受けてきたフランスである。ナチ・ドイツの支配からまだ間がないなかでの再軍備は、国民感情として納得いかなかった。

しかしアメリカの意向は無視できない。そこでフランスが考えたのが、西ドイツを含めたヨーロッパ統合を推進することで、西ドイツの軍事力をとりこむことであった。

かくして一九五〇年、フランス外相シューマンは、**ヨーロッパ石炭鉄鋼共同体**（ＥＣＳＣ）の設立を提唱し、一九五二年にフランス、西ドイツ、ベルギー、オランダ、ルクセンブルク、イタリアの六カ国の共同体が成立した。

過去この地域の資源をめぐってドイツとフランスは戦争を繰り返した。資源を国際的に共有することで、争いそのものをなくそうとしたのである。ドイツを西側ブロックに統合し、戦争が起きないようにする平和創出のこころみ、**ヨーロッパ統合**がはじまった。

そしてＥＣＳＣの設立は、西ドイツの再軍備とセットであった。一九五四年、フランスなど諸国は西ドイツの主権回復と再軍備を認め、翌年のパリ協定によってこれらが実現すると同時に、西ドイツはＮＡＴＯに加盟した。ヨーロッパ統合は冷戦の構図のもとでスタートしたのである。

一方で、ＥＣＳＣは、冷戦の構図のもとで押しとおされた西ドイツ再軍備の脅威を、西ヨーロッパ自身の手で無害化する意味あいを持っていた。西ヨーロッパは基本的にアメリカに従順であったが、自立性は失わなかった。

ヨーロッパ統合は脱アメリカ化のプロジェクトでもあった。いずれ、アメリカをしのぐ超国家になるために。

図6-4　ナセル

アラブ民族主義とエジプト革命

中東ではその西ヨーロッパ諸国の覇権から抜け出そうとする動きがつづいていた。特に欧米諸国に支援されたイスラエルが建国され、アラブ諸国を戦争でやぶったのは、依然として欧米列強の支配がつづいている証左とされた。

イスラエル建国を阻止できなかったのは、アラブ民族が分裂していたためである、そしてアラブ民族が結束できないのは、アラブの諸王国が英米の外国資本と結びついて腐敗しているためだと考えられた。欧米勢力の支配から脱するための**アラブ民族主義**が燃え上がった。

アラブ諸国の中核としてパレスチナ戦争でやぶれたエジプトでは、スエズ運河一帯からのイギリスの撤退を求める運動が激化した。一九五二年、自由将校団によるクーデタが起こり、国王を追放してエジプト共和国が成立した（**エジプト革命**）。

一九五四年、自由将校団の指導者の一人で、エジプトの最高指導者になった**ナセル**は、外国勢力を追放して真の独立達成にみちびき、近代化を進めて産業の振興につとめた。彼は近代化に反対するイスラーム組織ムスリム同胞団を非合法化し、弾圧した。これはエジプト革命がムスリムの宗教的連帯ではなく、アラブ民族主義にもとづいていたことをしめしている。

3　核の恐怖、平和の希求

米ソ核開発競争と水爆

朝鮮戦争の経緯から明らかなように、一九五〇年代の世界では、核戦争の恐怖が現実のものとなっていた。戦後しばらくはアメリカが核兵器を独占していたが、一九四九年にソ連が核兵器の開発に成功すると、米ソの**核開発競争**が幕を開けた。さらに、一九五二年にはイギリスも核実験に成功し、第三の核保有国となった。

核兵器の被害を受けたのは日本だけではない。ソ連は原爆開発において中央アジアで核実験を繰り返し、多くの住民が被曝した。

アメリカでは、きたるべき核戦争を想定し、ネバダ砂漠などの実験場で核爆発を起こし、そこに軍隊を配置してどの程度作戦行動が可能かをはかる実験を何度も行った。その結果、多くの兵士たちが大量の放射能をあびて健康異常を発症した。

そうしたなか、一九五二年にアメリカは原爆をはるかに上まわる究極兵器を開発する。**水素爆弾**（水爆）である。水爆は水素の核融合反応を利用した爆弾で、原爆を起爆剤とする。その破壊力は原爆のおよそ一〇〇〇個分にもたっした。

アメリカは核開発競争において優位に立った。しかしそれも一瞬だった。翌年、ソ連も水爆の開発に成功した。核戦争の脅威はまさに人類の存続をおびやかすものになった。

図6－5　ビキニ環礁での水爆実験で発生したキノコ雲
（1954年3月1日）

第五福竜丸事件から原水爆禁止運動へ

一九五四年三月、アメリカは信託統治領であった中部太平洋、マーシャル諸島の**ビキニ環礁**で水爆実験を行った。アメリカはこれまでにもビキニ環礁で何度も原爆実験を行っていた。しかし水爆実験の威力は桁が違った。美しいサンゴ礁の海のうえに巨大なキノコ雲がまきあがり、巨大なクレーターができた。爆心地からはなれた島に移住させられていた島民に「死の灰」がふりかかった。

そして、近海でマグロ漁をしていた日本の第五福竜丸など多数の漁船のうえにも「死の灰」がふりそそぎ、日本人乗船員が被曝、のちに一名が死亡した（**第五福竜丸事件**）。広島、長崎につづき、日本はみたび核の被害を受けたのである。ビキニ水爆実験の実態と第五福竜丸事件が明らかになると、世界中の人々が核兵器のすさまじい威力に恐怖した。

特に衝撃を受けたのは、唯一核兵器を戦争で使用された日本である。怪獣映画**「ゴジラ」**はこの年に公開された。ゴジラはビキニ水爆実験の影響で誕生した怪獣で、放射能火災で東京を焼け野原にする。日本人はゴジラに、核戦争の恐怖と太平洋戦争中の都市空襲をかさねあわせたのである。

第五福竜丸事件をきっかけに、日本で主婦を中心とした原水爆禁止の署名運動がもりあがり、世界的な**原**

水爆禁止運動へと発展した。約一年のあいだに、日本で三〇〇〇万人を越える署名があつまり、全世界では六億七〇〇〇万署名にもなった。こうして、一九五五年八月六日の原爆の日、広島で**第一回原水爆禁止世界大会**が開催された。核兵器への反対運動によって、ヒロシマとナガサキは世界平和を求める運動の象徴となった。

図6－6　第1回原水爆禁止世界大会

こうした下からの反核平和運動のひろがりに、世界の科学者たちも参加した。同じ年、哲学者のラッセルと物理学者アインシュタインが、核兵器と核戦争の危険性をうったえる**ラッセル・アインシュタイン宣言**を発表した。

アインシュタインはナチ・ドイツの迫害によってアメリカに亡命し、戦争を終わらせるためにアメリカに協力した科学者である。彼ら科学者の叡智が、平和ではなく人類を滅亡に追いこむことに貢献してしまうかもしれない。そうした悔恨から反核平和運動に身を投じたのである。

二人の宣言はひろく賛同をあつめ、一九五七年に世界の科学者はカナダで**パグウォッシュ会議**をひらき、核戦争の禁止をうったえた。反核平和運動は世界的な潮流になったのだ。

原子力の平和利用

しかし、反核平和運動は核兵器の脅威に反対したのであり、**原**

子力発電所（原発）の開発については歓迎していた。核融合反応が生み出す莫大なエネルギーを軍事力でなく、あらたなエネルギーとして活用することは、原子力の平和利用とみなされ、平和運動にかなうと考えられていたのである。

原発はすでに米ソなどで実用化されており、日本にもアメリカから濃縮ウランの提供を受け、一九五五年に原子力基本法が成立したことで、開発が本格化した。原子力エネルギーで動くロボットを主人公とする、手塚治虫の漫画『鉄腕アトム』はこのころ連載されており、爆発的なヒットとなっていく。

西ヨーロッパもまた、次世代エネルギーとしての原子力に注目した。フランスや西ドイツなどのＥＣＳＣ加盟国は、石炭・鉄鋼資源の共同利用に続いて、原子力の研究・開発にも着手した。こうして、一九五八年にヨーロッパ経済共同体（ＥＥＣ）とともにヨーロッパ原子力共同体（ＥＵＲＡＴＯＭ）が発足することになる。

もちろん、各国は原子力の平和利用という名目で軍事利用にも転用できる技術を開発しようとしていたともいえる。しかし核の恐怖にさらされた世界中の人々は、科学の力によって原子力を平和利用のために活用できるというイメージに希望を見い出した。核兵器同様、原発にも大きなリスクがあるということに人々が気づくのは、まだ先のことである。

ジュネーヴ会議と休戦協定

朝鮮戦争は、まさにこうした核兵器の恐怖が世界をつつみこんでいた時期に休戦をむかえた。核戦争に発展しかねなかった戦争がともかく停止されたことに、世界の人々は胸をなでおろしたが、東南アジアではまだインドシナ戦争が継続していた。

かくして一九五四年四月、アジアの戦争を終わらせなければならないという意志のもと、各国首脳は**ジュネーヴ会議**を開催した。前年にスターリンが死んで最高指導者がフルシチョフにかわり、ソ連も（核開発競争を行いながらも）国際的な協調を模索しはじめていた。そしてここに、アジアから中国とインドも参加した。

このとき、インドシナの停戦をしぶるフランスに、衝撃的なニュースがとびこんできた。**ディエンビエンフー**のフランス要塞が陥落し、ホー・チ・ミンひきいるベトナム民主共和国の勝利が確定的となったのである。

フランスはついにインドシナの植民地支配を断念し、七月に**ジュネーヴ休戦協定**が結ばれた。カンボジアとラオスの独立が国際的に承認され、ベトナムについては**北緯一七度線**を南北の暫定的な軍事境界線とし、南北統一選挙を行って、国民の意志で統一ベトナムをつくるというプロセスが策定された。ベトナム人は民族運動の闘士であるホー・チ・ミンを支持しており、選挙が行われれば北ベトナムが勝利するのは目にみえていた。

しかし、ジュネーヴ会議においてアメリカは、休戦協定の調印を拒否した。ソ連・北朝鮮・中国とアジアの共産主義は拡大をつづけており、もしベトナムの共産主義化を認めれば、東南アジアに共産主義化の連鎖が起こりかねない。アメリカは断固としてベトナムの共産主義化を阻止する決意だった。

こうして、アメリカの主導のもと東南アジアの「封じ込め」のため、**東南アジア条約機構**（SEATO）がつくられた。しかし東南アジアの参加国は、フィリピンとタイの二カ国にすぎなかった。

さらにアメリカは、翌年の一九五五年に南ベトナムのバオ・ダイを追放して、ゴ・ディン・ジエムを大統領とする**ベトナム共和国**を建国させた。約束された統一選挙は行われず、ベトナムの南北分断は確定された。ベトナムからフランス軍は撤退したかわりに、アメリカ軍がやってきたのだ。ホー・チ・ミンは民族独立のために、今度はアメリカと戦わなければならなくなった。

ジュネーヴ会議でアメリカは平和をもたらすのではなく、戦争を継続させる国としてふるまった。朝鮮戦争の講和も成立しなかった。アメリカは平和を実現しようとしない。では誰が平和をもたらすことができるのか。

コロンボ会議からアジア・アフリカ会議へ

欧米列強がアジアに戦争をもたらそうとするのに反対して、平和を求めたのは当事者のアジア諸国だった。ジュネーヴ会議が行われているさなかの一九五四年四月、インド首相**ネルー**は、アメリカがアジアに冷戦の構図をもちこみ、SEATOを結成しようとしていることに反発し、アジア諸国の国際会議を呼びかけた。

これを受けて、スリランカで**コロンボ会議**が開催され、インド、セイロン（スリランカ）、ビルマ、インドネシアの首脳が参加した。彼らは、植民地主義への反対、中華人民共和国の承認、そしてアジアとアフリカの諸民族が団結して平和を求める会議をインドネシアのバンドンで開くことを提唱した。

六月、今度は中国代表の**周恩来**がジュネーヴ会議を退席してインドに飛び、ネルーと会談した。二人はコロンボ会議の成果を受けて、アジア・アフリカ諸国で世界の平和をリードすることで合意し、「平和共存、内政不干渉、領土と主権の尊重、対外不可侵、平等互恵」からなる**平和五原則**を発表した。

ネルーの考え方は、アメリカにもソ連にも加担せず、冷戦の構図から脱却して平和共存への道を模索するというもので、**非同盟主義**と呼ばれる。

かくして翌年の一九五五年四月、インドネシア首相**スカルノ**が主宰して、**アジア・アフリカ会議**（バンドン会議）が開催された。会議はネルー、周恩来、スカルノ、そしてエジプトのナセルが主導した。この会議には日本を含む二九カ国が参加し、平和五原則をさらに具体化させた**平和十原則**を採択した。

平和十原則には五原則（ただし、「平和共存」は国連憲章の尊重といういい方になった）に加えて、基本的人権の尊重、すべての人種・民族の平等や、侵略行為によって他国の独立をおかさないことなどがもりこまれており、植民地支配の否定と民族独立運動を平和主義と結びつけるものであった。

アジア・アフリカ会議のはなばなしい成果は世界的な平和への機運をもりあげた。アジア諸国に平和運動をリードされる格好になったアメリカ、ソ連、イギリス、フランスは、アジア・アフリカ会議に対抗して同じ年に**ジュネーヴ四巨頭会談**をひらいた。ここでは米ソの「雪どけ」が演出された。

アフリカ独立運動の本格化

さらに、ジュネーヴ会議からアジア・アフリカ会議への流れは、その名のとおりアフリカの民族独立運動を強力に後押しすることになった。

アフリカ独立運動は、第一次世界大戦後、アメリカの黒人解放運動と連携したパン・アフリカ会議がけん引していたが、そのなかから第二次世界大戦後にアフリカの指導者として登場したのが、英領ゴールドコースト（のちのガーナ）の**ンクルマ**（エンクルマ）である。ンクルマは国際的に大きな影響力を持ち、パン・アフリカニストとして「アフリカの独立と統一」をうったえた。

かくして独立運動が大陸全土でもりあがるなか、ジュネーヴ休戦協定の結果がまいこんだ。カンボジアやラオスに独立が認められたのに、アフリカ植民地に独立が認められないのはおかしい——こうした立場から、フランス本国との結びつきのつよい北アフリカ植民地の独立運動が激しさを増した。

地中海をはさんでフランスの対岸にあるアルジェリアは、相互に住民移動がさかんで本国とほとんど一体的な「特別な植民地」だった。いや、特別だと思っていたのはフランス人だけだったのかもしれない。そのアルジェリアで一九五四年に**民族解放戦線**（ＦＬＮ）が武装蜂起し、**アルジェリア独立戦争**がはじまったのである。

この動きに連動して、隣接するモロッコとチュニジアも独立運動を活発化させた。フランスの植民地支配は大きく動揺していった。

このとき、アジア・アフリカ会議が平和十原則をうたったことは、アフリカの民族独立運動に大きな影響を与えた。平和運動と反植民地主義が結びつくなかで、フランスもまた態度を軟化させ、一九五六年にモロッコとチュニジアの独立を認めた。しかし、アルジェリアの独立は認めなかった。

公民権運動

パン・アフリカ運動を出発点とするアフリカ独立運動がもりあがるなかで、アメリカの黒人解放運動も新しいステージにはいっていた。

一九世紀からつくりあげてきた人種隔離を定めるジム・クロウ法や異人種婚禁止法が、ヒトラーの人種主義政策とおどろくほどよくにていることに、戦後のアメリカ人は気づかざるを得なかった。第二次世界大戦とホロコーストの衝撃が、アメリカ人の意識を人種主義撤廃へと向かわせたのである。

一九五四年、連邦最高裁判所は、公立学校での人種隔離を違憲とするブラウン判決をくだした。この判決を受けて、南部諸州で黒人たちが人種差別制度の撤廃を求めて**公民権運動**を開始した。憲法に定められた国民としての権利（公民権）を黒人にも保障せよ――こうした当たり前の要求を、ようやくアメリカ人が議論できるようになった。

この公民権運動の指導者となったのがキング牧師である。キング牧師はアラバマ州モンゴメリーで牧師をしていたが、キリスト教の博愛主義と敬愛するガンディーの非暴力主義にしたがって公民権運動を展開した。彼がまず着手したのは、バス・ボイコット運動であった。アラバマ州をはじめ南部諸州では、バスの中に白人専用座席をもうけて、黒人はそこに座ってはならないとする差別が行われていた。一九五五年、白人にバスの座席をゆずらなかったことで逮捕されたローザ・パークスの事件を受け、キング牧師は、黒人差別を公認するバスに乗車しないボイコット運動を開始した。

バス乗車ボイコットはアメリカ全土にひろがり、キング牧師は公民権運動のリーダーとして注目をあつめることになった。世界を「アメリカ化」していくアメリカの内部が、いままさに民衆運動によってゆさぶられていた。

一九五四年にビキニ環礁で水爆がさく裂してから、数年間で世界は大きく変わった。核戦争の脅威から平和を希求する人々が世界を大きく動かしていった。その原動力になったのは大国ではなく、民衆の平和運動であり、アジア・アフリカの連帯であり、人種主義に反対する人々の運動であった。これらは相互に絡みあい、連動していた。抑圧され、おびやかされた人々の抵抗がはじまったのである。

4　平和共存への遠い道

ソ連の平和共存路線とスターリン批判

スターリンの死後にソ連第一書記となったフルシチョフは、アメリカとの対立を緩和して西側諸国との協調を模索しようとした。一方で東側諸国の結束がくずれないように、一九五五年にワルシャワ条約機構を設立した。

ワルシャワ条約機構は、一見すると西側のＮＡＴＯに対抗する軍事同盟組織であるようにみえる。しかし実際の運用をみると、共産主義圏の諸国に対する内部統制のための軍事組織として機能したのであり、ＮＡＴＯ対抗的な性格は一面にすぎない。そのことをしめすように、この年ソ連は、再軍備しＮＡＴＯに加盟したばかりの西ドイツと国交を結んでいる。

翌年、一九五六年に開催された**ソ連共産党第二〇回大会**で、フルシチョフは西側との**平和共存路線**をうち出し、コミンフォルムの解散も宣言した。さらに、秘密報告の形で**スターリン批判**が展開された。スターリン批判の内容は、主に大粛清とスターリンの神格化に対するものであった。

スターリン批判は、ある意味で共産主義圏におけるパンドラの箱をあける行為だった。すなわち、これまでスターリン独裁によって言論を封殺されていた共産主義圏の諸国から、ソ連に対する不満が噴出するきっかけをつくったのである。

ポズナニ暴動とハンガリー事件

そもそも東欧の共産主義圏では、社会主義政権下でも労働者の生活は苦しいままで、政治的自由を抑制するソ連の支配に対する不満が蓄積されていた。スターリンが死ぬと、東ベルリンでは賃金の引き上げなどを求めるストやデモが起こった。

そして一九五六年、スターリン批判が伝わると、ポーランドとハンガリーで動乱が起こった。ポーランドの工業都市ポズナニでは、労働者による反政府・反ソ暴動が起こった（**ポズナニ暴動**）。彼らは自由化を求めて戦ったが、統一労働者党の第一書記にえらばれたゴムウカが、ソ連の侵攻をおそれてこの運動を強権的に鎮圧してしまった。

ハンガリーのブダペストでも反政府・反ソの運動が高まり、一〇月に知識人、労働者、学生らが武装蜂起した（**ハンガリー事件**）。反政府軍は巨大なスターリン像を引き倒し、親ソ的な政権を打倒した。ソ連はハンガリーにワルシャワ条約機構軍を派兵した。新たにハンガリー首相となった**ナジ・イムレ**は一一月、複数政党制の導入、ハンガリーの中立化とワルシャワ条約機構からの脱退を宣言し、同時に国連に対してハンガリーの中立を求めた。しかし国連安保理はソ連の拒否権によってハンガリーの要求を認めることができなかった。

西側諸国は、ハンガリーの民主化運動をすくおうとする努力をしなかった。ワルシャワ条約機構軍はブダペストを占領し、ナジをモスクワに連行した。二年後にナジは処刑された。この事件を通じてハンガリー側では約一万数千人の死傷者と、約二〇〇〇人の処刑者、約二〇万人の亡命者を出したと推計されている。

図6-7　ハンガリー事件
（首都ブダペストを制圧するワルシャワ条約機構軍）

日ソ共同宣言と反基地闘争

ソ連の平和共存路線は、日ソ関係にも影響をもたらした。一九五六年の**日ソ共同宣言**である。これによって日ソの戦争状態は終わりをむかえ、シベリアに抑留されていた日本人の帰国が順次進められていった。

日ソ間には終戦後にソ連が占領した**北方領土**（択捉島《えとろふ》、国後島《くなしり》、歯舞諸島《はぼまい》、色丹島《しこたん》）の問題があったが、この共同宣言の段階では、将来ソ連とのあいだに平和条約が結ばれたときに、歯舞諸島と色丹島を日本に返還することが約束された。しかしアメリカの圧力もあり、結局ソ連との平和条約は結ばれず、二島返還すら実現しなかった。

さらに、これまで安保理事国であるソ連の反対によって見送られていた、日本の国連加盟も実現することになった。日ソ関係の改善は朝鮮戦争当時には考えられないほどに前進した。

その一方で、日本における脱アメリカ化の運動も起こっていた。いまだアメリカの占領下にある沖縄では、軍事基地の拡大にともなって強制的な土地収用が行われ、市民は強く反発した。こうして一九五六年、沖縄で軍用地永久使用に反対する島ぐるみの戦いがはじまった。

そして日本本土でも、独立後に**基地反対闘争**がまき起こっていた。石川県の内灘、東京都の砂川で米軍基地の撤去をもとめる闘争が激化し、全国的な運動へと発展した。こうして日本本土の米軍基地は徐々に削減されていったが、じつはその基地は沖縄に移転されていた。基地反対闘争の結果、皮肉なことに沖縄へと基地負担のしわ寄せが進んでしまったのである。

このように、沖縄という安全弁があってのことではあったが、日本はアメリカの支配から徐々に脱していく動きをみせた。東西の平和共存の方向性が、こうした独自外交や脱アメリカ化を生み出したのである。

スエズ戦争の衝撃

一方、アジア・アフリカ会議に参加して国際的影響力を高めたエジプトの若き指導者、ナセルは、この会議で、ネルーの非同盟主義に大きな影響を受けた。東西陣営のどちらにも属さず、逆にこれらを利用するのがエジプトのあゆむべき道であると、彼は確信して帰国した。そうして一九五六年に宣言したのが、**スエズ運河の国有化**であった。

エジプト経済の近代化を目指すナセルは、経済開発のためにアスワン・ハイダムの建設を計画していた。しかしイギリスやアメリカは建設費のための借款を拒否したため、プロジェクトは資金不足におちいっていた。ナセルはこの財源確保のために、スエズ運河の国有化にふみきったのである。手続きはすべて合法的に進められた。

これに対して建設以来、運河会社の大株主だったイギリスやフランスは猛反発した。このとき、スエズ運河の経営権を取り戻したい英仏と、アラブ民族主義と敵対するイスラエルの利害が一致した。一〇月、イスラエル軍がエジプト領のシナイ半島に侵入し、イギリスとフランスがこれと連動してスエズ地方に軍を派遣した。**スエズ戦争**（**第二次中東戦争**）の勃発である。

スエズ戦争は、圧倒的な軍事力をもつ英・仏・イスラエル連合軍を前にエジプトが劣勢に立たされるかたちで進行したが、ナセルは何とか持ちこたえていた。そこに、アラブ民族主義が共産主義へと接近することをおそれたアメリカが懸念をしめしたことで、国連が仲裁に入り、一九五七年に英・仏・イスラエル連合軍は撤退させられた。

ナセルは、結果的に列強やイスラエルの侵攻を撃退したということで、一躍アラブ世界の英雄となった。独立以来政情不安がつづいていたシリアでは、ナセルへの熱狂的支持がもりあがり、ナセルの指導のもとエジプトとシリアを統一したアラブ連合共和国が成立した。

ナセルは、アラブ諸国が非同盟主義のもとアメリカやイギリスの影響下から脱することを期待していた。

図６－８　ガーナ独立を宣言するンクルマ

その期待にこたえるように、一九五八年にはイラクでカースィムがクーデタを起こし、親米的な国王を打倒した（**イラク革命**）。

翌年イラクは、非同盟主義にもとづき、中東における「封じ込め」のための同盟であるバグダード条約機構（ＭＥＴＯ）から脱退した。バグダードが本部ではなくなってしまったので、ＭＥＴＯは中央条約機構（ＣＥＮＴＯ）と改称された。アラブ民族主義の勢力が拡大し、中東での「脱アメリカ化」が進んだ。

アフリカの動乱とフランス第五共和政の成立

アジア・アフリカ会議はアフリカの独立運動を国際的に後押しした。それでもなお、イギリスとフランスをはじめとする列強は抵抗した。しかしスエズ戦争での英仏軍の苦戦が、アフリカ独立運動を後押しすることになった。

ンクルマは、スエズ戦争で余裕のなくなっていたイギリスに激しく働きかけ、ついに一九五七年に英領ゴールドコーストは解消し、**ガーナ**が独立した。これはサハラ以南のアフリカにおける最初の独立であった。ガーナとは一一世紀に栄えた西アフリカの王国の名前であるが、ゴールドコーストとは地域的には重なっていない。しかしンクルマは黒人独立国家の歴史的象徴としてこの国名を選び、アフリカの統一の夢をこの名にたくしたのである。

ガーナ独立につづいて、翌一九五八年にはフランスから**ギニア**が独立した。フランス植民地体制は崩壊しかかっていた。

このときアルジェリア独立戦争は、複雑な様相をみせていた。独立を目指す民族独立戦線は激しい武装闘争を繰りひろげ、アルジェリア全土が大混乱におちいっていた。植民地独立の流れはもはやフランス国民にも明らかなように思われた。フランス政府は、アルジェリアの独立を認めるかどうかで混迷していた。

そうした中で、あくまでもアルジェリア独立に反対したのが、現地のフランス人植民者である。彼らは植民地軍の上層部とともに、一九五八年に武装蜂起した。政府の統制からはなれた植民地軍は、独立阻止を確実なものにすべくパリに進撃する動きをみせた。

植民地の軍隊が本国に侵攻する——これはスペイン内戦のときにフランコ将軍がモロッコからスペイン本土へと侵攻した過去を彷彿とさせ、フランス国民は戦慄した。この危機を収拾するべく、軍を統制できる**ド・ゴール**に再登場が要請されたのである。

ド・ゴールは政権につき、翌年、大統領に強大な権力を与える第五共和国憲法を制定し、みずから大統領に就任した（**第五共和政**）。彼のもとでフランスの政治的な方向性は大きく変貌していくことになる。

大躍進・大飢饉・チベット動乱

さて、アジア・アフリカ非同盟主義の一角を占めた中国は、このときかなりの苦境におちいっていた。フルシチョフが平和共存路線をうち出したとき、**毛沢東**国家主席は公然とこれを批判し、アメリカにすりより社会主義を裏切る行為だと非難した。ここから**中ソ論争**がはじまり、中ソの蜜月は終わりをつげた。

毛沢東はソ連にたよらない経済発展を目指し、一九五七年に**大躍進政策**の方針を掲げた。これは翌年から第二次五カ年計画として推進され、農村を人民公社に組織化するとともに、農民を労働力として工業生産に動員し、大量生産を実現しようとした。

しかしこの政策は惨憺たる結果をまねいた。農民が稚拙な技術でつくった工業製品はことごとくが粗悪品で使い物にならなかった。農村の農業生産力はいちじるしく低下し、食糧が不足した。そこへ自然災害がおそいかかり、一九五九年以降、中国全土をおおう大規模な飢饉が発生し、数千万人にもおよぶ空前絶後の餓死者を出した。くしくも批判された独裁者スターリンと同じ破局を、毛沢東もつくり出したのである。

さすがの毛沢東もこの大破局を目のあたりにして、責任をとらざるをえなかった。共産党内からの批判を受け、彼は国家主席をしりぞき、第二次五カ年計画は中止された。大躍進政策は失敗したのである。

ところで大躍進政策は、中国の支配下におかれたチベットでも実行され、ここでも悲惨な飢餓状況が生まれた。もともと毛沢東による強引な社会主義化政策に対する反発が強まっていたところへ、この大飢饉である。一九五九年、チベットの仏僧（ラマ）や貴族たちは武力で抵抗したが、人民解放軍による大弾圧を受けた。

この**チベット動乱**の結果、多くのチベット人が犠牲になり、一〇万人以上が外国にのがれた。チベット仏教の指導者**ダライ・ラマ一四世**もまた、インドに亡命し、チベット臨時政府を組織した。中国はダライ・ラマの引き渡しを求めたが、インドは拒否した。

こうしてチベット問題は中国とインドの対立を生み出した。これは単に二国間の対立というのにとどまらず、アジア・アフリカにおける平和十原則の理念をそこなう結果をまねくのである。

スプートニク・ショック

そして、米ソの平和共存路線もまた、暗礁に乗りあげていた。一九五七年、ソ連が人工衛星スプートニク号の打ち上げに成功した。このニュースは**スプートニク・ショック**とよばれる大きな衝撃を世界にもたらした。

これまで米ソは双方ともに水爆を開発するなど、核開発競争で対等の立場に立っていた。これまで核兵器とは、アメリカが広島・長崎に行ったように、爆撃機から投下するものであった。この場合爆撃機の侵入をゆるさなければ核攻撃を受けることはない。しかし米ソは、爆撃機を飛ばさずとも、宇宙空間を経由して任意の対象を核攻撃することのできる、**大陸間弾道弾**（ＩＣＢＭ）を開発しようとしていた。

このミサイルが開発されれば、いつでも遠距離から、地球上のどの対象にも、邪魔されることなく核ミサイルで攻撃することができる。そのためには、宇宙まで人工衛星を飛ばす技術が不可欠であった。ソ連が人工衛星の打ち上げに成功したということは、大陸間弾道弾の開発に成功したということと同義であった。

アメリカにとってこの分野でソ連に出しぬかれたのが、衝撃の第一である。アメリカは大陸間弾道弾の開発を急ぎ、翌年の一九五八年には開発に成功した。きたるべき核戦争は、ボタンひとつで核ミサイルが飛びかい、世界中がターゲットになることが想定された。今後世界大戦が勃発したとき、それは人類滅亡に直結する——この恐怖が世界の人々にとっての第二の衝撃であった。こうして核開発競争は新たな次元に入ったのである。

キューバ革命

米ソがふたたび緊張関係に突入し、核戦争の脅威が高まるなかで、衝撃的な事件がアメリカのおひざもと、キューバで起こった。

メキシコに潜伏していた革命家のカストロは、盟友ゲバラとともに一九五六年にキューバに戻った。彼らは武力でバティスタ独裁政権を倒すべく、山岳地帯でゲリラ戦を繰りひろげていった。

そしてついに、一九五九年にバティスタ政権は倒され、**キューバ革命**が実現した。カストロは脱アメリカ化政策を推進し、アメリカと敵対するソ連に接近していくのである。

一九五〇年代は朝鮮戦争を皮切りに、核戦争の危機が現実のものになっていく時代である。原爆の数千倍の破壊力をもつ水爆が開発され、人類滅亡の脅威にさらされた世界中の人々は、反核平和運動に邁進していく。

恐怖によっておいたてられた人類が、平和のための大規模な運動を世界規模で展開していくというグローバルな平和運動の時代が幕をあけたのである。

第7章　グローバルな市民の抵抗——一九六〇年代

普天間基地（沖縄県宜野湾市）

普天間基地は市街地の中心を占領するようにひろがっており，住民は常に轟音になやまされ，危険と隣りあわせである。写真では数機のオスプレイが見える。かつてベトナムを爆撃する米軍機がここからも多数発進していった。この写真が撮影された嘉数高台は，沖縄戦の激戦地の一つでもある（撮影：池上大祐）。

中央・南・東南アジア	東アジア	南北アメリカ・国際
南ベトナム解放民族戦線結成	第1次安保闘争 沖縄祖国復帰協議会結成	国連で反植民地決議
南アフリカ，英連邦から離脱	韓国で朴正熙の軍事クーデタ	米，キューバ断交
中印国境紛争	ケネディ，日韓交渉促す	キューバ危機 カーソン『沈黙の春』
マレーシア独立		部分的核実験禁止条約(PTBT) ワシントン大行進 ケネディ暗殺
トンキン湾事件	東京オリンピック 中国，核実験成功	米，公民権法成立
北爆開始。ベトナム戦争本格化 シンガポール独立 第2次印パ戦争 インドネシアで九・三〇事件 フィリピンでマルコス政権	ベ兵連結成 日韓基本条約 韓国軍，南ベトナムに派兵 沢田教一「安全への逃避」発表	
	プロレタリア文化大革命はじまる	国連，国際人権規約
インドでインディラ・ガンディー内閣成立 東南アジア諸国連合（ASEAN）	日本で公害対策基本法 四大公害病訴訟 佐藤政権，非核三原則	国連，女性に対する差別撤廃条約
ベトナムでテト攻勢 ベトナム反戦運動が世界的に拡大		
米軍，ソンミ村虐殺 スハルト大統領就任 ベトナム北爆停止	日本全国で大学紛争 琉球政府主席に屋良朝苗選出 中国，下放開始	ジョンソン大統領，北爆停止表明 キング牧師暗殺 →黒人暴動拡大 核拡散防止条約（NPT）締結 ニクソン大統領当選
ホー・チ・ミン死去	中ソ国境紛争 日米首脳，沖縄返還共同宣言	

西　暦	ヨーロッパ・ロシア	アフリカ・中東
1960年	フランス核実験成功	「アフリカの年」。アフリカ17カ国独立 コンゴ動乱
1961年	ベルリンの壁建設 第1回非同盟諸国首脳会議	ルムンバ殺害
1962年		
1963年		エチオピアでアフリカ諸国首脳会議 →アフリカ統一機構(OAU)設立 アルジェリア独立
1964年	フランス，中国承認	南アフリカでマンデラに終身刑 パレスチナ解放機構(PLO)結成
1965年		ローデシア独立，アパルトヘイト実施
1966年		
1967年	ヨーロッパ共同体（EC）成立	第3次中東戦争 ナイジェリアでビアフラ内戦はじまる
1968年	チェコ，ドプチェク政権の「プラハの春」 フランス五月危機 西ドイツ市民運動 ワルシャワ条約機構軍，プラハ侵攻 アルバニア，ワルシャワ条約機構脱退	アラブ石油輸出国機構（OAPEC）設立
1969年	ド・ゴール退陣 西ドイツでブラント政権成立	アラファト，PLO議長に就任

なぜ公民権法の成立後も、アメリカの人種差別はなくならなかったのだろうか?

なぜ一九六八年に市民運動はグローバル化したのだろうか?

1　「アフリカの年」と反人種主義の戦い

「アフリカの年」

一九六〇年――この年だけで一七カ国のアフリカ諸国が独立したことから、「アフリカの年」と呼ばれる。それはまさに世界史の画期であった。激動の一九六〇年代は、アフリカからはじまる。

旧宗主国からみると、最も独立した国が多かったのがフランスである。ド・ゴールの手によってつくりかえられたフランス第五共和政では、植民地とともに構成する「フランス連合」がなくなり、植民地独立の流れが決定的となった。モーリタニア、セネガル、ニジェールなど一四カ国である。独立戦争が激化するアルジェリアは、現地フランス軍への配慮から、なお独立が認められなかった。

次にイギリスからは、ナイジェリアとソマリアの二カ国が、そしてベルギーからコンゴ民主共和国（以下コンゴ）が独立した。イギリスからはその後もケニアなどが順次独立し、一九六三年ごろまでには中部以北のアフリカのほとんどが独立をはたした。

第一次世界大戦前夜のアフリカ大陸は、エチオピアとリベリアをのぞくすべての領域がヨーロッパ列強の植民地にされていた。それから半世紀をへて、アフリカの地図は大きく塗りかえられた。それは「植民地支配が当たり前だった時代」が終わったことを世界中の人々に感じさせたのである。

植民地主義とコンゴ動乱

しかし独立をはたしたからといって、宗主国の支配からのがれることはできなかった。アフリカの多くの

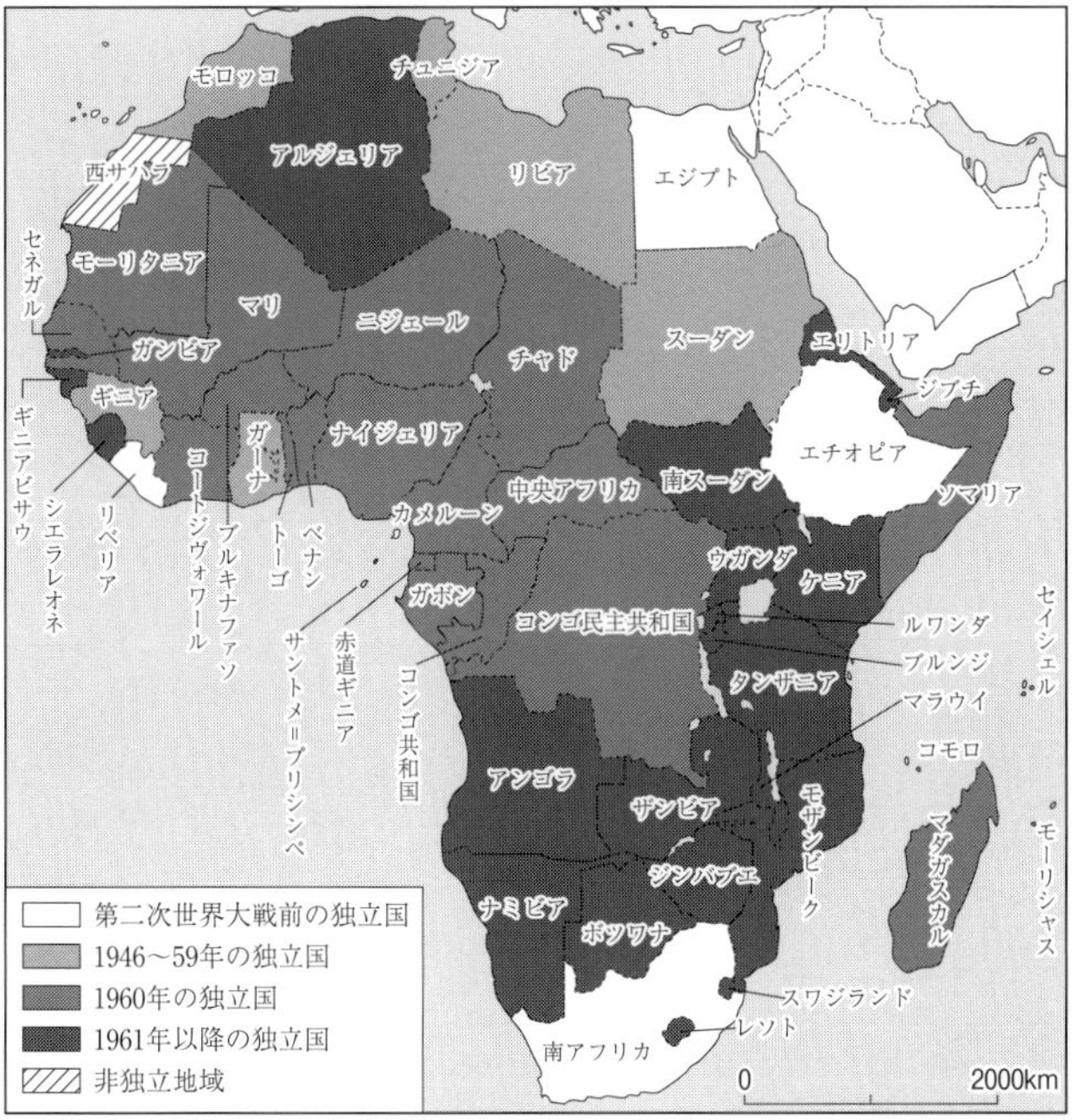

図７-１　第二次世界大戦後のアフリカ諸国の独立

国は植民地支配を通じて単一の生産物を集中生産する**モノカルチャー経済**を強要されており、旧宗主国からの経済援助を必要とした。旧宗主国は現地での経済的利権を手ばなそうとせず、アフリカ諸国は経済的な従属下におかれたままであった。

このように、政治的に独立させても経済的には植民地時代の利権を維持しようとする旧宗主国の姿勢は、独立後における**植民地主義**と呼ばれた。エジプトのナセルがスエズ運河の国有化を起こしたのもイギリスの植民地主義から脱するためであった。そして一九六〇年に独立した諸国にも同じ問題がつきつけられた。

植民地主義のために内乱に発展したのが、旧ベルギー領コンゴである。コンゴには様々な民族や勢力が存在していたが、独立後に中央集権体制を目指す**ルムンバ**

首相の政府と、地方分権を求める諸集団の対立が激化した。

なかでも南部のカタンガ州は、銅やウランなどの重要鉱物資源が多く、分離独立運動を展開していた。その背後には資源開発の利権をにぎろうとする旧宗主国ベルギーの思惑があった。

こうして一九六〇年の独立直後、軍内部のベルギー人士官に対するコンゴ人の暴動が発生すると、その鎮圧を口実にベルギーが軍事介入し、カタンガ州を分離独立させて利権の独占をねらった。これを契機に部族対立がつよまってコンゴ全体をおおう動乱となった（**コンゴ動乱**）。

ルムンバは動乱をしずめるために国連の介入を求め、国連軍がコンゴに出兵することになった。しかし動乱は収まらず、翌年、アメリカの支援を受けた軍部によってルムンバはとらえられ、殺害された。

国連が調停したことでコンゴはいちおう国家としての体裁をたもったが、結局軍部独裁政権が樹立され、ベルギーやアメリカは植民地から継続する利権を保持することになったのである。

アフリカの連帯へ

アフリカ諸国はコンゴ動乱に衝撃を受けた。独立してなお植民地主義から脱することの困難さに直面したのである。そこで彼らは、アジア・アフリカ会議の理念のもとにふたたび結集した。

結集の舞台となったのは国連である。一九六〇年一二月の国連総会では、アジア・アフリカ諸国の提案で、植民地主義に反対し植民地の早期独立を求める宣言が採択された。独立したばかりの諸国一つひとつはたしかに弱いかもしれないが、国連総会という場では列強も旧植民地も同じ一票だった。これらが連帯すれば大国をうわまわる力を発揮できる。国連はアジア・アフリカの新興独立国にとって有効な闘争の場《アリーナ》となった。

アフリカ独立運動の指導者、ガーナの**ンクルマ**首相は、パン・アフリカニズムの思想をもとに、独立したアフリカのすべての諸国が連帯・統一することで、植民地主義からの完全な脱却を実現しようと考えた。こうして、ンクルマらアフリカ独立の指導者たちは、一九六三年にエチオピアのアジスアベバに結集し、**アフリカ諸国首脳会議**を開催した。

この会議にはアフリカ大陸の独立国三〇カ国が参加し、植民地支配と植民地主義に反対するために連帯・協力することが決議された。そして、そのための連合組織である**アフリカ統一機構（ＯＡＵ）**が結成された。

独立したアフリカ諸国はそれぞれの立場で動いていたし、ンクルマの理想とは裏腹に、ＯＡＵはまったく一枚岩とはいいがたい組織であった。しかしそれでもアフリカが一致団結した力は大きかった。ＯＡＵはアルジェリア独立の支持を表明した。

一九六三年、アフリカ諸国のあとおしを受けて、アルジェリア民衆は中心都市アルジェの街頭で連日大規模な独立デモを繰り返した。現地フランス軍に配慮して動かなかったド・ゴール大統領も、ついに軍を撤収させ、**アルジェリア独立**が承認されることになった。

南アフリカのアパルトヘイト

アフリカの独立国でありながら独自の道をあゆみ、ＯＡＵにも加盟しなかったのが、南アフリカである。南アフリカは、長らく自治国としてイギリス国王を共通の君主とあおぐイギリス連邦の一員であったが、一九六一年に連邦から離脱して南アフリカ共和国となった。

南アフリカが他のアフリカ諸国と決定的に異なっていたのは、人口の少数派である白人が多数派の黒人を差別的に支配する人種主義国家であったことである。共和国として自立したのちも、**アパルトヘイト**と呼ばれる黒人に対する人種隔離政策は存続したばかりでなく、むしろ強化された。

アフリカ大陸全体で黒人たちの独立運動がもりあがるなかで、黒人たちの反アパルトヘイト組織である**アフリカ民族会議（ANC）**の活動も活発化していた。このときのANCの指導者が、弁護士であった**マンデラ**である。

マンデラはANCの運動の先頭に立ってアパルトヘイトの撤廃をうったえた。しかし南アフリカ政府は彼らを徹底的に弾圧し、マンデラを逮捕した。一九六四年、マンデラは終身刑の判決を受け、長期にわたる獄中生活を強いられることになった。

支配者たる白人による黒人に対する理不尽な差別は、ホロコーストや「アフリカの年」をへてもなお南アフリカに根強くのこっていた。しかしついに黒人への人種主義に対する抵抗のうねりが、大西洋の向こう、アメリカで一つの成果をあげようとしていた。

ワシントン大行進と公民権法の成立

黒人への市民権を求める公民権運動は、黒人だけでなくすべての自由を尊重するアメリカ人をまきこんだ巨大なムーヴメントとなっていた。一九六一年に大統領になった民主党の**ケネディ**は、「ニュー・フロンティア」政策を掲げ、国内の人種問題にも取り組むことを表明していた。

こうした状況の好転もあり、公民権運動の指導者キング牧師は、リンカンによる奴隷解放一〇〇周年にあわせ、一九六三年八月に**ワシントン大行進**を呼びかけた。全国から黒人差別撤廃を支持する三〇万人もの人々があつまった。このときのキング牧師の演説は、多くの人々に感銘を与えた。彼は演説の終盤、「I have a dream」と繰り返した。

「わたしには夢がある。いつの日か、ジョージア州の赤い丘で、かつての奴隷の子孫とかつての奴隷主の子孫がともに兄弟のテーブルにつけるようになる夢が。

わたしには夢がある。いつの日か、不正と抑圧の炎で焼きつかんばかりのミシシッピ州が、自由と正義のオアシスに変わるという夢が。

わたしには夢がある。私の四人の子どもたちが、いつの日か肌の色によってではなく、人間の中身によって評価される国に住めるようになる夢が。

今日、わたしには夢がある！　……」

図７－２　ワシントンで演説するキング牧師

この演説はアメリカのみならず、世界中の差別と偏見に苦しむ人々にとって希望の言葉になった。まさにこのときが公民権運動の頂点であった。運動の高まりを受けてケネディ大統領は**公民権法**の制定を決意した。

この年の一一月にケネディ大統領はダラスで凶弾にたおれたが、あとをついだ**ジョンソン**大統領は「偉大な社会」を掲げて、アメリカの人種差別や貧困と戦うことを宣言し、ケネディの方針を継承した。

こうして一九六四年に公民権法が制定された。これは人種による選挙権の制限や公共機関での差別を全面的に禁止する法律であった。これによって黒人を差別するジム・クロウ法は根拠を失った。

アメリカはついに人種主義国家であることを公式に否定した。数百年にわたる黒人たちの苦しみ、一〇〇年間におよぶ移民たちの苦悩がむくわれる時が来た。しかし、法的に平等になっても、社会のなかの人種差別はなくならない。黒人たちの戦いはその後もつづいていくのだった。

2　非同盟主義と核拡散

非同盟主義のひろがり

「アフリカの年」を後押ししたのは、アジア・アフリカ会議でしめされた、非同盟主義にもとづく平和十原則であった。この、「冷戦の構図」から一線を画すグローバルな連帯は、アジア・アフリカの個性的な指導者たちのパートナーシップによってなり立っていた。

非同盟主義はまず、大国インド（ネルー）と中国（周恩来）のパートナーシップを中軸とし、さらにインドネシア（スカルノ）やエジプト（ナセル）がそこに参加し、さらに独立をはたしたアフリカ諸国（ンクルマら）が加わることで、欧米諸国が無視できない勢力を持つことになった。

もう一つ非同盟主義の重要な中核が、ユーゴスラヴィアの指導者**ティトー**である。ユーゴスラヴィアは東欧の社会主義国でありながら、ソ連の衛星国にはならず、独自路線をつらぬいていた。

一九六一年九月、ユーゴスラヴィアの首都ベオグラードで第一回**非同盟諸国首脳会議**が開催された。これはティトー、ネルー、ナセルが提唱したもので、非同盟主義を標榜する二五カ国があつまった。スカルノやンクルマも参加している。

このときの非同盟諸国首脳会議は、この年に世界各地で起こっていたいくつかの重大な事件に対する抵抗の拠点として機能していた。まずアルジェリア独立を支持し、弾圧するフランスを批判したこと。まだ独立が承認されていないアルジェリアも、会議に参加していた。

つぎに、八月に建設された**ベルリンの壁**に対する抗議である。東西ベルリンを分かつ壁は、まさに東西冷戦、ヨーロッパ分断の構図を象徴するものであった。平和共存をとなえる非同盟諸国がソ連と東ドイツを非難したのは当然であった。

そして、会議にキューバが参加していたことも重要である。キューバのカストロ政権は、革命以来アメリカ系企業を国有化したことで、アメリカと対立していったが、一九六一年にアメリカがキューバとの砂糖貿易を停止して革命政権の転覆をはかると、キューバはアメリカと断交して、社会主義国だと宣言した。非同盟諸国首脳会議は、アメリカと断交したキューバの立場を支持したのである。アメリカにもソ連にもくみしない、非同盟主義のスタンスがつらぬかれていた。しかし、キューバ問題はまもなく世界をゆるがす危機へと発展していく。

キューバ危機

アメリカと断交したキューバは、ソ連に接近した。一九六二年、ベルリンの壁建設をめぐってアメリカとの対立を深めていたソ連は、キューバをアメリカにもっとも近い軍事拠点と定め、ミサイル基地を建設した。カリブ海にソ連のミサイル基地がおかれるということは、アメリカ本土がミサイルの射程範囲内に収まるということである。そして核軍拡競争を繰りひろげる米ソの間でミサイルが発射された場合、それはイコール核戦争を意味した。**キューバ危機**である。

図7－3　キューバ危機　ソ連輸送船に接近するアメリカ哨戒機

ケネディ大統領は、ミサイル基地の撤去をもとめてキューバを海上封鎖した。これに対してカストロは、ソ連に対してアメリカへの核攻撃をつよくせまったという。アメリカ国民のみならず、全世界の人々は、核戦争がまもなく現実に起こるという恐怖におそわれた。

キューバに向かうソ連の軍事物資輸送船に対し、海上封鎖の任に当たっていたアメリカ軍機が急接近した。どちらかが攻撃すれば、第三次世界大戦が起こる。世界中が息をのんだ。結局ソ連の輸送船は引きかえし、すんでのところで危機は回避された。

ケネディ大統領は核ミサイルのボタンをいつでも押せる状態にあり、キューバ基地への攻撃命令をいつでも出せる態勢にあった。フルシチョフ第一書記もまた、アメリカへの核ミサイルをうてる立場にあった。しかし彼らは、人類世界を破滅に追いこむ恐ろしい選択を決断できなかった。

フルシチョフがケネディに電話し、キューバのミサイル基地を撤去することを伝えた。米ソ核戦争の危機は回避された。極限まで高まった緊張ののち、米ソ両大国はふたたび平和共存への道をあゆみはじめた。

核開発をめぐる攻防——部分的核実験禁止条約

キューバ危機によって、米ソ首脳のみならず世界中の国々が、核兵器がもつ通常兵器とは次元のことなる人類的な脅威――ひとたび核ミサイルが発射されれば、相互に徹底的な破壊をもたらす核攻撃の連鎖を生み、人類世界は破滅するという絶望的な近未来を想像した。

これをふせぐためには、世界から核兵器をなくさなければならない。しかし他方で、核保有国同士の衝突の危機があったとしても、それぞれの核兵器が持つ圧倒的な破壊力ゆえに攻撃は回避されるというのも、キューバ危機の教訓であった。

こうした抑止力としての核兵器の保有という認識は、核軍縮を困難にした。仮に全世界で核兵器がなくなったとしても、どこかの国があらためて核兵器を開発してしまえば、その国による核攻撃を他のどの国も抑止できないからである。

したがって、米ソ両国はまず、核実験による環境破壊を抑止するという比較的着手しやすいところから、核の国際管理のための交渉をはじめた。地上や海上で核実験をした場合、実験場とその周辺は広範囲・長期間にわたって人の住めない死の土地になる。さらに第五福竜丸事件にみられるように、「死の灰」は国境を越えた被曝をもたらす。こうした事態は防がれねばならない。

こうして一九六三年、**部分的核実験禁止条約**（ＰＴＢＴ）が核保有国であるアメリカ、ソ連、イギリスのあいだで結ばれ、さらに約一一〇カ国が調印した。これは地下核実験をのぞくあらゆる核実験を禁止する条約である。

この条約には、環境破壊の防止だけでなく、核拡散の防止が期待されていた。地下核実験には高度な技術が要求されるので、あらたな核保有国が増えるのを防ぐことができるというのである。

これに反発したのが、フランスと中国である。フランスのド・ゴール大統領は、植民地帝国を失ったのちにフランスを大国たらしめるのは核兵器の保有であると考え、一九六〇年に核実験に成功して世界第四の核保有国となっていた。しかし地下核実験の技術開発にはまだ到達していなかったのである。

孤立する中国——インドとの対立

中国はこのときまさに核開発を進めている途上であった。当然地上の核実験による開発であり、部分的核実験禁止条約は容認できなかった。

このころ、中ソ論争を受けてソ連は中国との技術者協定を破棄して核開発をふくむ技術者を引きあげさせていた。したがって中国はその後独力で核開発を進めていたことになる。

キューバ危機でソ連がアメリカに譲歩したとき、中国はソ連を、社会主義を裏切る修正主義だと批判し、ソ連もまた中国に対し「冒険主義」だと応酬した。大躍進政策の失敗によって国内の経済・社会がガタガタになっていたことも、大国としての余裕を失わせていたのかもしれない。中国は孤立していった。

平和共存を提唱して盟友関係にあったはずのインドとの関係は、チベットをめぐって悪化していた。このため、ネルーとティトーが主導した一九六一年の非同盟諸国首脳会議に、中国の姿はなかった。

そしてついに、一九六二年に**中印国境紛争**が勃発し、中国とインドは完全に決裂した。このとき、ネルーはアメリカとソ連に支援を求め、彼の非同盟主義は求心力を失った。アジア非同盟主義の中核であったはずの中印関係はくずれた。

この紛争に誘発され、パキスタンもカシミール地方領有をねらって軍事行動を起こした（**第二次インド・パキスタン戦争**）。中国とインドとの対立は、地域秩序をきわめて不安定なものにしたのである。

その中国はついに一九六四年に核実験に成功し、第五の核保有国になった。部分的核実験禁止条約に加盟していない核保有国が二カ国に増えたことで、核抑止の効果は半減された。わが道をゆく二大国、フランスと中国は接近し、フランスは中華人民共和国を承認した。

NPT体制の構築へ

核保有国が増えることは、核拡散の問題を世界に意識させた。中国は、ソ連の技術者が引きあげても、中国人の技術者を育成することで核開発に成功した。つまり技術さえあればどの国でも核兵器を持てるということである。

このときの核保有国五カ国――米・ソ・英・仏・中――は、中国が微妙な立場（国連の代表は台湾）とはいえ、国連の常任理事国とも重なる世界の五大国であることはうたがいなかった。これ以上の核拡散を防ぎ、核戦争の脅威をできるだけ少なくしなければならない。この課題は、これら五大国の責任であるように思われた。

かくして核拡散防止に向けた協議がはじまった。アメリカとソ連にしても、部分的核実験禁止条約にこれらの諸国がはいっていないことに危機感をもっており、すべての核保有国を一種の同盟枠組みに組みいれる必要があった。

一九六八年、国連を主体として、**核拡散防止条約**（NPT）が六二カ国で締結された。これは核兵器の保有を現有五カ国に限定し、非核保有国に製造・取得を禁止するものである。NPT締約国は**国際原子力機関**（IAEA）による核査察を受ける義務を負う。これを**NPT体制**という。

それだけでなく、核保有国は核兵器の削減にも一致して取りくむことになった。圧倒的多数の核ミサイルを保有するのはアメリカとソ連であり、今後は米ソがリードして核軍縮に向かうことが期待されたのである。

しかし、フランスと中国はNPTを批准しなかった。依然として圧倒的な核戦力を持つ米ソに主導権をにぎられることを警戒したのである。こうして、NPT体制は不完全な状態でスタートすることになった。

3　アジアにおけるイデオロギー闘争

ベトナム戦争はじまる

キューバ危機以降のデタントとNPT体制によって、大国間の対立は緩和されたようにみえた。しかし実際には、東南アジアをめぐって冷戦の構図は暴力的にエスカレートしていた。

ベトナムでは、北緯一七度線をさかいに南北がにらみあっていた。南ベトナムのゴ・ディン・ジエム政権は、アメリカのバックアップによって強圧的な独裁政権をつくりあげていた。

これに対し、南ベトナム民衆の反発がつよまり、一九六〇年一二月に反政府組織の**南ベトナム解放民族戦線**（以下、解放戦線）が結成された。北ベトナムの**ホー・チ・ミン**は彼らを支援し、南ベトナムでのゲリラ戦が展開された。この支援はラオスとカンボジアを経由して行われ、「ホー・チ・ミン・ルート」と呼ばれた。

こうしてベトナムでは、南ベトナム、そしてその背後にある超大国アメリカを実質的な相手とする新たな民族解放戦争に突入した。これをもって**ベトナム戦争**の開始とする見方もある。最も長く苦難に満ちた、ホー・チ・ミン最後の戦いがはじまった。

当初は、解放戦線と南ベトナム軍との戦いであった。しかし解放戦線のゲリラ攻撃に対して、南ベトナム側が劣勢に立たされると、これを支援するアメリカによる介入が検討された。

アメリカのジョンソン政権は、南ベトナムが共産主義の手におちれば、周辺の東南アジア諸国もドミノのように連鎖的に共産化してしまうという「**ドミノ理論**」にもとづき、何としても北ベトナムの共産主義勢力を壊滅させたいと考えていた。

一九六四年、トンキン湾に停泊するアメリカの軍艦が、北ベトナム軍から魚雷による攻撃を受けたという報道がなされた（**トンキン湾事件**）。翌一九六五年、ジョンソン大統領はこれを口実として、北ベトナムに対する大規模な爆撃（**北爆**）を開始し、のべ五四万人にのぼるアメリカ軍をベトナムに派遣した。

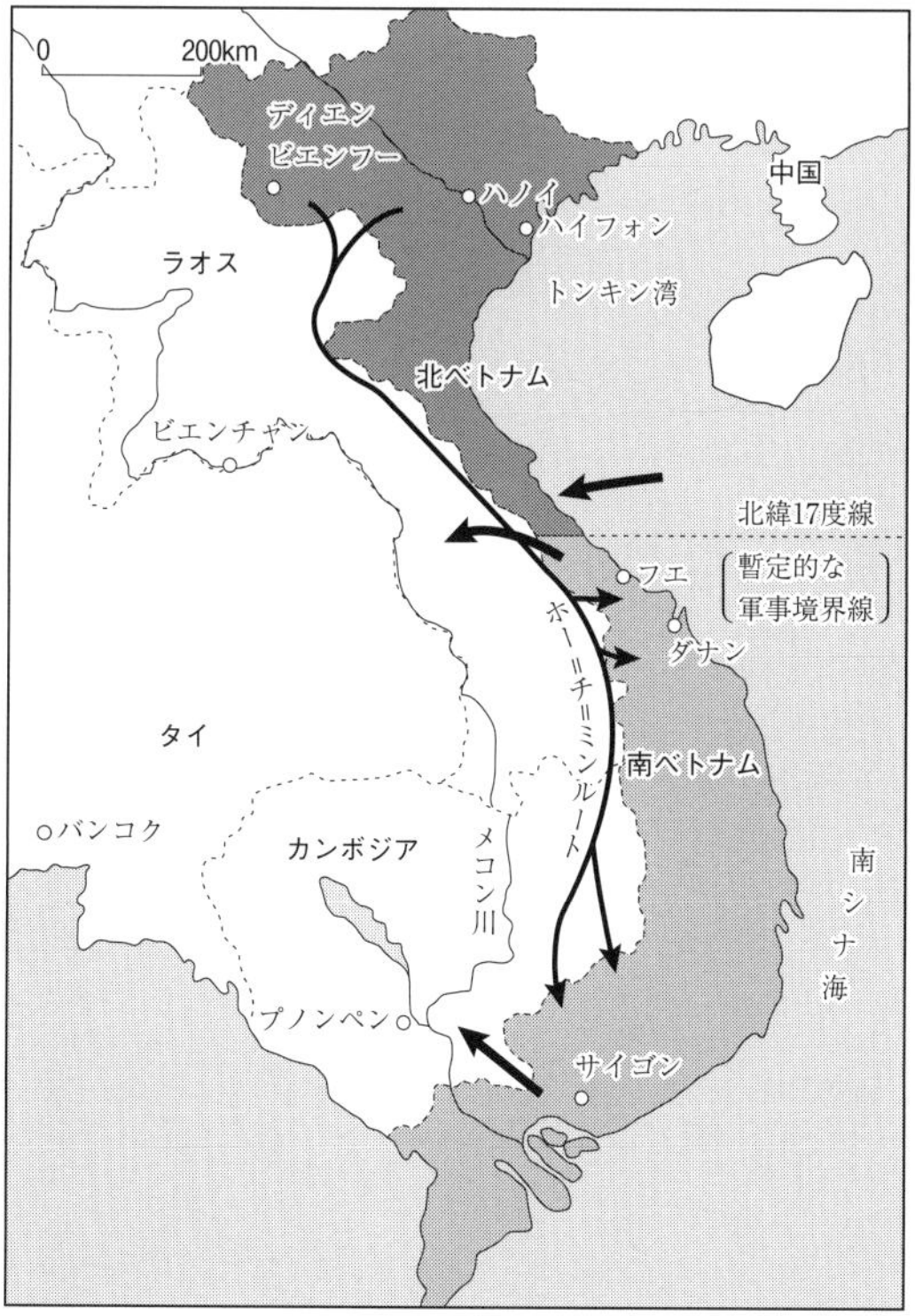

図７－４　ベトナム戦争

実は、トンキン湾への北ベトナムの攻撃は、アメリカによるでっちあげであった。アメリカは情報を捏造してまで、軍事力で北ベトナムを屈服させようしたのである。

これに対して北ベトナムと解放戦線には、中国とソ連が大規模な軍事・経済援助を行った。アメリカはなかなか解放戦線に勝利することができなかった。ベトナム戦争は、第二次世界大戦以来最大の戦争へと発展していく。

日韓国交正常化とベトナム戦争

アメリカは、ベトナム戦争が長期化していくにつれて、ベトナムにおける戦争に東アジアの同盟国を協力させようと考えていた。米軍基地のある日本と韓国がとりわけ重要であった。

韓国の**朴正熙**《パクチョンヒ》政権は、アメリカとの同盟関係を強化することで、自らの軍事独裁政権を強固にしようとしていた。すでに一九六二年、ケネディ大統領は、ベトナム戦争を有利に運ぶためにも日本と韓国が和解することが必要だと考え、日韓交渉をうながしていた。

そこへ、一九六五年にベトナムへの北爆がはじまった。アメリカによる本格的な軍事介入がはじまったことで、日本と韓国の軍事的な重要性が高まった。日韓国交正常化の交渉は、ベトナム戦争への協力のためにうながされたのである。

こうして一九六五年に**日韓基本条約**と四つの付属協定が締結された（あわせて日韓条約という）。これにより両国の国交が樹立され、韓国に対して無償三億ドル、有償二億ドルの経済協力が行われることになった。朴政権はこの資金供与によって韓国の経済開発を促進させた。

日本の植民地支配の問題については、一九一〇年の韓国併合条約の「無効」が確認された。しかし韓国側が併合条約自体を成立時点から無効であるととらえたのに対して、日本側は韓国が独立した一九四八年から無効になったという理解をしめしていた。

これは決定的な相違点であった。韓国側は日本による植民地支配そのものが非合法になったという理解であるのに対して、日本側は、植民地支配自体は合法だったという理解なのである。両国はこの見解の相違を認識しつつ、棚上げにして条約を結んだのである。

また、日本の植民地支配に関する反省や責任について、何もしめされなかった。さらに、一九〇五年以降日本領だったが、一九五二年に韓国が実効支配した**竹島**（**独島**《ドクト》）についても何も書かれなかった。将来に禍根をのこす和解であった。

そもそも韓国の市民にとって植民地支配の過去はまだ過ぎ去っておらず、国交正常化に対する反対世論も大きかった。日本からの資金供与に対して、三六年間の植民地支配を金の力で合法化しようとするものだという批判もまき起こっていた。

しかし朴政権は、ベトナム戦争を遂行するアメリカとの同盟関係を強化するべく、日韓条約締結を推進した。軍部独裁政権であった朴政権には、反対世論を軍事力によって封じ込める力もあった。日韓条約は、ベトナム戦争という特殊な状況と、朴正煕独裁下において成立した国民的合意なき国交正常化だったのである。

こうして、日本と韓国はベトナム戦争に深くかかわっていく。憲法九条がある日本は派兵できなかったが、韓国は違った。韓国はアメリカの派兵要求におうじて最大五万人をベトナムに派遣し、解放戦線との戦いに参加したのである。

アジアの開発独裁

さて、韓国と同様に、一九六〇年代には日本の資金が東南アジア諸国にひろくゆきわたっていた。サンフランシスコ講和条約にもとづき、日本軍の被害を受けた東南アジア諸国が賠償金を請求したり、日本の資金供与を受けたりしたためである。高度成長期にあった日本は、しばしば円借款などで代替し、これが政府開発援助（ＯＤＡ）のはじまりになった。

日本の資金供与を受けて、各地に**開発独裁**（開発主義）と呼ばれる政治スタイルが生まれた。開発独裁のもとでは、軍事力を背景とした独裁政権が、その強力な政治権力によって経済開発を推進する。国民の権利や自由が制限される一方で、経済開発の成功が独裁政権の正統性の根拠になる。

韓国の朴正熙政権は、典型的な開発独裁である。フィリピンでは一九六五年に首相になったマルコスが開発独裁を進めた。フィリピンの場合、経済発展に失敗し貧困の連鎖からぬけ出ることはできなかったため、市民の不満は蓄積することになる。

マレーシア（マラヤ連邦）は、一九六三年にボルネオ北部とともにイギリスから独立したが、人口において多数派であるマレー人優遇政策が推進されたことに対して、シンガポールで多数をしめる華人たちが反発した。

こうしてシンガポール独立運動が展開され、一九六五年に分離独立をはたした。この運動を主導したのがリー・クアンユーであり、彼は初代首相となってから、日本の資金供与も受けて強力な開発独裁を推進する。その結果、シンガポールはアジア全体の金融センターとしてめざましい経済成長をはたすことになる。

九・三〇事件――インドネシア大虐殺

このように東南アジアの多くの国で開発独裁が成立し、冷戦の構図において資本主義の側に傾いていた。しかし、ベトナムの他にも共産主義が強力な勢力をほこっていた国があった。インドネシアである。

インドネシアのスカルノ大統領は、アジア・アフリカ非同盟主義の盟主としてリーダーシップを発揮し、国際的には中国との連携、国内ではインドネシア共産党との連携によって権力を掌握していた。しかし経済政策は失敗し、困窮した国民は政権への不満を蓄積させていた。

一九六五年九月三〇日、共産党支持派の青年将校がクーデタを計画したという口実で、スハルトを中心とする陸軍司令部が決起し、共産党勢力を一掃するという事件が起こった（九・三〇事件）。

これ以後、建国の父スカルノの権威は失墜し、スハルト将軍が実権をにぎった。インドネシア各地で、反共的な民衆が共産主義者を次々と殺戮していき、隣人同士が殺しあった。政府はこの殺人を容認した。この大虐殺の犠牲者は一説には二〇〇万人ともいわれるが、今もなお全容は解明されていない〔倉沢二〇二〇〕。インドネシア大虐殺に対して国際社会は無関心であった。ベトナム戦争が長期化するなか、インドネシアから共産主義が一掃されることは、アメリカにとってむしろ好都合であったのだ。

こうして権力を掌握したスハルトは、日本やアメリカからの資金援助を受けて工業化を進める、開発独裁を推進した。これによってインドネシアは、モノカルチャー経済から抜け出し、徐々に経済的な発展をとげていく。

スハルト政権にとって、ねばりつよくアメリカ軍に抵抗をつづけるベトナムの共産主義は脅威であった。かくして、一九六七年にインドネシア、シンガポール、フィリピンの親米開発独裁諸国が中心となって、タイやマレーシアとともに**東南アジア諸国連合（ASEAN）**が結成された。ASEANは、共産主義の自国への波及をおそれた諸国による防共同盟としてスタートしたのである。

図７－５　スハルト

文化大革命の開始

このようにベトナム戦争は、アジアにおけるイデオロギー闘争を先鋭化させることになった。インドネシアで共産党勢力が一掃された結果、中国とインドネシアとの連携も断絶した。こうした資本主義陣営の攻勢を受けて、中国は共産主義のイデオロギーをさらに先鋭化させていく。

中国は大躍進政策の失敗で荒廃した経済をたてなおすために、劉少奇国家主席のもとで社会主義政策を緩和し、市場経済を部分的に導入していった。これに反発した毛沢東は、権力の回復をはかって、一九六六年に**プロレタリア文化大革命**の開始を宣言した。

いわく、劉少奇らは社会主義の理想を破壊し、資本主義の復活をはかる「**実権派**（走資派）」である。社会主義を守るために、国家主導ではなく人民の力で実権派を排除しなければならない。そのためには暴力によって彼らを徹底的に容赦なく排除することが必要であると。

図7－6　天安門広場で『毛沢東語録』を掲げる紅衛兵たち

このための実働部隊になったのが、**紅衛兵**と呼ばれる毛沢東思想を狂信的に奉じる青少年たちであった。紅衛兵は大学生や高校生によって組織されており、『毛沢東語録』を掲げて、革命的暴力を正当化した。

紅衛兵は「実権派」とみなされた共産党幹部や知識人たちに次々とおそいかかり、彼らをつるしあげ、大衆の面前で罵倒し、自己反省をせまった。「実権派」の頭目とみなされた劉少奇は国家主席から引きずりおろされ、徹底した糾弾と迫害ののちに「病死」した。長年にわたって毛沢東と革命を共にした古参党員も例外ではなく、周恩来は毛沢東への忠誠を誓い、鄧小平《とうしょうへい》は失脚した。

こうして毛沢東は、民衆の圧倒的な支持と暴力による反対派の粛清によって、絶対権力者として復権をはたした。毛沢東の忠実な部下だけが生き残った。しかしこの文化大革命は、まだはじまったばかりであった。

第三次中東戦争

中東でも混沌が支配していた。最初の中東戦争で故郷を奪われたパレスチナ人たちは、一九六四年に**パレスチナ解放機構**（**ＰＬＯ**）を結成し、イスラエルに対する武装闘争を開始し、エジプトを中心とするアラブ諸国もこれを支援した。

スエズ戦争以来、ナセルを中心としてアラブ民族主義が高まっていたが、イスラエルは虎視眈々と報復の機会をねらっていた。一九六七年六月、イスラエルの大軍が突如としてアラブ諸国に侵入し、**第三次中東戦争**が勃発した。

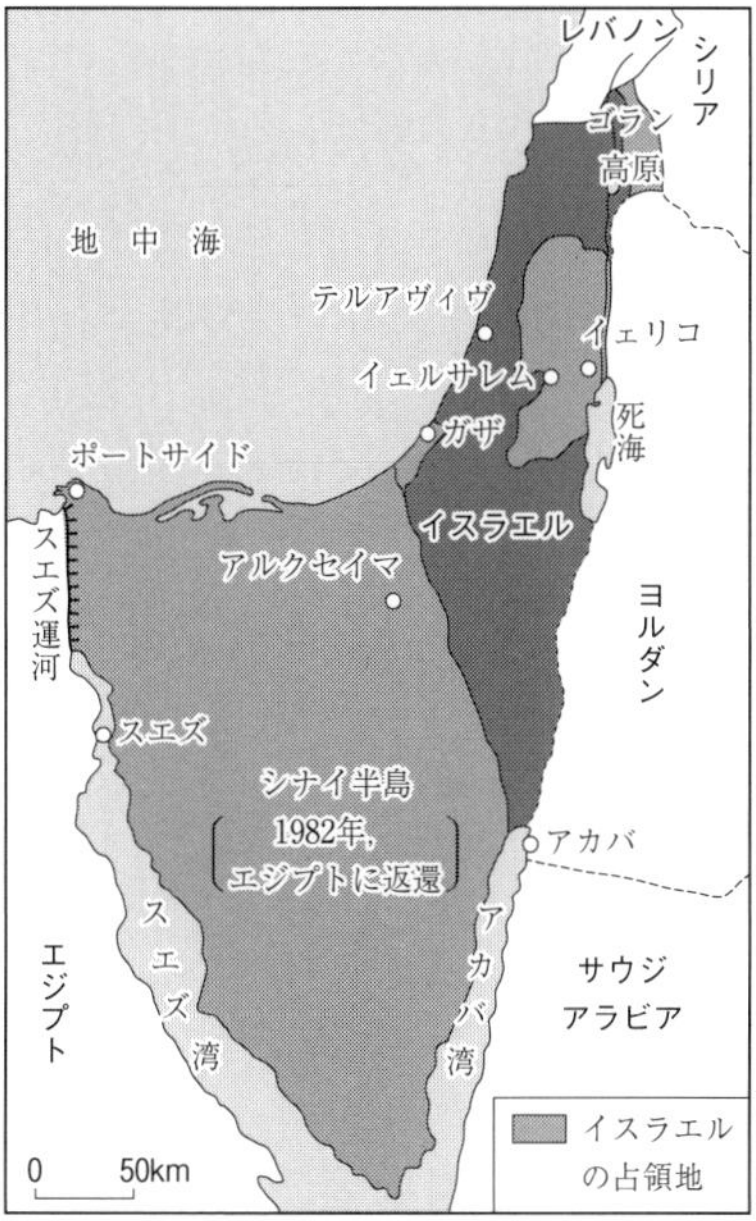

図７－７　第３次中東戦争後のパレスチナ

イスラエルは、わずか六週間でパレスチナのアラブ人地域（ガザ地区）を奪い、エジプトのシナイ半島を占領し、ヨルダンから東イエルサレムとヨルダン川西岸地域を奪い、シリアからゴラン高原を切りとり、その領土を五倍に拡大した。アラブ諸国にはなすすべがなかった。

惨敗を喫したナセルの求心力は急速に低

下し、アラブ民族主義はそのよりどころを失った。パレスチナ人はわずかに残された土地からも追い出され、一〇〇万人をこえるパレスチナ難民があらたに発生した。その多くは隣国のヨルダンに流れこんだ。

国連安保理事会は一一月に和平案を決議したが、イスラエルはこれを公然と無視した。全世界の関心がベトナムに集まる中で、パレスチナ人の窮状は国際社会の注目を集めなかった。

さまよえるパレスチナ人は、敗北したアラブ諸国にはたよれず、国際社会にもたよることができないという状況で、一九六九年にPLO議長となったアラファトを中心として、さらに武装闘争を激化させていくのである。

ベトナム反戦運動の登場

ベトナム戦争を中心として、資本主義と共産主義がそれぞれのイデオロギーの正しさを暴力的に先鋭化していったのが、一九六〇年代半ばのアジアであった。こうした混沌として硬直した対立関係の中で、平和を模索することはきわめてむずかしかった。

平和への鍵は、「ベトナム反戦」にあった。

開戦当初、アメリカ国民の圧倒的多数が、ベトナム介入が正義の戦争であると信じていた。一九六五年一二月の世論調査では、回答者の半数以上が北爆強化を和平への道だとして支持していたし、八割以上が、北ベトナムが譲歩するまでアメリカ軍はベトナムにとどまるべきであると答えていた。

しかし、ベトナム戦争の実態は過酷であった。北ベトナムでは連日都市や村落に無差別爆撃が行われ、市民たちが焼き殺されていた。アメリカ軍は北爆で新型爆弾を次々と投下し、さながら新兵器の実験場であった。

その一方で、解放戦線によるゲリラ戦も激しさを増し、アメリカ兵の犠牲者も増えていった。ジャングルでは戦闘機も戦車も役にはたたない。そこでアメリカ軍は、ゲリラがひそむジャングルを根絶やしにするために、ダイオキシンを含む**枯葉剤**を広範囲に散布した。これによって多くのジャングルが丸裸にされたが、すべての森林が消滅するわけでもなく、効果は限定的だった。しかもダイオキシンの環境被害が現地住民におよび、世代をこえて遺伝する染色体異常など、多くの被害が出た。

図７-８　ベトナム反戦の意思をしめす「フラワーチルドレン」運動

さらにゲリラの拠点をつぶすために、解放戦線側とみなされた村落を焼き払う作戦をおこなった。こうした一般市民をまきこむ戦闘の結果、多数の**ベトナム難民**が発生した。

ベトナム戦争は、テレビでその戦場のようすが連日報道された、はじめての戦争であった。戦場カメラマンも世界中から戦争の実態を伝えようとベトナム入りし、新聞や雑誌の紙面をかざった。

写真家の沢田教一が撮影した「安全への逃避」（一九六五年）は、南ベトナム中部で戦火からのがれようと必死で川をわたる母子の姿をとらえたもので、ピューリッツァー賞を受賞した。

こうして、残酷な戦場のようすがメディアで生々しく伝えられると、世界中で**ベトナム反戦運動**がまき起こった。それだけでなく、正義の戦争だと信じていたアメリカ国民のあいだにも、この戦争の正当性について疑問がつきつけられていく。

図7－9　屋良朝苗

戦争に反対するアメリカの若者たちは「フラワーチルドレン」という運動を展開した。これは銃をもつアメリカ兵の前に進み出て、銃口の前に花をさし出し、戦争に抗議するというものである。この運動をはじめ「若者たちの抗議」が世界中で繰りひろげられた。

日本の反戦運動

アメリカの同盟国とはいえ、日本には憲法九条があるため自衛隊がベトナムに派遣されることはなかった。しかし本土や特に沖縄の米軍基地は、ベトナムに向かう爆撃機の発進基地になったので、日本もまたアメリカの戦争に参加させられていた。

日本でもベトナム反戦運動が燃えあがった。一九六五年、作家の小田実の呼びかけで「**ベトナムに平和を！　市民連合**」（ベ平連）の運動がはじまった。ベ平連は戦争という暴力に、非暴力の思想を持って対抗した。彼らは白い風船や花束を持ち、平和のためのデモを行った。

沖縄の**嘉手納《かでな》基地**は、極東最大のアメリカ空軍基地である。北爆がはじまると、当然ながらここから連日爆撃機が北ベトナムに爆弾を落とすために発進していった。自分たちの島がベトナムの人々を虐殺するために利用されていることに、沖縄の人々は反対の声をあげ、「米軍基地撤去、米軍撤退」を要求する市民運動が急拡大した。

この運動の中心になったのは、**屋良《やら》朝苗《ちょうびょう》**を中心とする**沖縄県祖国復帰協議会**（復帰協）であった。ベトナムに爆撃を行う基地を撤去するには、沖縄の占領状態を終わらせ、本土に復帰し主権を取り戻さなければならない。こうして沖縄のベトナム反戦運動は、基地反対・本土復帰運動と連動して展開されたのである。

全沖縄をあげての本土復帰運動が、反米的性格をともなって展開された。沖縄の本土復帰を目標に掲げていた佐藤栄作首相は、六七年にジョンソン大統領と会談を行った。反米運動が沖縄をおおいつくしている状況を受けて、極東最大の基地を失うわけにはいかないアメリカ側も妥協した。ジョンソンは、小笠原諸島の返還と二〜三年以内の沖縄返還を約束した。

ベトナム戦争以来、アジア全域がイデオロギー闘争の舞台となった。しかしベトナム反戦運動が徐々に世界中にひろがっていき、グローバルな市民の抵抗運動として世界平和をけん引していく。その頂点が、一九六八年であった。

4　「一九六八年」

テト攻勢

一九六八年一月、ベトナムの旧正月（テト）の日に、南ベトナム解放民族戦線による南ベトナム全土における大規模な奇襲攻撃が決行された（テト攻勢）。これは従来ジャングルでのゲリラ戦がメインだった解放戦線が、都市の一斉攻撃へと転じたもので、南ベトナム側は不意をつかれた。激しい攻撃によって一時サイゴンのアメリカ大使館が占領される事態にまでおちいった。

ほどなく南ベトナム・アメリカ軍のまきかえしが行われ、解放戦線側の攻撃は撃退されたが、大国アメリカがなりふりかまわず戦争を続行しているにもかかわらず、解放戦線側はおとろえるどころか、一時的とはいえアメリカに逆襲したのである。テト攻勢のようすはテレビで報道され、アメリカと世界に大きな衝撃を与えた。
ベトナム介入は「正義の戦争」ではないかもしれない――ベトナム人たちのねばりづよい抵抗を目のあたりにして、アメリカ人の多数がみずからの正当性に疑問を持つようになった。こうしてアメリカのベトナム反戦運動は、かつてない規模で展開されるようになった。

アメリカはベトナム戦争の構造を誤解していた。アメリカの政府や国民はこの戦いを東南アジアの共産化を防ぐための戦いであると思っていたが、実際は一九世紀からつづくベトナム人の民族独立戦争であった。アメリカは「冷戦の構図」にとらわれて、ベトナム人の民族自決を軍事力で破滅させようとする戦いを長年つづけていたのである。

カウンター・カルチャーの台頭

アメリカの「正義」はくずれた。これを受けて、既存の権力や権威、これまで当たり前のように「正しい」とされていた価値観や文化、社会秩序に疑いを持っていた若者たちの「反乱」が起こった。

正しいと思いこまされていたベトナム戦争は不正義の戦争だった。権力側は嘘をついている。既存の価値観にとらわれない新しい世界をつくろう――こうした若者たちの運動は、**カウンター・カルチャー**（対抗文化）と呼ばれた。

その中心にあった人々はヒッピーと呼ばれ、ロックンロールと長髪などに代表される風俗をまとい、「愛と平和」を唱えてベトナム戦争に反対した。世界的なムーヴメントをまき起こしたロック・グループの**ビートルズ**は、まさに「愛と平和」を高らかに歌い、カウンター・カルチャーの象徴的存在となった。

この運動は、ヨーロッパの近代がもたらした物質文明に対する自己批判という側面があった。彼らが批判する既存の価値観とは、資本主義の物質的な豊かさを追い求める精神的貧困であり、合理主義の追求による人間性の喪失であり、植民地主義による諸民族への抑圧であった。

したがってカウンター・カルチャーは、欧米や日本といった資本主義国の全域で、主に学生のあいだにひろがっていったが、それがベトナム反戦や「愛と平和」といったスローガンによって大衆運動に発展していった。

図7－10　初訪米時のビートルズ（1964年2月7日）

新しい女性運動——ウーマン・リブ

既存の権威への懐疑や反逆という性質は、様々な社会問題に結びつき、新しい運動を生み出していった。世界的にひろまったのが、女性解放運動の新しい展開であった。

二〇世紀に女性たちは社会に進出していったが、依然として職場の中心は男性であり、女性は周縁的・従属的な地位におかれ、賃金や待遇にも差があった。結婚すれば退職して家事育児に専念するのが社会の「常識」だとされた。こうした社会全体の構造的な女性差別と戦い、人々の意識を変えていこうとする運動を、**ウーマン・リブ**といった。

国際社会もウーマン・リブを後押しした。国連は一九六七年に、**「女性に対する差別撤廃宣言」**を採択し、その後も長くつづく女性差別に対する戦いののろしをあげたのである。一九世紀末からの女性参政権運動につぐ、女性解放運動（フェミニズム）の第二の波が本格化したのである。

ウーマン・リブはもちろん女性たちの戦いであったが、それは世界的なベトナム反戦運動とも連動していた。ベトナム反戦運動は複合的な運動だったのである。

こうした社会全体からのカウンターによって、大国アメリカは大きく動揺した。テト攻勢を受けて短期的な勝利へのみこみを失ったとみなされ、ジョンソン大統領の支持率は大きく下落した。一九六八年は大統領選の年であったが、再選はむずかしいと考えたジョンソンは、大統領選への出馬を見送った。

さらに、戦費の増大による財政圧迫が深刻化する中で、ジョンソン大統領は三月、北爆の縮小を宣言した。ベトナム反戦運動は、ついに大国アメリカの方針を転換させたのである。

黒人たちのさらなる戦い

アメリカでは、ベトナム反戦運動が黒人解放運動とも連動していた。公民権法が制定されたあとも、アメリカ社会に根づいた黒人差別はなかなか払しょくされず、法律は実効性を持たない場面が多かった。

こうした事態をまねいたのは、ジョンソン大統領が「偉大な社会」を実現するといいながらも、ベトナムでの戦費増大によって国内の差別・貧困対策にふりわける予算がなかったことが大きく、黒人たちから激しく批判された。

さらにベトナム戦争では白人の兵士よりも黒人兵の死傷率が明らかに高かったことも、黒人たちの不満につながった。このためキング牧師をはじめとする運動家は、ベトナム反戦運動に賛同して、黒人解放運動を展開していったのである。

しかし四月、差別主義者の手によってキング牧師が暗殺された。黒人たちの怒りは爆発した。アメリカ各地の都市で黒人暴動が頻発した。ガンディーを信奉するキング牧師は、あくまで非暴力の運動として黒人解放をうったえていたが、彼が死んだのち、黒人解放運動は暴力的な方向へと舵をきっていったのである。

文化大革命の混迷

実は若者たちのカウンター・カルチャーには、当時中国で進行していた文化大革命も影響を与えていた。毛沢東がしめす資本主義や保守的な伝統文化に対する批判は、カウンター・カルチャーの権力批判につうじるものがあったのである。欧米の若者たちは、文化大革命によって彼らがめざす新しい理想社会が実現されるように思った。しかし現実には、おそるべき事態が中国で進行していた。

文化大革命では、社会主義思想に反するあらゆるものが「反革命的」とみなされ、排除されていった。「実権派」とみなされた共産党幹部や役人たちが迫害され、国家機構は崩壊した。知識人はすべて反革命的とされ、全国から教師が排除されて学校は長年にわたって機能しなくなった。マルクス主義思想にもとづき宗教が否定され、仏教などの寺院が破壊され、多くの文化財も失われた。

その結果中国に何が起こったか。子どもたちの教育水準はいちじるしく低下した。社会のすみずみにいたるまで権威が否定されたことで社会秩序が根本から崩壊し、農村社会が打撃を受け、生産力が減退した。経済活動は資本主義的とみなされて縮小し、貧困と飢餓が中国全土をおおった。こうした混乱を収拾するべき国家機構もまた破壊されていたので、中国全土が無秩序におちいったのである。

紅衛兵はしばしば暴走し、共産党幹部でも彼らの暴力をおしとどめることができないばかりか、暴力の対象になった。毛沢東にも制御不可能になったとき、軍隊が出動して、暴徒と化した紅衛兵を鎮圧した。

毛沢東は、制御のきかなくなった紅衛兵たちに活躍の場を与えるとともに、荒廃した農村をたてなおすために、学生たちを農村に移住させる「下放」を指示した。彼らを都市から農村に移住させることで、農村から社会主義の実践的理念を学ぶというのが名目だった。

結果的に紅衛兵の暴力は沈静化したが、ひとたび失われた社会秩序や生産能力が回復するには相当な時間がかかることになる。

中ソ国境紛争

このころ、社会主義の二大国、中国とソ連の関係は、中ソ対立以来ぎくしゃくしたままだった。文化大革命によって、ソ連を批判する毛沢東の姿勢が絶対的な教理になっていくなか、ついに一九六九年三月に**中ソ国境紛争**が起こってしまった。

場所は中国東北部、ソ連領の沿海州との境界線とされるウスリー川である。ウスリー川には数多くの中州、島があり、そのひとつひとつの島が中ソのどちらの領土に当たるのか、確定していなかった。

ウスリー川の中流にあるそうした中州の一つ、ダマンスキー島（珍宝島）で偶発的な軍事衝突が起こったのである。紛争は中ソの全面戦争に発展することはなかったが、両国の関係は決定的に冷えこんだ。

その結果、ベトナム戦争に対する中国の姿勢にも変化が起こることになる。以後、東アジアでは社会主義国どうしの関係が複雑化していくのである。

「プラハの春」

このように社会主義の主要大国同士がたがいに争う事態に対して、東欧では社会主義に対する反発がふたたび起こった。チェコスロヴァキアの運動である。

ワルシャワ条約機構の設立とベルリンの壁建設によって、社会主義の抑圧姿勢がつよまり、民衆は不満を感じていた。この不満を背景に、一九六八年一月にチェコスロヴァキアで誕生したのが、**ドプチェク**政権であった。ドプチェクはソ連の方針に反対し、経済活動の自由化や市民的自由の拡大などの改革を実施し、チェコ市民はこれを支持した。この自由化運動は「**プラハの春**」とよばれた。

図７-11　「プラハの春」 戦車と戦う市民

この運動のスローガンは「人間の顔をした社会主義」であり、決して社会主義体制を否定したわけではない。あくまで社会主義の枠内で自由を手にいれようとしたのである。

しかし、ソ連は「プラハの春」を認めなかった。八月、ソ連と東欧諸国はチェコスロヴァキアへの介入を決議し、東ドイツなど東欧五カ国からなるワルシャワ条約機構軍がプラハに侵攻した。市民たちは抗議したが、市内を戦車が蹂躙するなかでは無力であった。ドプチェクはモスクワに連行され、自由への希望は無残に打ち砕かれることになった。

この軍事介入を正当化するために、ソ連共産党書記長**ブレジネフ**は、社会主義全体の利益のためには陣営内の国の主権は制限されるという**制限主権論**をブレジネフ・ドクトリンとして掲げた。

以後東欧諸国では、自由化運動は抑圧されたが、強権的な共産党政権に対する市民の不満が蓄積しつづけていった。それはいずれ何かのきっかけで一斉に爆発するであろう。

フランスの五月危機

フランスはド・ゴール大統領のもとで脱アメリカの色彩をつよめていたが、西ヨーロッパという枠組みでは、西ドイツとの連携をベースにヨーロッパ統合を加速させ、一九六七年にはＥＣＳＣ、ＥＵＲＡＴＯＭ、ＥＥＣが統合され、**ヨーロッパ共同体**（ＥＣ）が成立することになった。自由と民主主義を掲げる西欧諸国が団結することで、平和と繁栄をヨーロッパがリードする体制がつくられたように思われた。

そのフランスでも、一九六八年五月にはカウンター・カルチャーの嵐がまき起こった。最初は大学の民主化などを要求する学生のデモであったが、経営参加を要求する労働者などが加わり、大規模なゼネストに発展した。フランスの市民は、伝統的な「管理社会」に自由への抑圧をみいだし、反発したのである。これを**五月危機**（五月革命）という。

五月危機はド・ゴール大統領の足もとをゆるがした。政権批判をともなうゼネストは、パリだけでなく全国にひろがった。ド・ゴールは事態の鎮静化をはかって国会を解散し、総選挙にうってでた。その結果はド・ゴール派の勝利であった。しかし翌年、憲法改正の国民投票には失敗した。ド・ゴールの権威は失墜し、ついに大統領を辞任した。

西ドイツの六八年運動

ＥＣにおけるフランスのパートナー、西ドイツでも一九六八年に大規模な市民運動が発生した。ヨーロッパ冷戦の最前線として東ドイツに対峙する西ドイツ市民にとって、ベトナム戦争の泥沼化は他人事ではなく、若者たちによるベトナム反戦運動が起こっていた。

西ドイツの若者たちは、与党キリスト教民主同盟が象徴する保守的な権威に対する抵抗をさけんだ。首相のキージンガーは元ナチ官吏であったし、かれら若者たちの親世代は、ホロコーストをひき起こしたナチの支持者であった過去を語ろうとしなかった。

若者たちの目には、ベトナムで虐殺される民衆とナチに虐殺されたユダヤ人は重なってみえた。西ドイツの六八年運動は、ナチズムという過去を直視すべく、親世代に抵抗する運動でもあったのである。

若者たちの運動は政府によって鎮圧されたが、キリスト教社会同盟の支持は急落し、翌年の総選挙で敗北した。かわって首相となったのが、社会民主党の**ブラント**である。彼はナチに抵抗して亡命した過去を持ち、冷戦の構図を批判して東欧諸国との積極的な和解を主張していくことになる。

日本の一九六八年

日本でも、ベ平連を中心としたベトナム反戦運動が、テト攻勢を受けてさらなるひろがりをみせていた。学生たちもベトナム反戦運動をになった。彼らはフランスの五月危機と同じく、大学改革を求める学生運動を展開し、一部は過激化して**大学紛争**と呼ばれる体制側との衝突を繰りひろげた。

そしてこのとき、日本の市民運動の最大の焦点になったのが、新安保条約の延長問題である。一九六〇年に締結された新安保条約では、有効期限が一〇年とされ、何もなければ一九七〇年に自動延長されることになっていた。安保条約のために、ベトナム戦争で日本は少なからぬ役割をになわされているという認識があった。この延長を阻止するために市民や学生は、一九六八年から翌年にかけてデモを繰り返した。

学生運動はしばしば過激化した。東大紛争では、学生側が本郷キャンパスを占拠したのに対し、一九六九年一月に東大側が機動隊の出動を要請して約八五〇〇人の機動隊員が構内に入って学生と衝突する事態に発展した。

しかし日本における市民運動は、社会全体をかえることはできず、次第に運動は収束し、学生や市民は日常に戻っていった。

公害との戦い

一方で、このころの日本において、学生や一部反戦運動家にかぎらない幅ひろい市民運動を呼び起こしていたのが、公害問題であった。

一九六〇年代の日本は高度経済成長の時代に当たるが、生物学者レイチェル・カーソンが一九六二年にあらわした『**沈黙の春**』が警鐘をならしたように、農薬や工業汚水による先進工業国での環境破壊は深刻なものとなり、人体にも被害をもたらすものになっていた。

日本でも工業排水による水質汚濁や大気汚染が進み、いちじるしい環境破壊がひき起こされた。これらの環境破壊は人体に異常をもたらし、おそるべき**公害病**が発生した。

特に熊本水俣病、阿賀野川水銀中毒（新潟水俣病）、四日市ぜんそく、富山イタイイタイ病の**四大公害病**が大きな問題となっていた。これらの被害をひき起こした企業はその責任を取ろうとしなかったが、メディアを通じて被害の実態が明らかになると、全国で市民による公害反対運動がひろがった。

佐藤栄作内閣も問題の深刻さに気づき、一九六七年に**公害対策基本法**が制定された。こうした社会認知の変化を受けて、一九六七年から一九六九年にかけて四大公害病の被害者たちは各企業に次々と訴訟を起こしていき、市民運動がそれらを後押ししていったのである。

非核三原則と沖縄の運動

そして一九六八年の市民運動において最も重要な位置をしめたのが、沖縄の運動である。復帰協を中心とする激しい反米・ベトナム反戦運動がつづくなか、数年後の沖縄返還が合意されたが、米軍基地が撤収するかどうかは定かではなかった。

そして、もし米軍基地が残るのであれば、現在配備されている核兵器はどうなるのか。佐藤首相は帰国後、国会の答弁で、「核兵器を持たず、つくらず、持ちこませず」という非核三原則の政策をとることを明言した。しかし沖縄に米軍基地が残るのであれば、核兵器も撤去されないおそれがある。

沖縄の民意は明白だった。一九六八年一一月、はじめて行われた琉球政府主席の選挙において、沖縄の本土復帰と米軍基地の全面撤去を求める復帰協の屋良朝苗が当選したのである。

さらに大事件が起こった。選挙結果の興奮もさめやらぬ中で、ベトナム爆撃のために嘉手納基地を発進しようとしたB52爆撃機が墜落し、爆発炎上したのである。しかも墜落地点付近には嘉手納基地の核貯蔵庫があり、一歩まちがえれば核爆発を起こす大惨事になる可能性があった。

沖縄の人々の怒りは爆発した。屋良ら復帰協は従来から「本土復帰と基地撤去」を求めていたが、そこに反核運動が加わった。一九六八年の沖縄の市民運動は、ベトナム戦争反対、基地撤去、反核が組みあわさるかたちとなった。

この激しい沖縄市民の怒りを受けて、一九六九年一一月、日米両政府は「核ぬき、本土なみ、七二年返還」を内容とする共同宣言を発した。核兵器は完全に撤去され、本土と同じく非核三原則が適用され、米軍基地も本土なみの負担に削減されるという約束である。少なくともこの段階においては、沖縄市民運動の要求は達成されたのである。

ホー・チ・ミンの死

アメリカでは、ジョンソンが大統領選への不出馬を表明し、北爆の停止を決定しても、民主党の支持は回復しなかった。一九六八年を通じてベトナム反戦デモは全米でもりあがりつづけ、民主党の候補は敗北、共和党のニクソンが大統領に選出された。

北爆は一九六八年一〇月に全面停止された。しかし北爆は停止したものの、アメリカ軍は残りつづけ、戦争は継続していた。そうした中で、翌一九六九年九月二日、ベトナム民主共和国独立二四周年の記念日に、建国者ホー・チ・ミンは死去した。

ホー・チ・ミンは、一九二五年にベトナム青年同志会を結成してから四四年間にわたって、ベトナムの独立のために先頭に立って戦いつづけた。最初は植民地の宗主国フランス、つぎに日本、そしてアメリカ――どれほど強大な相手にも不屈の闘志で立ち向かった。

彼は共産主義者だったが、それ以上に民族主義者であった。彼の生涯と思想は、「独立と自由ほど尊いものはない」という言葉に集約される。つねに人民によりそい、国民からは「ホーおじさん」と呼ばれて親しまれた。

ベトナムの統一と完全独立をみとどけることなく、ホー・チ・ミンは死んだ。しかし、北爆が停止され、和平協議がはじまったことで、ベトナムには希望がみえてきた。それは彼とベトナム人民の戦いに世界中が共感し、グローバルな市民の抵抗の波を生み出したことで進行したのである。

第8章　現代世界の転換期——一九七〇年代

キリング・フィールド（カンボジア・シェムリアップ）
ポル・ポト政権による組織的なジェノサイドが行われた場所はキリング・フィールドと呼ばれる。アンコール・ワットで有名なシェムリアップでも数万人が殺害された。現在，犠牲者の遺骨はお堂に収められ，慰霊のための寺院がつくられた。こうした場所はカンボジア各地に無数に存在する（撮影：筆者）。

中央・南・東南アジア	東アジア	南北アメリカ・国際
カンボジアで軍事クーデタ →ロン・ノル政権 米軍，カンボジア侵攻		ウーマン・リブのデモ拡大 チリでアジェンデ社会主義政権成立
東パキスタン（バングラデシュ）独立宣言 第3次インド・パキスタン戦争	キッシンジャー訪中 沖縄返還協定	アルゼンチンでクーデタ，軍事政権成立 米，金・ドル交換停止。ドル危機
	ニクソン訪中 沖縄返還が実現 日中共同声明	第1次戦略兵器削減交渉（SALT Ⅰ）
ベトナム和平に関するパリ協定		オーストラリア，白豪主義撤廃
インド核実験成功		ニクソン訪ソ チリ，ピノチェト軍事政権成立
サイゴン陥落。ベトナム社会主義共和国成立宣言	蔣介石死去	世界女性会議 →「国際女性の年」
民主カンプチア成立 →ポル・ポト政権による虐殺はじまる インドネシア，東ティモール併合宣言	周恩来死去 第1次天安門事件 毛沢東死去 四人組逮捕	
ベトナム，カンボジア侵攻	文化大革命終結	
アフガニスタン内戦勃発	中国，「改革・開放」政策開始	
ベトナム軍がポル・ポト政権打倒，ヘン・サムリン政権成立 →カンボジア内戦へ ソ連，アフガニスタン侵攻	中越戦争 朴正熙大統領暗殺 全斗煥が実権掌握	スリーマイル原子力発電所で事故 第2次戦略兵器削減交渉（SALT Ⅱ） ニカラグアでサンディニスタ民族解放戦線が権力掌握 国連で女性差別撤廃条約

なぜ一九七〇年代に「過去の克服」が進んだのだろうか？

イランとアメリカは、なぜ対立することになったのだろうか？

西　暦	ヨーロッパ・ロシア	アフリカ・中東
1970年	サラザール死去 西ドイツ，ソ連と国交正常化 西ドイツ，ポーランドと国交正常化 ブラント首相，ゲットー跡地でひざまずく	
1971年		
1972年	国連人間環境会議 東西ドイツ基本条約	
1973年	イギリス・アイルランド・デンマーク EC 加盟 東西ドイツ，国連加盟	第 4 次中東戦争 OAPEC が石油戦術 →第 1 次石油危機
1974年	ポルトガルで軍事独裁政権打倒	パレスチナ問題に関する国連決議
1975年	ヘルシンキ宣言 フランコ死去。スペイン民主化へ	エチオピア帝政廃止 モザンビーク独立 アンゴラ独立→アンゴラ内戦勃発
1976年		南アでソウェト蜂起
1977年		
1978年		エジプト・イスラエル首脳会談
1979年	イギリスでサッチャー政権成立	イラン・イスラーム革命 →ホメイニ政権成立 第 2 次石油危機 エジプト・イスラエル平和条約 イラクでサダム・フセイン政権成立 イランでアメリカ大使館占拠事件

1　途上国の逆襲

インディラ・ガンディーのインド

インド首相**インディラ・ガンディー**。彼女はインド建国の父ネルーの娘で、ネルーが死んだのち首相に選出され、経済危機の中で銀行の国有化などの社会主義的な政策を敢行し、貧困の追放を唱えて大衆の人気を得た。

独立後のインドは、二度の印パ戦争や中印国境紛争をへて、中国と対立するソ連に接近していき、一九七一年にはソ連と友好条約を結んだ。中国やアメリカからの自立性を確保するためだが、つねに国際的な緊張関係にさらされることにもなった。

このとき、パキスタンの離れ小島になっていたベンガル地方の東パキスタンが独立運動を起こした。パキスタンはもちろん独立を認めず、運動を弾圧しようとしたが、インディラ・ガンディーは東パキスタンの独立を支援し、パキスタンに侵攻した。こうして東パキスタンをめぐる**第三次インド・パキスタン戦争**が勃発した。

インド軍はパキスタン軍に勝利し、その結果、東パキスタンは**バングラデシュ**として独立した。インディラ・ガンディーはこれでおおいに自信をえた。中国に対抗するべく核開発を行い、一九七四年には核実験に成功した。インドは第六の核保有国として名乗りをあげ、NPT非加盟国への核拡散という事態をひき起こした。

「緑の革命」と環境問題

このころのインドや東南アジアの開発独裁国では、「緑の革命」と呼ばれる農業政策が流行した。名前だけみるとまるで環境保護の政策のようだが、まったく真逆である。経済開発により増大する人口をやしなうべく、高収入品種、化学肥料、農薬、灌漑をセットにして農業開発を行い、食糧増産を目指す政策である。インドではこの政策を実行していった結果、食糧自給率は飛躍的に高まり、インディラ・ガンディーの主張する貧困の解決に一役かった。しかしその反面、農薬や化学肥料の大量使用によって環境問題や健康被害も発生してしまった。

先進国においては、環境破壊は国家をあげて取り組むべき政策課題になっていた。日本では一九七三年までに四大公害訴訟のすべてで原告が勝訴した。環境問題への関心は、一九六〇年代の市民運動をへて、明らかに高まっていた。一九七二年にはスウェーデンのストックホルムで**国連人間環境会議**がひらかれた。これは世界初の国際環境会議である。

ここで、現在にまでつづく環境問題をめぐる深刻な国際対立があらわれる。すでに経済発展を達成した先進国と、一九六〇年代からようやく工業開発をみずから推進できるようになった開発途上国との対立である。前者は環境保護をうったえ、後者は経済発展のためには環境破壊は仕方がないという立場をとる。

途上国は大いに不満だった。これまで植民地支配によるモノカルチャー支配を強要され、まともな経済発展を阻害されたすえ、ようやく工業開発に着手できた矢先に、先進国から環境保護のために開発を規制せよといわれる。途上国にとって環境問題は先進国が仕掛けたあらたな植民地主義も同然であった。

貧困の解決を掲げ、農薬を利用した「緑の革命」を推進するインディラ・ガンディーは、この国連人間環境会議で「貧困こそが最大の環境汚染である」といった。環境のことを考えるよりも、まずは国内の貧困状態を解決することが先決だったのである。

ベトナム戦争の迷走

ベトナム戦争は、アメリカに新大統領ニクソンが誕生してから、終戦へと舵をきるかと思いきや、逆に戦線が拡大する方向に向かってしまう。

ニクソンは、一九六八年の戦況運動中のベトナム反戦運動が激しくなるなかで大統領選を勝ちぬいたことから、当然ベトナム和平を目指す**パリ和平会議**での和平実現を目指しているように思われた。しかし実のところアメリカは、和平をできるだけ南ベトナムに有利なものとしようと考えていた。

その結果アメリカは、ラオス・カンボジアを通過するホー・チ・ミン・ルートを遮断しようと、両国における解放戦線の軍事基地を攻撃した。カンボジアでは、一九七〇年三月に社会主義的なシハヌーク国王がアメリカの支援を受けた軍事クーデタによって追放され、親米的な**ロン・ノル**政権が誕生した。

しかし、アメリカ軍はラオスとカンボジアのホー・チ・ミン・ルートの拠点を粉砕することができなかった。逆に両国は全面的にベトナム戦争にまきこまれることになったのである。

パリ和平会議は難航した。その間にもホー・チ・ミン・ルートを通じて南ベトナムへの解放戦線の攻撃はつづいていく。アメリカは業をにやし、北爆を再開した。ベトナム戦争は終わらず、それどころかインドシナ半島全域に戦線を拡大することになってしまった。

白豪主義の撤廃

こうしてベトナムからは難民が世界に拡散していった。この難民を受けいれるかどうかで国のあり方そのものが変わったのが、オーストラリアである。

オーストラリアが建国当初に開始した、非白人を差別する白豪主義政策は、まだつづいていた。しかしベトナム戦争の被害にあった人々をすくおうという市民の意識から、一九七三年に**白豪主義は撤廃**された。

その後オーストラリアはベトナム難民を積極的に受けいれるようになり、これまでの人種主義国家から一転して多文化主義の国になった。これは人種主義を悪とする世界的な趨勢によるものであった。

アメリカで、オーストラリアで、人種主義的な政策は撤廃されていった。公然と人種主義を政策として維持する国は、南アフリカだけとなった。

石油危機の衝撃

難民が発生していたのはインドシナ半島だけではない。第三次中東戦争以降、大量のパレスチナ難民が隣国に押し出されており、国連の勧告にもかかわらず、問題は放置され、占領状態はまったく変更されないままだった。パレスチナ解放機構（PLO）はその活動を活発化させ、周辺のアラブ諸国のあいだにパレスチナ難民への共感がひろがっていった。

一九七三年一〇月、こうした状況に業をにやしたエジプトのサダト大統領は、シリアと連合して四度目のイスラエルとの戦争にいどんだ（**第四次中東戦争**）。

エジプトとイスラエルは一進一退の攻防を繰りひろげた。しかし今回戦ったのはエジプトとシリアだけではない。サダト大統領は、この戦争に際してアラブの産油国が連携するように呼び掛けた。

これを受けて、アラブ産油国によって結成されていた**アラブ石油輸出国機構**（OAPEC）は、戦争開始とともに、親イスラエルとみなした欧米諸国や日本に対して原油輸出を停止ないし制限する**石油戦略**をとった。中東が世界の石油資源埋蔵量の半分近くをしめるという現状において、この石油戦略はきわめて有効であった。

世界の石油供給量がいちじるしく制限され、価格が急騰した。かならずしも中東だけを加盟国とするわけではない**石油輸出国機構**（OPEC）も、原油価格の四倍増を決定した。

先進国はこれまで、途上国の安価な石油にささえられて経済成長をつづけ、好景気を維持してきた。しかし石油戦略はこの構造を破壊し、先進国に長期的な不況をもたらした。これを**第一次石油危機**（**オイル・ショック**）という。

例えば、石油の八割を中東地域に依存していた日本経済は大きな打撃を受けた。物資は不足し、経済は停滞した。日本政府は石油危機を受けて、石油にかわるエネルギーとして**原子力発電**に力をいれるようになった。

イスラエルの苦戦と石油危機を受けて、欧米諸国は和平調停に乗り出した。この戦争で石油戦略の有効性が証明されたことで、インドネシアやナイジェリアなどの途上国の産油国を中心とするＯＰＥＣの国際的な発言力が増した。これまで欧米の石油メジャーが産油量や価格を決定する力を持っていたが、石油危機をへて、団結したＯＰＥＣには石油メジャーに匹敵する力があることが証明された。

石油危機は、欧米先進国が世界の中心であるというこれまで自明だった前提を打ちくずし、世界の力関係を転換させたのである。

2　「過去の克服」——西ドイツと日本

デタントと東方外交

そして、ベトナム戦争の混迷と「一九六八年」以降のグローバルな市民の抵抗は、冷戦の構図そのものをゆさぶった。つまり、世界が東西の両陣営にわかれて対立しているという見方と現実があわなくなっていったのである。

国境紛争へと発展した中ソ対立は、ソ連の戦略を動揺させた。ブレジネフ書記長は制限主権論をもとにチェコの「プラハの春」を弾圧し、西欧諸国の非難をあびたが、中国と衝突している状況でヨーロッパでも緊張関係を高めるわけにもいかない。その結果、東西ヨーロッパの緊張緩和（**デタント**）がはじまった。

このとき、西ヨーロッパに東側諸国との対話を進めようとする政権が成立していた。「六八年運動」をへて誕生した西ドイツの**ブラント**政権である。これまで西ドイツは東側との対決、西側との結合を外交の基本方針にしていたが、ブラントはソ連および東欧諸国との関係を改善しようとする**東方外交**を展開した。

一九七〇年、ブラントはまずソ連と条約を結び、東方外交のための基盤をつくった。そのさい、最大の問題だったのはソ連やポーランドが旧ドイツから奪った東方領土の問題だった。ブラントはこれらの第二次世界大戦後に定められた東方国境を承認する方向で、東方外交を進めていった。

これはブラントの現実主義にもとづくものだった。ヨーロッパ、そしてドイツが東西に分断され対立している状況を解決するためには、まず第二次世界大戦後に成立した国境線を現実として受けいれなければならないと考えたのである。

図8-1　ワルシャワ・ゲットー跡地での「ブラントのひざまずき」を記念したプレート（ワルシャワ・ヴィリー・ブラント広場）

こうしてドイツとポーランドとの国境線として設定された「オーデル・ナイセ線」（オーデル川からナイセ川に至るライン）を西ドイツは承認し、一二月にポーランドとの国交正常化が実現した。

ブラントの「ひざまずき」と「過去の克服」

ブラントがソ連とポーランドとの協調関係をつくり出したことには、第二次世界大戦におけるナチ・ドイツの過去を克服するという意味があった。ナチ・ドイツによって最も大きな被害がでたのはソ連であり、ホロコーストの最大の舞台になったのはポーランドであった。これらの諸国と国交を正常化するには、西ドイツがナチ・ドイツの過去に向きあい、戦争責任を認めることを必要としていたのである。

ブラントはそのことを強く意識していた。そして一九七〇年一二月にポーランドとの国交正常化条約を締結するためにワルシャワを訪問したとき、ブラントは世界があっと驚くパフォーマンスをみせた。彼は、ワルシャワ・ゲットー跡地にあるユダヤ人犠牲者記念碑のまえでひざまずき、ホロコーストへの謝罪を表明したのである。

これは一国の首相が謝罪したというだけではなく、「ひざまずいた」というパフォーマンスこそが衝撃を与えた。その姿は全世界に報道され、ドイツのナショナリストには屈辱とうつり反発をまねいた一方で、世界的には勇気ある行為として賞賛をあつめた。

そして彼以降の西ドイツの首相や大統領もまた、ブラントの過去に対するスタイルを踏襲した。西ドイツは、ナチ・ドイツの戦争犯罪を詳細に追究・解明し、それらを国家として反省・補償し、歴史教育に反映させていった。こうした一連の政策を「**過去の克服**」と呼ぶ。

西ドイツが「過去の克服」を推進することができたのは、デタントという国際状況、ナチに直接加担していない世代への交代、「六八年運動」によって生まれたナチの過去を直視しようとする市民意識があったからであった。こうして一九七〇年代に西ドイツはナチの過去から脱却し、新しい社会へと転換していくことになるのである。

ヨーロッパのデタント

さらにブラントは、一九七二年には、東ドイツとのあいだに**東西ドイツ基本条約**を締結した。それまで東西ドイツは互いの国家を承認していなかったが、ドイツという国が二つあるという「現実」を直視することで、東西ドイツの相互承認が実現した。

翌年、東西両ドイツは国連に同時加盟し、国際的地位を高めた。ベルリンの壁建設以来、ドイツの東西対立は危機的であったが、緊張は緩和された。ヨーロッパは冷戦の最前線という緊張にみちた状況から徐々に脱していった。

こうしたヨーロッパにおけるデタントは、一九七五年の**ヘルシンキ宣言**に結びついた。これは、東西ヨーロッパ諸国とアメリカ、カナダなどが参加した全ヨーロッパ安全保障協力会議（ＣＳＣＥ）において採択されたもので、参加諸国間の人権尊重と情報交換の取り決めを定めたものである。
ヘルシンキ宣言によって社会主義政権下ではあからさまな人権抑圧がむずかしくなり、のちの東欧革命につながっていくのである。

アメリカの中ソ接近

第二次世界大戦を東西でひき起こし、連合国に敗北して占領された経験を持つドイツと日本は、「過去の克服」の文脈でしばしば比較される。そしてやはりこの一九七〇年代はじめ、西ドイツと同じく日本もまた、戦時中に最大の被害をもたらした中国との間に国交を樹立した。

それを可能にしたのは、米・中・ソをめぐる国際環境の変化であった。アメリカはベトナム戦争の長期化によって戦費が財政を圧迫し、貿易収支も一〇〇年ぶりに赤字に転じた。その結果、ドルの価値が急速に下落する「**ドル危機**」に直面した。ドルを基軸とする固定相場制はゆきづまり、変動相場制へと移行することになる。

ニクソン大統領は一刻も早くベトナム戦争を終息させ、東アジアの安全保障にかけるコストを少なくしなければならなかった。そんな彼には中ソ紛争は絶好の好機とうつった。

中ソ紛争を契機にアメリカは、中国とソ連の両方に外交攻勢をかけた。北ベトナムを支援する中国とソ連を味方につければ、北ベトナムを牽制しつつベトナム戦争を終わらせることができる。

こうして一九七一年、アメリカのキッシンジャー大統領補佐官が中国を訪問し、**米中和解**の足がかりをつくった。毛沢東は、ソ連にかわってアメリカに接近することによって、国際社会でソ連と対等の発言力を得ることができると考えた。

図８-２　毛沢東と握手するニクソン大統領

アメリカは、国連の中国代表権を台湾から中華人民共和国に移すことに合意し、これは同年一〇月の国連総会で圧倒的多数で可決された。アメリカは、国連代表となった中国を通じて北ベトナムとの和平を実現しようとしたのである。そして翌年、**ニクソン大統領が訪中**して毛沢東と会談し、米中和解が実現した。

さらにこれと並行して、ニクソンはアメリカ大統領としてはじめてソ連を訪問した。目的は、**第一次戦略兵器制限交渉（SALTⅠ）**の条約を締結することであった。SALTとは、米ソのあいだで軍事費の削減に努力し、戦略核ミサイルの数量を制限することを目的とする交渉である。前述したように、ソ連のブレジネフも中ソ対立のリスクを軽減するためにデタントを歓迎していた。

完全な廃止とはいかないが、米ソの核大国が核兵器の削減に合意したことは、全世界の人々に核戦争の脅威がうすれていったことを印象づけ、平和な時代が到来することを期待させたのである。

沖縄返還・基地・核密約

こうした世界情勢の転換の時代にあって、日本もまた戦争の過去から脱却して新しい時代をむかえようとしていた。沖縄返還と日中国交正常化である。まず沖縄からみていこう。

一九六〇年代の市民運動をへて、沖縄は「核ぬき・本土なみ・七二年返還」をうたう日米共同宣言を勝ち取った。しかし、返還交渉の中で日本政府は沖縄の米軍基地存続を認めることになった。これは「本土なみ」という条件に反していた。

国会は紛糾した。しかし一九七一年六月、**沖縄返還協定**の批准が強行採決され、米軍基地の存続が決まった。沖縄の軍事基地は、安保条約にもとづいてアメリカが使用継続し、そのほかの権利は日本に返還されることになった。

これで少なくとも基地内部やその運用に関する部分で、アメリカ軍は日本の領土である沖縄で特別な地位をもった。米軍の専用施設面積は沖縄総面積の約一一％にのぼり、日本本土での米軍基地縮小が急速に進んだのに対して、沖縄のそれはほとんど改善されなかった。「本土なみ」の宣言は無視された。

さらに、「核ぬき」宣言についても重大な問題があった。実は佐藤栄作首相は、ニクソン大統領とのあいだに、極東有事の際にはアメリカが沖縄に核兵器を持ちこむことを認めるという密約（**核密約**）をかわしていた。「持たず、つくらず、持ちこませず」の非核三原則は、沖縄では無視されていたのである。

しかしともかくも、一九七二年五月、沖縄は日本に返還された。基地をはじめ多くの問題をのこしながら、日本は戦後の「占領」状態をようやく終えたのである。

日中国交正常化と日本の「過去の克服」

もうひとつの戦争の過去からの脱却は、中国との関係改善である。日本の外交方針はほぼアメリカ追随であり、アメリカが中国を認めず台湾を代表とすればそれにしたがったし、中国に接近すれば日本もそれにならった。

こうして米中接近が実現するなかで、日本も中国との国交正常化を模索していった。沖縄返還後に佐藤内閣は退陣し、田中角栄が首相となっていた。田中は一九七二年九月に中国を訪問し、**日中共同声明**が調印された。

日中共同声明の特色は、まず日本が戦争責任を認めて謝罪したところにある。「日本側は、過去において日本国が戦争を通じて中国国民に重大な損害を与えたことについての責任を痛感し、深く反省する」と明言されたのである。

日本は戦争で最も被害を与えた中国に謝罪することで、ようやく過去に向きあい、未来への関係性をひらこうとした。日中国交声明は、日本にとっての「過去の克服」に当たるものだった。

これに対し、「中華人民共和国政府は、中日両国国民の友好のために、日本国に対する戦争賠償の請求を放棄すること」が宣言され、一四年間にわたる日本の戦争によって生じた莫大な人的・物的損害に対する賠償を求めず、友好関係をつくることでおうじた。ただし日本は、賠償金は支払わないが、東南アジアと同じくＯＤＡ（政府開発援助）の形で様々な経済支援を中国に対して行っていくことになる。

日本はこの宣言で、アメリカと同様、中華人民共和国を「中国で唯一の合法政府」と認め、これにともない台湾との外交関係を断絶させた。しかし一九七三年に日台交流民間協定を結び、経済関係や文化交流は維持することとなった。

ベトナム戦争終結

こうして東アジアにおいて長くつづいた敵対関係は終焉した。アメリカのねらいどおり、中ソとの関係が改善されたことでベトナム和平交渉は好転し、一九七三年一月に**パリ協定**（ベトナム和平協定）が成立し、米軍はベトナムから撤退した。

以後北ベトナムと解放戦線は、徐々に南部を「解放」していき、ついに一九七五年四月、サイゴンを陥落させ、南ベトナム全土を制圧した。翌年、南北統一国家、**ベトナム社会主義共和国**の成立が宣言された。一九四五年の独立宣言から三〇年間におよぶベトナム独立戦争に、ついに終止符がうたれた。

一九六五年の本格介入以来のアメリカ軍の派兵は、最大時で約五五万人、全体でおよそ九〇〇万人になり、戦死者は五万八〇〇〇人におよんだ。超大国がそれだけの軍事力を投入しても、ベトナム人を屈服させることはできなかった。このことがアメリカという国そのものを動揺させ、世界を大きくゆるがしたことはすでに述べたとおりである。

しかしその一方で、ベトナム人の被害も甚大であった。ベトナム戦争によるベトナム兵士の戦死傷者は三〇〇万人といわれ、さらに民間人にも膨大な犠牲者が生まれた。村々は焼き払われ、枯葉剤によって環境は破壊され、将来もつづく健康被害ものこった。

こうした犠牲をはらったうえで独立は達成され、戦争は終わった。これでインドシナ半島に平穏がおとずれるはずであった。

3　独裁の終焉とインドシナ半島の混迷

イベリア半島の民主化

このころヨーロッパでは、イベリア半島であいついで、一九三〇年代に成立した独裁体制が終焉した。一九七五年、スペインでは独裁者フランコが死に、新たな国王のもと、民主化へと舵をきった。

さらに、隣国のポルトガルでも政変が起こった。ポルトガルでは一九三二年以来**サラザール**の軍事独裁体制が成立しており、やはりフランコと同様に戦後にも権力を握りつづけた。彼は一九七〇年に死んだが、その後継政権も軍事独裁体制を継続していた。

サラザールの死は、ポルトガルの植民地体制を動揺させた。そもそも「アフリカの年」以降、アフリカのアンゴラ（南西アフリカ）とモザンビーク（東アフリカ）で民族独立運動がまき起こっていた。サラザール体制は、アフリカの民族独立運動を軍事力で押さえつけていたのである。

植民地の民族運動は、ポルトガル国内に波及した。一九七四年、アフリカ独立運動に賛同するポルトガルの将校たちがクーデタを起こし、軍事独裁体制を打倒した。新政府は植民地の独立を認め、国内の民主化も進めていった。

こうして翌年の一九七五年、アンゴラとモザンビークが独立をはたした。しかしアンゴラでは、独立運動を推進していた複数の勢力がアメリカとソ連の支援をそれぞれ受けていたため、独立後にどの勢力が政権を掌握するのかをめぐって**アンゴラ内戦**が勃発した。

ソ連が支援する勢力にはキューバ軍が派遣され、アメリカが支援する勢力には南アフリカ軍が投入された。デタントが進行したこの時期、アフリカ南部では冷戦の構図が集約されたかのような代理戦争が展開されていた。アンゴラ内戦は三〇年にわたってつづき、数百万人の犠牲者を出すことになる。

もうひとつ、ポルトガル民主化によって独立したのが、東南アジア島嶼部の**東ティモール**である。東ティモールはオランダの植民地だったインドネシア島嶼部の東端にあり、唯一ポルトガル領としてつづいていた植民地である。ここも一九七五年に独立を宣言した。

しかし、独立直後、インドネシアのスハルト政権は東ティモールに侵攻し、ここを占領してしまった。植民地経験からインドネシアとは異なるアイデンティティを形成していた東ティモールは、隣接する大国によって独立をつぶされてしまったのである。

文化大革命の終焉

そして、文化大革命下での毛沢東の独裁体制も、ようやく終わりをむかえようとしていた。すでに中国の経済や社会は荒廃し、「下放」により知識人も霧散し、民衆のあいだには文革への疲れがみえていた。

それでも毛沢東の権力はゆるがなかった。高齢の毛沢東の代弁者として実質的な権力者となっていたのは、毛夫人の江青《こうせい》ら「**四人組**」だった。四人組の専横は目にあまるものがあったが、毛沢東が生きているかぎりは誰もさからえなかった。

一九七六年一月、周恩来首相が死去した。周恩来は毛沢東に忠誠を誓っていたが、毛沢東に匹敵する実力者であり、平和五原則の提唱や日本との和解など国際政治を主導する優れた政治家であり、儒学的教養を身につけた知識人として、四人組が敵視する存在でもあった。

そして、それゆえに周恩来は文革に不満をもつ中国民衆にとっての希望でもあった。四月、周恩来の死をいたむために、全国から数万人の民衆が北京の天安門広場にあつまり献花した。四人組はこの動きを危険視し、花を撤去し、民衆に解散を命じた。民衆は激しく反発したが、軍や警察によってきびしく弾圧された（**第一次天安門事件**）。

第一次天安門事件は、文革が完全に失敗であったこと、民衆が文革を早く終わらせたいと願っていることのあらわれであった。九月に毛沢東が死去すると、翌年、華国鋒首相はすみやかに四人組を逮捕し、文革に批判的だった**鄧小平**を復権させた。以後、鄧小平は権力を掌握し、**改革開放路線**を推進していくことになる。

一〇年間つづいた文化大革命は、中国に何ももたらさなかったばかりか、莫大な人的・物的損失を生み出した。以後、中国共産党の一党独裁体制はつづくが、中国はすくなくとも戦争や飢餓ではなく、経済的な安定と発展を生み出す時代に転換していくのである。チベットなどのマイノリティを弾圧しながらではあるが。

ポル・ポト政権による大虐殺

しかし、中国で終わったはずの文革は、カンボジアに伝播しておそるべき事態をひき起こした。カンボジアではアメリカのベトナム撤兵により、共産主義勢力のまきかえしが起こった。ここで台頭したのが親中派の共産主義勢力、**ポル・ポト**ひきいるクメール・ルージュ（ポル・ポト派）である。

ポル・ポト派はシハヌーク元国王と連携して、親米派のロン・ノル政権を打倒した。そして一九七六年に**民主カンプチア**を設立し、社会主義国家の建設を目指した。しかしポル・ポトは民主主義とは名ばかりの暴力的政治を行った。

ポル・ポト政権は、中国の支持のもとで極端な共産主義政策を進めた。それは農村社会を絶対的な理想とするもので、反政府的な勢力はもちろん、都市の住民そのものが非難の対象になった。都市から農村へと膨大な人々が強制移住させられた。

これは文化大革命に影響を受けた空想的イデオロギー政策であったが、ポル・ポト政権が文革と異なっていたのは、国民全体を標的とした大虐殺を実行したことである。

まず、知識人とみられた学者や教師、医師、公務員などがことごとく虐殺された。都市の住民であるというだけで殺害され、国家建設の役に立たないとみなされた民族マイノリティ、障がい者なども虐殺の対象になった。ポル・ポト政権によるジェノサイドの犠牲者は、一五〇万人以上になったといわれる。

インドシナ半島の動乱

ベトナム戦争以後のインドシナ半島は混迷をきわめた。ベトナム政府は統一した南部に対して社会主義政策を強行した。その結果南ベトナムの経済は混乱し、「ボート・ピープル」と呼ばれる大量の難民が発生していた。

さらに、中国がアメリカと接近したことによって、ベトナムはつよく中国に反発した。そこへ親中派の民主カンプチアとの国境問題を契機として、一九七八年にベトナムはソ連の支持のもとカンボジアに侵攻し、翌年の一九七九年、ポル・ポト政権を打倒してヘン・サムリン政権を樹立した。

ポル・ポト派は中国の支援を受けながら、ソ連とベトナムがささえるヘン・サムリン政権に対してゲリラ戦を展開した。この**カンボジア内戦**は泥沼化し、さらに多くの死者と難民が発生した（**インドシナ難民**）。

さらに中国は、カンボジアに介入するベトナムに懲罰を加えるべく、ベトナムに侵攻した。この**中越戦争**は、中国がすぐに撤退したためにこれ以上の拡大はなかったが、社会主義国どうしの戦争として、世界に衝撃を与えることになった。

国際人権規約と女性差別撤廃条約

このように、インドシナ半島はベトナム戦争が終わったあとも混乱しつづけ、貧困と殺戮と難民にみちた地域になっていた。人々の生命をおびやかすこの悲惨な状況はいつまでつづくのか、先が見えなかった。

この人類的な不幸を何とかしなければならないというグローバルな市民の意識は、一九七〇年代をつうじて高まっていた。「人権」に対する意識のもりあがりである。国連において一九六六年に採択されていた**国際人権規約**は、各国の批准段階で難航していたが、一〇年を経て一九七六年に発効した。

女性の人権に対する意識も、一九七〇年代に画期をむかえた。公民権運動を通じてアメリカで確立されたウーマン・リブの動きは、一九六八年の市民運動でグローバル化し、女性の権利意識が大きく向上した。一九七五年、国連の提唱で**世界女性会議**がはじめて開催された。この年から一九八五年までを「国際女性の年」と位置づけ、活発な運動を展開した。

そしてついに一九七九年、国連総会は**女性差別撤廃条約**を採択した。女性が男性と同等の選挙権を獲得してなお、女性に対する差別的なあつかいは、世界中で社会のすみずみにまで残っていた。特に職場や政治での男性の優位はわかりやすいものだった。

この差別を是正するために、条約を批准した国々で様々な取り組みがはじまる。以後、日本でも男女雇用機会均等法、そして男女共同参画基本法といった女性差別撤廃への法制化が進んでいくのである。

4　イスラーム主義の登場

中東和平の実現へ

第四次中東戦争と石油危機の衝撃を受けて、欧米諸国は中東問題に大きな関心を持つようになった。とくにアメリカはイスラエルとエジプトの和解を熱心に仲介した。一方戦争で疲弊したエジプトにとっても、和平でシナイ半島が返還されるのであれば、それは国益にかなうことだった。

かくして一九七八年、アメリカのカーター大統領が仲介するかたちで、エジプトのサダト大統領、イスラエルのベギン首相がアメリカのキャンプデービッドで会談し、和平に合意した。翌年一九七九年三月、**エジプト・イスラエル平和条約**が結ばれ、中東和平が成立した。両国は国交を結び、エジプトはシナイ半島を返還された。

パレスチナ問題をめぐって四度にわたって繰りひろげられた中東戦争は、エジプトの退場によって幕をとじた。

しかし、この和平はエジプトだけに利益をもたらすものだった。返還されたのはシナイ半島だけで、ガザやヨルダン川西岸はパレスチナ人のもとに返還されず、パレスチナ難民にとっては何の解決にもならないものだった。

レバノンを拠点にイスラエルとの戦いをつづけていたパレスチナ解放機構（PLO）のアラファト議長は、この和平に激しく反発した。そしてイスラエルとの戦いをこれまでともにしてきたアラブ諸国もまた、エジプトがパレスチナを見捨てたと一斉に非難した。

サダトは中東で孤立した。エジプトはアラブ連盟を脱退し、アラブ諸国とPLOはエジプトと断交した。パレスチナの根本的問題が放置されたまま、国際社会の都合で和平が決められたことで、アラブ諸国の反発は、イスラームという宗教的なレベルで爆発しようとしていた。

イスラーム主義の興隆

このころ、イスラエルのパレスチナ支配を確定させ、パレスチナ難民を見捨てた欧米諸国に対して、中東の民衆は激しく反発し、西洋的な近代化ではなくイスラーム本来のあり方を追求しようという運動が起こっていた。

これが**イスラーム主義**（イスラーム復興）と呼ばれる動きである。長きにわたる西洋的価値観に近代化は、結局のところイスラエルの横暴や、石油メジャーをはじめとする資源の支配や、貧困や格差を生み出してきた。イスラーム主義はこうした西洋化を拒否し、イスラーム法にもとづく国家建設を目指す思想・運動であった。

この動きは「イスラーム原理主義」とも呼ばれる。これは、アメリカでもりあがっていたキリスト教原理主義（ファンダメンタリズム）から連想された用語である。キリスト教原理主義は、進化論を否定したり、神が人類の祖であるアダムをつくったことを教育にもりこむべきだと主張するなど、宗教的に極端な思想を政治運動化していったが、イスラーム主義にも類似の傾向があったためである。

しかし西洋では、「イスラーム原理主義」は、西洋的なものを根絶しようとテロ活動を行う勢力であるかのように誤解された。実際には、何でも原理的に西洋的なものを拒否するわけではなく、西洋的な国家体系を維持したままであることも多い。また、テロや武装闘争を行っていくのは一部のごく限られたグループにすぎない。

このため、近年では「原理主義」という用語はもちいず、イスラーム主義と表現することが多くなっている。

イラン・イスラーム革命

このイスラーム主義の民衆運動が大きなうねりとなって爆発したのが、イランであった。パフレヴィー朝のイランは、中東で最強といわれる強固な親米的王政のもと、近代化政策を進めていった。

しかし、近代化は社会格差を拡大させ、過度な西欧化に反発するイスラーム主義が民衆にひろがっていった。その不満はついに一九七九年一月に爆発した。イランの人々はイスラームの復興を掲げて大規模なデモ行進を行った。この背後には、反政府運動によって国外追放されていた宗教指導者**ホメイニ**の存在があった。

イスラーム主義の民衆運動はきわめて大規模なものになり、ついに国王は亡命し、パフレヴィー朝はたおれた。これが**イラン・イスラーム革命**である。国王の追放といれかわりにホメイニは亡命先のパリから帰国し、革命政府を樹立した。

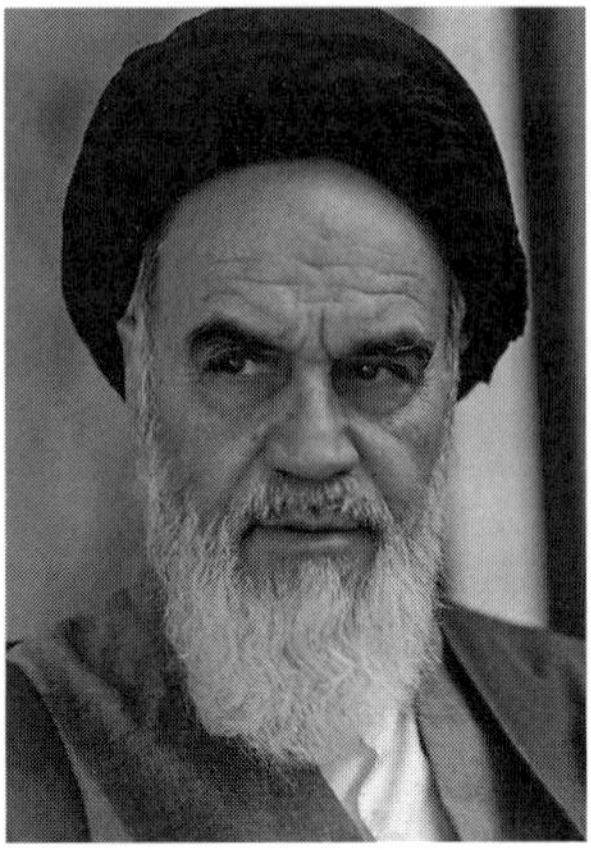

図8-3　ホメイニ

かくしてイランでは、イスラームの教えに立脚するイラン・イスラーム共和国が樹立された。シャリーア（イスラームの宗教規範）に合致する憲法も制定された。これは政教分離を原則とする西洋の考え方とまったく異なり、宗教と政治を結びつけるものであった。

イラン・イスラーム革命は、これまで世界で起こっていた革命とは異なる特徴をもっていた。これまでの世界では、民主主義や社会主義、そして民族主義にもとづく革命が起こっていたが、このイランの革命は宗教の復興によるものであった。イスラーム主義にもとづく国家とはいかなるものか。世界の、いや西洋の常識的理解から逸脱するものだった。

牙をむくイスラーム主義

そしてイラン革命は、さっそく西洋世界に牙をむいた。すでに第四次中東戦争で成功を収めていた石油戦略を発動させたのである。革命の理念からして、パフレヴィー朝時代に石油メジャーに支配された石油産業を、イラン人の手に取り戻そうとしたのだ。

その結果、石油価格はふたたび高騰し、**第二次石油危機**が発生した。一九七〇年代をつうじて低迷していた欧米の経済は、これで停滞を決定的にした。

日本は原発エネルギーへの転換によって、第二次石油危機の影響を受けなかったといわれている。しかし、同じ一九七九年にアメリカのスリーマイル原子力発電所で放射能漏れの事故が起こっており、原発の安全神話は早くもゆらぐことになった。

そしてイラン革命のエネルギーは、一一月にアメリカ大使館占拠事件をひき起こした。イランの急進的な学生たちは、かつて一九五三年にアメリカが支援するクーデタが起こったように、今回もＣＩＡによる陰謀が行われるとうたがい、アメリカ大使館を占拠し、大使館員を人質に取ったのである。

これはもちろん国際法違反である。アメリカは救出作戦をおこなおうとしたが失敗した。占拠は四四四日つづき、イランとアメリカの関係は決定的に悪化した。以後、アメリカはイランを、アメリカにとってきわめて危険な敵国であると位置づけた。現代までつづくアメリカ・イラン対立のはじまりである。

ソ連のアフガニスタン侵攻

一九七九年は、世界、特にアメリカにとっておどろくべき事態が続出した年となった。アメリカ大統領カーターとソ連書記長ブレジネフは、デタントを順調に進展させ、この年、カーターがモスクワを訪問し、第二次戦略兵器制限交渉（ＳＡＬＴⅡ）に合意していた。

ところがその直後、ソ連軍がアフガニスタンに侵攻した。デタントの成果を台無しにするソ連の軍事行動に、アメリカは激怒し、ＳＡＬＴⅡはアメリカ議会の反発により批准されなかった。いったいアフガニスタンで何が起こっていたのだろうか。

実はアフガニスタンでは、一九七八年に共産主義者によるクーデタが起こり、親ソ政権が樹立されていた。

ところがこれに反発する反政府勢力がゲリラ戦を繰りひろげ、内戦が勃発した。一九七九年にイラン革命が起こると、アフガニスタンの反政府ゲリラのあいだにイスラーム主義が浸透していった。彼らはイスラームの戦士、ムジャヒディーンと呼ばれ、勢力を拡大していった。

こうして親ソ政権が苦境におちいると、ソ連は彼らを支援するために内戦に軍事介入したのである。これに対してアメリカをはじめとする西欧諸国は、イスラーム・ゲリラの側を軍事的に支援していった。アフガニスタンを舞台にふたたび東西冷戦が激化する構図になった。これを**新冷戦**ということがある。

アフガニスタンをめぐる国際情勢は、同じイスラーム主義の拡大という事態でありながら、イランとは逆の構図になっている。簡単にいえば、イランの場合はイスラーム主義者とアメリカが敵対しているが、アフガニスタンではイスラーム主義者をアメリカが支援しているということである。ソ連の軍事介入によって生じたこのねじれは、その後のこの地域に複雑な影響を与えていく。

一九七〇年代は、六〇年代に発生したグローバルな市民運動が各国、各地域、そして国際社会において成果を収め、世界を変化させた画期であった。第二次世界大戦の敗戦国は「過去の克服」に着手し、ベトナム戦争は終わり、西欧的な価値観が否定されたすえにイスラーム主義が登場した。

これらは第二次世界大戦後の世界の転換点であった。人類世界は国際的な人権保護規範などを武器に、内戦下での難民やジェノサイドに立ち向かい、イスラーム主義のもたらす混乱に対応しなければならない。人類の課題は明確になると同時に、その困難さも浮き彫りになっていくのであった。

第9章　民主化のドミノ——一九八〇年代

ブランデンブルク門（ドイツ・ベルリン）
1791年に完成したプロイセンのシンボルだが，1961年にはこの門に隣接してベルリンの壁がつくられ，東西分断の象徴になった。1989年11月９日にベルリンの壁が解放されると，メディアはこぞって壁のうえにのぼる市民の姿を世界に発信し，この門は東西ドイツ統一と冷戦終焉の象徴になった（本編図９-８を参照）（撮影：筆者）。

中央・南・東南アジア	東アジア	南北アメリカ
	光州事件 全斗煥政権成立 人民公社撤廃	西側諸国がモスクワ五輪ボイコット
マレーシア，マハティール政権成立		
		フォークランド紛争
フィリピンでベニグノ・アキノ殺害		米軍，グレナダ侵攻 アルゼンチン民政移管
		東側諸国がロス五輪ボイコット
		ブラジル民政移管 プラザ合意 レーガン・ゴルバチョフ会談
フィリピンで民主化，アキノ政権成立 ドイモイ政策開始	台湾民進党結成	
	台湾，戒厳令解除	中距離核戦力（INF）全廃条約
ソ連軍，アフガニスタンから撤退	台湾，李登輝政権 韓国で民主選挙，盧泰愚政権成立	チリ，ピノチェト政権が民政移管
ベトナム軍，カンボジア撤兵	ゴルバチョフ訪中 第2次天安門事件 趙紫陽総書記解任	米ソ首脳，マルタ会談，冷戦終結宣言

チェルノブイリ原発事故は、世界をどう変えたのだろうか?

人々はなぜ、民主化を求めたのだろうか?

西　暦	ヨーロッパ・ロシア	アフリカ・中東
1980年	西独で緑の党結成 ポーランド自主管理労組「連帯」結成	イラン・イラク戦争勃発
1981年	「連帯」，ワレサを代表に選出	エジプト，サダト暗殺
1982年	ポーランド政府，「連帯」を非合法化	
1983年		
1984年		
1985年	ソ連，ゴルバチョフ政権成立。ペレストロイカ開始 単一欧州議定書	スーダン内戦勃発
1986年	スペイン・ポルトガルEC加盟 チェルノブイリ原発事故	
1987年		パレスチナでインティファーダはじまる
1988年	新ベオグラード宣言	ソマリア内戦勃発 国連の仲介でイラン・イラク戦争停戦 PLO，イスラエル承認
1989年	ハンガリー民主化 ポーランド民主選挙で「連帯」勝利 「パン・ヨーロッパ・ピクニック」実施 バルト三国で「人間の鎖」デモ 東ドイツのホネカー政権退陣 ベルリンの壁開放 ブルガリア民主化 チェコスロヴァキア民主化（ビロード革命） ルーマニア，チャウシェスク処刑	南アフリカでデクラーク大統領就任 リベリア内戦勃発

1　運動の弾圧と民主化の萌芽

「連帯」の結成

自由や人権は普遍的に守られるべきであるという規範意識は、もはや世界的な共通認識になろうとしていた。そして、独裁体制下において自由を抑圧されている地域は、共産主義の一党独裁、アジアの開発独裁、そしてラテンアメリカの軍事独裁と、数多く存在していた。

一九八〇年代は、自由と民主主義を渇望する人々が、世界を変えていく時代である。まずそのスタート地点をみていこう。

ポーランドでは、一九八〇年の食糧危機によって社会不安がひろまり、労働者たちが大規模なストライキを決行した。ポーランド政府は労働者側に譲歩し、自由な労働組合運動を認めた。その結果誕生したのが、**ワレサ**を議長とする**自主管理労組「連帯」**である。

ワレサは、ポーランドのグダニスク造船所の労働者であったが、「連帯」の指導者となってから、政府とのねばり強い交渉を行った。彼らの運動はカトリック教会でも支持され、ポーランド市民のあいだで改革への機運をもりあげるのに一役買った。

「連帯」が画期的であったのは、ポーランド共産党から独立した組織であったことである。共産党の一党独裁下にあって、「連帯」が生まれたことは民主化への機運を生み出した。

ところが、ソ連のアフガニスタン侵攻によって状況は変化した。アメリカの新しい大統領になった**レーガン**は、アフガニスタンへの侵攻をつづけるソ連を「悪の帝国」と非難し、これまでのＩＮＦ全廃条約などの核軍縮政策を一転、西ヨーロッパへの中距離核兵器の配備計画などを推進した。ヨーロッパの東西に、緊張が高まる。

こうした状況でポーランドが民主化改革を推進することは、ソ連を刺激する行為だった。このためポーランドの改革はトーンダウンし、一九八二年、政府は戒厳令を発して「連帯」を非合法化した。ワレサらは地下活動をつうじて民主化の要求を継続していく。

図9-1　サインに応じるレフ・ワレサ

（出典）Nationaal Archief.

光州事件

同じ一九八〇年、韓国では激しい政治変動が起こっていた。前年、長年にわたって開発独裁をになってきた朴正熙大統領が暗殺されると、市民のあいだに民主化運動がまき起こっていった。しかし、一九八〇年に入ると軍部のクーデタによって全斗煥《チョンドファン》が実権をにぎり、民主化運動を弾圧しにかかったのである。

五月、民主化運動の拠点となっていた韓国西南部の都市光州で、学生や労働者たちが武装蜂起して市内を占領した。これに対して軍隊が派遣され、市内での銃撃戦が繰りひろげられた。その結果、市民に多数の死傷者が出て、民主化運動は無残に弾圧された。

この**光州事件**は、韓国の軍事政権の強圧的な姿勢を国際社会に印象づけた。光州事件の首謀者とされた**金大中**《キムデジュン》は、裁判によって死刑判決を受けた。金大中は、かつて日本滞在中に韓国の工作員によって拉致されたという事件（金大中事件）で、日本社会にもひろく知られた存在だった。日本をはじめ国際社会は、金大中への死刑判決に猛抗議し、死刑は取り消された。

こうして韓国では民主化運動が血の弾圧を受け、軍事独裁政権がふたたび確立した。しかし市民の民主化運動はなおもつづいていく。

中国・台湾・フィリピン

中国では、復権した鄧小平の指導のもと、一九八一年から**改革・開放政策**と呼ばれる市場開放政策をとり、人民公社を解体し、外国資本を導入して経済建設をはかるなど、社会主義計画経済から市場経済へと転換していく。しかしこの自由化は経済に限定され、あくまで中国共産党の一党支配を前提としてのことだった。民主化への動きは市民の中で徐々にひろがっていたが、厳しく弾圧されていた。

台湾もまた国民党の一党独裁がつづいていた。韓国と同じくＮＩＥＳ（新興工業経済地域）として経済発展をつづけていたが、一九四九年にしいた戒厳令がまだつづいており、国民に政治的自由はなかった。

フィリピンでは、マルコス独裁政権が長期政権となっていた。マルコスは開発独裁によって一定の経済発展を実現したが、その裏では貧富の格差が拡大し、社会のひずみが大きくなる一方で、マルコス一派は私腹を肥やし、政治は腐敗していた。

これに対して**ベニグノ・アキノ**を指導者として民主化運動がまき起こったが、一九八三年にベニグノ・アキノはマルコス政権によって殺害されてしまう。このようにフィリピンでも独裁政権が民主化運動を暴力的に押さえつけていた。

しかし、経済的なゆたかさを得た市民が政治的な自由を求めようとするのは自然な流れであり、韓国・中国・台湾・フィリピンでの民主化への機運は、独裁政権によっても押し戻しようもなく高まっていくのである。

イラン・イラク戦争の勃発

独裁から民主化への移行のきっかけをつくるのは、まず石油危機という構造転換であった。中東の状況からみていこう。

革命によってシーア派イスラーム主義国家となったイランに対して、隣国のイラクは脅威をおぼえた。イラクではスンナ派バース党の**サダム・フセイン**大統領が権力をにぎっていたが、国民にはシーア派が多かった。そしてイラン革命によって、イスラーム主義は彼らのあいだにひろまっていた。イラクでもイスラーム革命が起こるかもしれなかった。

図9-2　サダム・フセイン

こうしてフセイン大統領は、一九八〇年に国境問題を理由にイランに攻めこんだ。**イラン・イラク戦争**の発生である。同じく革命の波及をおそれるペルシア湾岸地域の諸王国も、イラクの侵攻を支持した。戦争の発端はこのように中東の宗教的・政治的な問題によるものだった。

しかしこのとき、まだイラクではアメリカ大使館占拠事件がつづいていた。沸騰するアメリカ世論の反イラン感情を受けて、アメリカはイラクに軍事支援を行った。戦争は長期化し、アメリカから流れこんでくる武器によって、イラクのフセイン政権は軍事独裁化していった。

石油危機からラテンアメリカ民政移管へ

このイラン・イラク戦争は石油危機を加速させた。戦争の過程で戦火が湾岸地域にも波及し、ペルシア湾を航行する石油タンカーが脅威にさらされた。その結果、石油供給は不安定化し、イラン革命に端を発する第二次石油危機はさらに悪化していく。

石油危機の長期化は、一九八〇年代以降の世界に大きな影響を与えていく。まず、欧米先進工業国が長期不況におちいった結果、これらと経済的な結びつきのつよいラテンアメリカ諸国やアフリカ諸国が、深刻な経済危機におちいった。

ラテンアメリカでは、社会主義化をおさえるべくアメリカの支援を受けた軍事政権が支配する国が多かった。これらの軍事政権は、労働運動を弾圧しつつ、外資導入や自由主義政策によって経済成長につとめていた。しかし貧富の差は拡大し、対外債務は累積していた。

そこへ石油危機による経済不況が民衆をおそった。社会不安は増大し、これらの諸国では民衆の不満が蓄積されていった。民衆の精神的なよりどころであるカトリック教会の中では、民衆の解放のために社会改革運動に積極的に参加すべきだとする、「**解放の神学**」と呼ばれる考え方が台頭した。ラテンアメリカの社会全体が民主化を後押ししていたのである。

一九八二年、アルゼンチンでは、不況下での国民の不満をそらすために、イギリス領であったマルビナス諸島（フォークランド諸島）の奪回をはかり、イギリスとのあいだに領土紛争が勃発した。このときイギリスのサッチャー保守党政権もまた、経済不況や福祉削減から国民の不満をそらすために、対外戦争の勝利を必要としていた。イギリスは軍隊を派遣し、アルゼンチンとのあいだに**フォークランド紛争**が勃発した。

フォークランド紛争はイギリスの勝利に終わり、サッチャーは栄光を手にし、アルゼンチン軍事政権は国民の激しい反発に直面した。翌年、軍事政権はもはや国民の要求を受けいれなければ革命が起こると考え、民政移管を受けいれた。この動きはラテンアメリカ全土に拡大し、一九八五年にはブラジルでも民政移管が決定された。

このようにラテンアメリカでは、石油危機による経済不況によって民衆の不満が蓄積され、爆発寸前にまでなっているという危機感から、軍事政権自ら民政移管を受けいれる決定をしていった。これらは無血の民主革命であり、世界における民主化成功のモデルケースとなる。

2　チェルノブイリから平和へ

未来志向の西ヨーロッパ

西ヨーロッパ諸国にも、石油危機による経済停滞の危機がおそいかかった。彼らはＥＣという、政府間協力による地域統合を深化させることで危機に対応しようとした。ＥＣＳＣ結成から三〇年、ＥＣ成立から二〇年という実績は、ヨーロッパ統合をさらに進めることこそが未来の繁栄を約束させるものだという確信をつよめさせた。

こうしてフランスのミッテラン大統領と西ドイツのコール首相が中心となり、一九八五年一二月に**単一欧州議定書**が調印され、ＥＣ域内における商品のみならず人間の移動や金融取引の自由化にまでふみこむことが合意された。

このときまでに、フランスと西ドイツは統一ヨーロッパにおける中軸となっていた。一九世紀以来、数度にわたって国家を滅ぼすにいたるまでの戦争を繰り返してきた両国が、平和と発展をヨーロッパにもたらす

図9-3　リヒャルト・フォン・ヴァイツゼッカー大統領
（出典）Bundesarchiv.

べく一致協力する。そうした歴史的な転換はいかにしてなされたのだろうか。

それは西ドイツによる「過去の克服」の役割が大きい。一九七〇年代のブラントの「ひざまずき」以来、西ドイツ政府はナチの犯罪的な過去に真摯に向かって謝罪と補償をつづける努力を一貫させるようになった。その集大成ともいえるものが、一九八五年五月の西ドイツ大統領ヴァイツゼッカーによる終戦四〇周年の演説である。

「われわれは今日、戦いと暴力支配との中で斃れたすべての人々を悲しみのうちに思い浮かべております。ことにドイツの強制収容所で命を奪われた六〇〇万人のユダヤ人を思い浮かべます。（中略）過去に目を閉ざす者は、現在もみえなくなるのです。」

教科書ではこの程度しか引用されていないが、実際にはロマ民族や同性愛者、スラヴ人などに対するナチ犯罪の例を列挙し、ドイツ人同胞への戦争被害にも配慮しつつ、歴史に向きあうことを真摯に問いつづける演説であった。「過去に目を閉ざす者は、現在もみえなくなる」――この言葉は、歴史を学ぶという行為が持つ社会的な意味を、根源的にわたしたちに問いかけるのである。

日本の経済成長からアメリカの「双子の赤字」へ

西欧とならんで石油危機によるダメージが深刻だったのは、アメリカである。アメリカは一九七〇年代を通じて不況であり、そこから立ち直ることができないまま一九八〇年代をむかえた。それにもかかわらず、「新冷戦」とも呼ばれる状況下でソ連を軍事的に圧倒するべく、核兵器や高度兵器が増強されていく。

特に巨大なプロジェクトだったのが、戦略防衛構想（ＳＤＩ）である。これは宇宙空間でミサイルを迎撃するシステムであり、ソ連に技術力の差をみせつけはしたが、かつてない規模の軍事費を必要とし、アメリカは巨額の財政赤字を抱えることになった。

こうした欧米諸国の苦境の中で、経済的に頭角をあらわしたのが日本である。第一次石油危機の教訓を生かした対策により、第二次石油危機で、日本は経済的ダメージをほとんど受けなかった。

日本では自動車や電気機械、コンピュータ関連のハイテク分野が急速に成長し、欧米の不況をアドバンテージとして世界中に輸出された。その結果、日本の貿易黒字はいちじるしく拡大し、アメリカは恒常的な貿易赤字に苦しんだ。

円高・ドル安へと為替調整するための一九八五年のプラザ合意によっても、アメリカの貿易赤字は解消されなかった。一九八五年に巨額の財政赤字と貿易赤字がかさなる**「双子の赤字」**が明らかとなり、**レーガン**政権は苦境に立たされていた。これ以上軍事費がかさめば、アメリカ経済は破綻する——そんなとき、ソ連側で変動が起こった。

ペレストロイカはじまる

石油危機はソ連と、それに従属する東欧諸国にも経済不況をもたらしていた。アフガニスタン紛争の長期

図9-4　ミハイル・ゴルバチョフ
（出典）The Official CTBTO Photostream.

化とアメリカとの軍拡競争は、ソ連にも財政危機をもたらした。東欧の社会主義諸国では自由を抑圧する共産党政権に対する不満が爆発しようとしていた。そんなおりに登場したのが、一九八五年にソ連書記長に就任した**ゴルバチョフ**である。

ゴルバチョフ書記長は就任直後から、ソ連と社会主義をたてなおすため、「**ペレストロイカ**」と呼ばれる諸改革に乗り出した。その内容は、企業の自主権の拡大、個人営業の自由など、社会主義の修正にいたるドラスティックな経済改革をおし進めようとしたのであった。

社会主義に部分的に自由主義を導入するという改革は、すでに中国の改革開放政策が先鞭をつけていた。重要なのは、鄧小平もゴルバチョフも社会主義体制そのものを否定したのではなく、その存続のために改革をおこなおうとしたということである。

さらにゴルバチョフは、「新冷戦」による財政圧迫を終わらせるべく、レーガンに対話を呼びかけた。「双子の赤字」に苦しむアメリカはこれを歓迎した。

こうして一九八五年一一月、レーガンとゴルバチョフは首脳会談を行った。アフガニスタン侵攻で反故になったSALTⅡの成果を取り戻すように、戦略核兵器の五〇％削減などで合意することになった。

チェルノブイリ原発事故の衝撃

そうしたなか、一九八六年四月、ソ連・ウクライナの**チェルノブイリ原子力発電所**で炉心が融解し、火災と爆発が起こった。放射能には国境も東西対立も関係がない。放射能の灰は、ロシアからヨーロッパへと拡散した。この事故による被災者は数百万人にのぼった。ユーラシア大陸の中心部で起こった空前の規模の原発事故に、全世界が緊張につつまれた。

当時、原子力災害の危険性はソ連国民に周知されていなかった。知識のないまま事故対応に当たった消防隊員や周辺住民が被曝し、ソ連の人命軽視の体質が露呈した。国際社会はソ連に対して原発事故に関する情報公開を求めた。当初、ソ連は情報を隠蔽していた。国際社会の批判が高まった。

図９－５　チェルノブイリ原発事故
（出典）IAEA Imagebank.

ゴルバチョフ政権は、これを機会に**グラスノスチ**（情報公開）にふみきった。ペレストロイカは、保守派の激しい反対によってなかなか進んでいなかったが、原発事故という未曽有の事態を前に、保守派も情報公開に対して抵抗しにくくなった。これを突破口として、ペレストロイカはグラスノスチ、すなわち言論の自由や情報への自由アクセスの拡大という、政治的自由化の段階へとふみこむことになった。チェルノブイリ原発事故は、まずペレストロイカを加速させる効果を持ったのである。

さらに、もはや原発は安全ではないという意識が世界にひろまった。この事故によって、とくにヨーロッパにおいて新たな原発開発に対する市民の反発がつよまるようになった。原発は平和なエネルギーなどではなく、核兵器と同様の人類に対する脅威であるという認識が生まれていったのである。

脱原発運動は環境保護運動と結びついて拡大した。一九八五年にオゾンホールが発見され、二酸化炭素など温室効果ガスの排出の増大によって、**地球温暖化**が進むことが科学的に立証されていた。そうしたなか、一九八六年にチェルノブイリ原発事故が起こったのである。まさに人類共通の環境危機であった。

こうした危機に対応して、翌一九八七年には国連の委員会が「地球環境の保全」と「**持続可能な発展**」の両立の重要性を指摘する報告書を作成した。「持続可能な発展」とは、将来の世代が享受する経済的・社会的な利益をそこなわないかたちで、現在の世代が環境を利用していこうとする考え方である。

「持続可能な発展」は、二一世紀の現代に至る環境保全のためのキーワードである。開発と環境保全を両立させようという、一見すると実現不可能のように思える命題だが、この命題に取り組まないでは、人類の未来はない。

チェルノブイリ原発事故は、人類の環境への取り組みを一段高いステージへと引きあげるきっかけになったのである。

さらに、世界的な反核・脱原発運動の高まりを受けて、アメリカとソ連は核軍縮の合意をさらに進めることになった。一九八七年の米ソ首脳会談では、**中距離核戦力**(INF)**全廃条約**が両国間で締結されることになった。

これは、核兵器搭載可能な中距離ミサイルを廃棄し、その後も製造しないという、かつてなく踏み込んだ内容の核軍縮条約であった。米ソの緊張はほとんど解消された。これを受けて、ゴルバチョフ書記長はさらに、アフガニスタンからの撤退も決定した。こうして、超大国同士の戦争危機は去った。それにかわって、米ソ協調の時代がやってきた。

ドイモイからインドシナ半島の平和へ

中国の改革開放政策とソ連のペレストロイカは、社会主義市場経済への改革を世界的なものにした。南部の社会主義化に失敗して経済危機にあえぐベトナムもまた、社会主義市場経済を導入する**ドイモイ**（刷新）政策を開始した。

この政策には外資の導入が不可欠であり、そのためには国際的な信用を得なくてはならない。ベトナムは国際的な批判の大きかったカンボジアへの侵攻をとりやめ、一九八九年に撤退することになった。ペレストロイカののちにアフガニスタンから撤退したソ連と同じような行動をとったのである。

これにより軍事費支出がおさえられ、ベトナムの財政は健全化していった。さらに、ベトナムが撤退したことでカンボジア内戦も収束に向かい、和平交渉への道がつけられることになった。半世紀にわたるインドシナ半島の戦争が、ようやく終わろうとしていた。

インティファーダの波紋

世界は急速に平和への道をあゆみはじめていた。泥沼化していたイラン・イラク戦争は、どちらが勝利するということもなく、一九八八年に国連の仲介により停戦をむかえた。中東の平和構築において国連が機能できたのは、米ソ協調によって国連の権威が増したためである。

図9-6　インティファーダ　石を投げるパレスチナの少年たち

　このように中東の戦争はいったん沈静化していったが、イスラエルに土地を奪われたパレスチナ人の状況に変化はなかった。イスラエルに占領されていたヨルダン川西岸地区とガザには、人権を認められないまま抑圧されるパレスチナ人が住んでいた。

　パレスチナ人の若者の生活は過酷だった。難民キャンプで生まれ、ガスや水道、電気といった基本的なインフラも提供されず、若くして死んでいくものも多かった。パレスチナ人は、国際社会から見捨てられ、平和の名のもとに取り残されたと感じた。

　パレスチナ人の若者たちは、アラブ諸国やＰＬＯにたよることをあきらめ、一九八七年一二月以降、**インティファーダ**と呼ばれる反イスラエル民衆蜂起を起こした。圧倒的な武力をもつイスラエル軍に対して、武器をもたない彼らはどうやって抵抗したのか。イスラエル兵に向けて石を投げたのである。

　石を投げることは彼らにできる数少ない「抵抗の意志表示」だった。たしかにこの抵抗は無力だったが、「石ころで最新鋭の兵器に立ち向かう貧しいパレスチナ人」の姿がメディアにながれると、その非対称性が世界の人々に強烈な印象をもたらした。

　インティファーダによって投げられた石は、世界に波紋をひろげていった。パレスチナ人の人権を守らなければならない、という国際世論が形成され、欧米に住むユダヤ人の中にも、イスラエルの統治のあり方に対する批判がまき起こった。

こうしたなか、イスラエル打倒のための武装闘争路線をつづけていたパレスチナ解放機構（PLO）のアラファト議長は、一九八八年に「イスラエルとパレスチナ国家との共存」へと路線転換することになった。この提案は次第に国際的な賛同をえて、アメリカが仲介に乗り出していく。

チェルノブイリ原発事故は、原子力がもつグローバルなリスクを世界に強烈に印象づける出来事であった。人類は原発事故によって現実的な脅威を感じ、原発に反対し、核兵器を削減し、戦争を終わらせようとした。ペレストロイカを機に米ソが歩調をあわせた結果、世界各地での紛争も収束へと向かっていった。

3　民主化へと向かう世界

東アジア・ラテンアメリカの民主化

さらに、ペレストロイカの影響で東欧の民主化が進むことになるが、それ以前に、東アジアとラテンアメリカでの民主化が先行していたことに注意すべきだろう。これらの国々では、独裁体制に対する民衆のねばりづよい抵抗が民主化への道をひらいた。

フィリピンでは一九八六年二月、民主化を求める市民運動が爆発し、マルコス独裁政権が崩壊した。マルコスは亡命し、暗殺されたベニグノ・アキノの妻**コラソン・アキノ**が亡き夫の遺志をつぎ、選挙によって大統領になった。アキノ政権のもとで民主的で非核化をうたった新憲法が公布され、フィリピン民主化が達成された。

台湾では民主化運動が結実し、一九八六年に民進党が結成された。国際社会の圧力や民主化運動の高まりによって、国民党政権ももはや独裁体制を維持できなくなったのである。翌年、ついに二・二八事件以来四〇年ぶりに戒厳令が解除された。

そして一九八八年に蔣経国総統が死去し、副総統の**李登輝**が総統に昇格した。李登輝は本省人、つまり大陸ではなく台湾にルーツを持つ台湾人であった。李登輝政権は、民進党と競いあいつつ、台湾の民主化を進めていく。

光州事件により多数の市民の血が流れた韓国でも、民主化運動は国際社会の後押しを受けて韓国全土に拡大し、一九八七年、全斗煥軍事独裁政権はついに民主化を宣言した。翌年、韓国初の民主的な大統領選挙が行われた。

当選したのは軍人の盧泰愚《ノテウ》で、軍部を基盤とする政権は維持されてしまったが、新政権は民主化の成果をアピールするべく、ソウルオリンピックを成功に導き、国際的地位を高めた。韓国の新しい時代がようやくはじまったのである。

アジアにおける民主化の波はついにミャンマーにも到来した。独立の英雄アウン・サンの娘**アウン・サン・スー・チー**を中心とする民主化運動がもりあがり、一九八八年にネ・ウィン軍事政権を倒した。しかし、ミャンマーでは結局軍が権力を取り戻し、民主化運動は再び抑圧された。スー・チーも、以後二〇一〇年まで自宅軟禁を強いられることになった。

一方で、韓国と同様に、民主化運動の圧力にたえかねて、軍事政権が民主化を認めるという展開をしたのが、チリの**ピノチェト**政権である。ラテンアメリカ全土をおおう激しい民主化運動の波を受け、チリでも一九八八年に国民投票が実施され、民政に移行することになった。

独裁政権による市民の自由や人権の抑圧は、もはや国際社会において容認されるものではなかった。そのことを自覚した市民が、国際世論を背景に民主化運動を起こし、次々と平和的に独裁政権をたおしていったのである。

天安門事件

中国でも民主化運動が発生した。経済が自由化されたのに言論の自由や民主化は抑圧されているという状況に、学生や知識人が反対姿勢をしめすなか、ソ連のペレストロイカが民主化世論を大きく後押しした。きっかけは、一九八九年四月の胡《こ》耀《よう》邦《ほう》の死だった。前総書記だった胡耀邦は、政治的自由に理解をしめす改革派のリーダーであったが、保守派の反対によって解任されていた。民主化を目指す学生や市民たちは、彼を追悼するために天安門広場で集会をひらいた。

学生たちは天安門に「民主の女神像」を設置した。趙《ちょう》紫《し》陽《よう》総書記が運動に同情的であったこともあり、民主化運動は全国に拡大した。全国から民主化を求める市民が「民主の女神像」の前に集まり、その数は一〇〇万人にまで達しようとしていた。

民主化を中国共産党独裁への脅威とみなす鄧小平は、民主化運動を武力で鎮圧することを命じた。かくして六月四日、人民解放軍が天安門広場を包囲した。市民たちも抵抗したが、軍隊は催涙ガスと実弾で攻撃して鎮圧し、多数の死傷者を出した。のちにノーベル平和賞を受賞する劉《りゅう》暁《ぎょう》波《は》をはじめ、民主化運動の指導者たちの多くは逮捕・投獄され、亡命するものも多かった。

これが**天安門事件**である。一九七六年に周恩来死去のさいに起きた事件と区別して第二次天安門事件、あるいは事件の発生日から六四事件とも呼ぶ。鄧小平は、事件の責任をとらせて趙紫陽書記長を解任し、保守

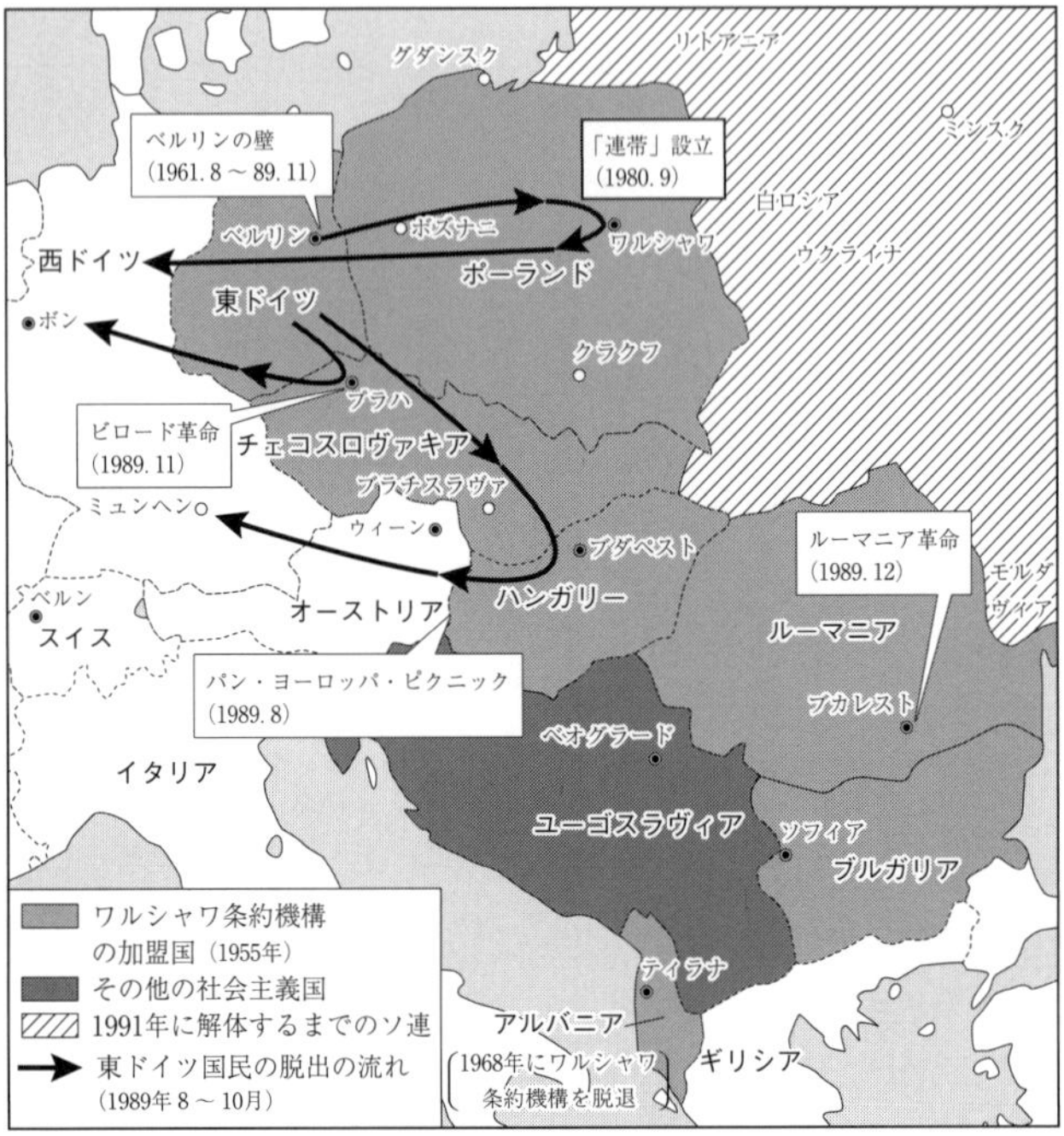

図9-7　東ヨーロッパの民主化

「パン・ヨーロッパ・ピクニック」だけでなく，ワルシャワやプラハの西ドイツ大使館から西ドイツに脱出する人々もいた。

派の江沢民を後任に任命した。改革派は共産党の上層部から駆逐された。

天安門事件はメディアで逐一報道されていた。東アジアの多くの国で民主化が平和裏に達成されたこの時期に、民主化運動が武力弾圧されたことに対して、国際社会は厳しく非難し、西欧諸国は中国に経済制裁を加えた。

現在に至るまで天安門事件は中国におけるタブーである。中国は圧倒的な権力を行使し、民主化なき経済発展をその後もつづけていくのである。

東欧における「民主化のドミノ」

東アジアとラテンアメリカで続発する民主化への流れは、東欧の社会主義諸国で連鎖的な「民主化のドミノ」へとつづいていった。一連の民主化への政変を、東欧革命と呼ぶ。

ドミノの起点は、やはりペレストロイカだった。ゴルバチョフ大統領は、一九八八年三月に新ベオグラード宣言を発して、東欧社会主義諸国に対する内政干渉を否定した。制限主権論からの全面的な転換である。もう「プラハの春」のようなことは起きない。そうした希望をもった東欧の市民たちは、続々と民主化運動をもりあげていった。

最初に共産党一党支配体制をやめて複数政党制を導入したのは、ハンガリーであった。ハンガリーは一九八九年二月、民主化改革を政府主導で実行したが、ソ連は反対しなかった。

ポーランドでは、非合法化された自主管理労組「連帯」が活動を再開していた。そして政府もハンガリー民主化の動きを受けて、「連帯」を合法とし、複数政党制を導入した。六月、複数政党制のもとではじめての議会選挙が行われ、ワレサが指導する「連帯」が圧勝した。九月に「連帯」を中心とする連立政権が成立し、ポーランドに民主主義がもたらされた。

そして一一月、チェコスロヴァキアの首都プラハで、ふたたび市民が民主化要求のための大集会をひらいた。一九六八年の時のようにソ連軍によって鎮圧される心配はなかった。劇作家のハヴェルを指導者とする「市民フォーラム」が結成され、プラハの広場に二五万人以上の市民があつまった。共産党政権は崩壊し、自由選挙が実現した。ハヴェルが大統領にえらばれた。この体制転換は非暴力的になめらかに進んだことから、ビロード革命と呼ばれる。

ブルガリアでも、同じころに民主化運動を受けて自由選挙が行われ、共産党政権がたおれた。

図9-8　ベルリンの壁開放　ブランデンブルク門の壁にのぼる市民たち
（出典）Lear21 at English Wikipedia.

「パン・ヨーロッパ・ピクニック」からベルリンの壁開放へ

東欧の最も模範的な社会主義国といわれた東ドイツにも、民主化の波が押しよせた。その震源地はハンガリーであった。ハンガリー政府は自由化改革の一環として、一九八九年五月に「西側」のオーストリアとの国境のフェンスを取り除き、両国の往来を自由にした。東西ヨーロッパをへだてる「鉄のカーテン」にわずかな「穴」があいた。

この情報が東ドイツに伝わると、おどろくべき動きが起こった。八月、この東西国境の「穴」を目指して、多数の東ドイツの市民が西側に移動しようとしたのである。東ドイツからハンガリーに旅行し、オーストリアに抜ければ、西ドイツにいくことができる。彼らはそう期待した。

このとき、ハンガリーのパン・ヨーロッパ団体が、オーストリアとの国境地帯で「ピクニック」の計画を立ちあげた。「ピクニック」の最中に、オーストリアの国境警備隊がゲートをひらき、東ドイツ市民たちは国境を抜けた。ハンガリー政府はみてみぬふりをした。

この**「パン・ヨーロッパ・ピクニック」**が成功すると、さらに多くの東ドイツ市民が、同じルートを通って西ドイツへと亡命した。この動きはもはやとめようもないほどになり、東西ドイツの移動を認めよという市民デモが多発した。

一〇月、東ドイツのホネカー政権は、事態の急進化を受けて退陣した。東ドイツにうかぶ「はなれ小島」たるベルリンをわかつ壁こそが、移動の自由を阻害する象徴であった。市民はベルリンの壁を開放せよと要求し、デモを繰り返した。

かくして一九八九年一一月九日、東ドイツ政府は突如**ベルリンの壁を開放**した。中心地にあるブランデンブルク門の壁のうえにも東西のベルリン市民たちがのぼり、二八年ぶりの移動の自由をよろこびあった。ベルリンの壁が開放されたことは、ヨーロッパにおける東西対立の終焉を意味する出来事であった。この映像は全世界に発信され、「冷戦」が終わったことを人々に印象づけた。そしてここから、ドイツの再統一に向けた動きがはじまるのである。

チャウシェスクの処刑

東欧の民主化運動はルーマニアでも政変をひき起こした。ルーマニアの独裁者**チャウシェスク**はポーランドなどの民主化運動が自国にも波及することをおそれ、ソ連に軍事介入を要請したが、ゴルバチョフは新ベオグラード宣言を理由に拒否した。

ルーマニア全土で民主化運動がまき起こった。チャウシェスクの政策は様々な側面で失敗しており、国民は独裁体制への不満を蓄積させていたのである。一九八九年一二月、それが爆発した。

チャウシェスク夫妻は逮捕され、みじかい裁判ののち、公開処刑された。かくしてルーマニアでも体制転換が起こった。一九八九年に起こった東欧革命の中で、最高指導者の血が流れた唯一の例であった。

マルタ会談——新しい時代へ

一九八九年は、世界が突如として様がわりしたかのような年であった。中国では流血の惨事が起こったが、それ以外の民主化運動は次々と成功を収め、「民主化のドミノ」といわれるような状況になった。

ウィルソンの時代から民主主義を世界にひろめることを使命として行動していたアメリカは、この状況を「民主主義の勝利」ととらえた。ベルリンの壁の開放によってヨーロッパの東西対立も終わりをむかえ、人々は市場経済と民主主義に明るい未来があると確信するようになった。「冷戦の構図」は消失した。

一九八九年一二月、アメリカのブッシュ（父）大統領とソ連のゴルバチョフ大統領は、地中海のマルタ島で首脳会談を行い、「冷戦の終結」を宣言する文書に調印した（マルタ会談）。第二次世界大戦後の世界を危機におとしいれていた米ソの対立は、正式に終焉した。

一九八九年の「民主化のドミノ」は、東アジア・ラテンアメリカ・東欧における独裁体制に対する市民のねばりづよい抵抗の帰結であった。それは、一九七〇年代に人権意識が世界中の人々に浸透し、六〇年代には市民運動が起きにくかった地域の人々に、自由と人権への渇望をひき起こした結果であったとみることもできよう。

人類が自由や人権といった価値観を当たり前のものとして共有し、それを前提として世界の問題に取り組む、新しい時代がはじまったのである。

第10章　地域の分裂と統合——一九九〇年代

慰霊と復興のモニュメント（兵庫県神戸市）
1995年1月17日午前5時46分に発生した阪神・淡路大震災の犠牲者を慰霊している。地下には震災で亡くなった方々の名前が刻まれている。モニュメントのある東遊園地では毎年慰霊のつどいがひらかれ，たくさんの紙燈篭に明かりがともされる（撮影：筆者）。

中央・南・東南アジア	東アジア	南北アメリカ・国際
		国連，対イラク制裁，武力行使決議
カンボジア和平協定 →国連カンボジア暫定行政機構統治へ	日本，バブル崩壊 自衛隊艦，ペルシア湾に派兵	米ソ，戦略兵器削減条約（START）締結
	鄧小平の南巡講話 韓国，民主派の金泳三大統領就任日本で PKO 協力法 →自衛隊，カンボジア派遣	ロサンゼルスで黒人暴動 リオで地球サミット開催
カンボジア総選挙 シハヌーク国王復帰	慰安婦問題に関する河野談話表明	ニューヨーク世界貿易センターで爆弾テロ
第１次チェチェン紛争勃発	北朝鮮で金正日が国家主席に	国連開発計画，「人間の安全保障」提唱
ベトナムが ASEAN 加盟	阪神・淡路大震災 地下鉄サリン事件 村山談話表明	MERCOSUR（南米南部共同市場）成立
ターリバーン，アフガニスタン制圧		
タイ，バーツ暴落 →アジア通貨危機 ミャンマーとラオスが ASEAN 加盟 ASEAN＋3 成立	香港返還，「一国二制度」へ	気候変動に関する京都議定書採択
インド人民党，政権掌握 ポル・ポト死去 インド，地下核実験 インドネシア暴動，スハルト退陣 パキスタン核実験	韓国，金大中大統領就任	
カンボジア，ASEAN 加盟 インドネシア軍，東ティモールから撤退	マカオ返還	

なぜ一九九〇年代に内戦やジェノサイドが多発したのだろうか？

地域統合は、民族問題を解決できるだろうか？

西　暦	ヨーロッパ・ロシア	アフリカ・中東
1990年	バルト三国独立宣言 ゴルバチョフ，ソ連大統領就任 東西ドイツ統一	南アフリカでANC合法化，マンデラ釈放 ナミビア独立 イラク，クウェート侵攻 シエラレオネ内戦勃発 ルワンダ内戦勃発
1991年	スロヴェニアとクロアティア，独立宣言 ユーゴ内戦勃発 ソ連で八月クーデタ ソ連共産党解散 バルト三国独立 ボスニア・ヘルツェゴヴィナ独立宣言 独立国家共同体（CIS）結成，ソ連消滅	湾岸戦争 アパルトヘイト撤廃 中東和平会議 エリトリア人民解放戦線の攻勢成功
1992年	マーストリヒト条約締結 ボスニア内戦激化 新ユーゴスラヴィア連邦成立	
1993年	チェコとスロヴァキアが分離独立 ヨーロッパ連合（EU）成立	ソマリアで米ヘリコプター撃墜事件 パレスチナ暫定自治協定（オスロ合意）
1994年		ルワンダ大虐殺発生
1995年	ボスニアでスレブレニツァの虐殺 ボスニア停戦	
1996年		コンゴ内戦勃発
1997年	コソヴォ内戦勃発	
1998年		
1999年	NATO軍，セルビア空爆 ユーゴ内戦終結	

1　和解する世界

東西ドイツ統一

一九八九年における一連の民主化の動きによって「冷戦の構図」は打ちくずされた。この「くずされた」というイメージは、ベルリンの壁をハンマーでたたきこわす映像に象徴されていた。ベルリンの壁が「崩壊」したのち、東西ドイツは統一という選択肢を意識するようになった。

一九九〇年三月、東ドイツは自由選挙を行い、早期の統一を求める連合と右派が勝利を収めた。この結果を受けて、西ドイツのコール政権は、ドイツ統一に向けた国際交渉へと動き出した。

東ドイツのボスともいうべきソ連の承認を得ることはもちろんだが、ベルリンは形式的にはなおも米・英・仏・ソの管理下におかれているのであり、このかつての占領国すべての了解を得なければならなかった。占領国を納得させるカギは、ドイツはナチ時代を深く反省し、二度と周辺国に侵略戦争を行う可能性はないという確証を得させることであった。

その際、一九七〇年代以来西ドイツが取り組んできた「過去の克服」が、各国の信頼を得るのに大きな役割をはたした。西ドイツはポーランドに対しても、統一後のドイツが国境の変更を要求することは決してないことを約束した。

こうして占領四カ国と周辺国の了解を取りつけた西ドイツは、一〇月、東ドイツを吸収合併するかたちで**東西ドイツ統一**を実現した。「冷戦の構図」を象徴するドイツが統一することで、世界に融和ムードが生まれた。それと同時に、西ドイツが東ドイツを吸収するかたちは、「西側」陣営の勝利と、共産主義の敗北を人々に印象づけたのである。

米ソ協調と湾岸戦争

米ソ和解の成果は、さっそく中東において発揮された。イラクのフセイン政権は、一九九〇年八月にペルシア湾岸の**クウェートに侵攻**した。これに対して一一月、国連安全保障理事会は、翌年一月一五日までにイラクが撤退しない場合には、国連加盟国によるイラクに対する武力行使を容認するという決議を可決した。この決議には米ソ両国が名をつらねていた。これまでは米ソ対立や中ソ対立といった理事国どうしの対立によって、国連は安全保障面でほとんど健全に機能しなかったといってよい。しかしクウェート危機においては、米ソ協調と世界の融和ムードによって機能した。

イラク軍は撤退せず、一九九〇年一月に決議にもとづき、アメリカを中心とする三四カ国からなる多国籍軍が、イラクに対して攻撃を開始し、**湾岸戦争**が起こった。結果、イラク軍は撤退し、フセイン政権は経済制裁のもとにおかれ、大きな打撃を受けることになった。

その結果、政情が不安定化したイラクでは、国内のシーア派や少数民族の反政府的行動が起こり、これに対してフセイン政権は武力弾圧でおうじた。

少数民族のクルド人は、イラン・イラク戦争の末期にフセイン政権によって化学兵器による虐殺の憂き目にあい、このときにも弾圧された。湾岸戦争後、イラクの**クルド人は難民**となって隣国トルコのクルド人居住区に流入していった。

クルド人はトルコ・イラク・イランにまたがる国境地帯にひろく住んでいる少数民族である。イラン・イラク戦争以来この地域が不安定化した結果、クルド人の自治・独立運動が激化していく。難民が流入したト

図10－1　クリントン大統領の仲介で握手するラビン首相（左）とアラファト議長（右）

ルコ・クルド人もまた、トルコ政府に対する武力闘争を展開していった。

中東和平への道

アメリカが多国籍軍を編成してイラクを攻撃したのは、イラク軍によるクウェートの不当な支配が行われたからだという論理であった。これに対し中東のアラブ人からは、イラクに対しては武力行使をするのに、イスラエルによるパレスチナの不当な支配とパレスチナ難民を放置するのは、ダブル・スタンダード（二重基準）ではないかという非難がまき起こった。

もはや「冷戦の終結」が宣言され、世界で和解ムードがまき起こっていた。イスラエルとパレスチナとの和平が実現することで、アメリカにとってもアラブ諸国を味方につけることが期待された。ブッシュ大統領はゴルバチョフ大統領とともに和平をはたらきかけ、こうして九一年に**中東和平会議**が開催された。

このとき和平は実現しなかったが、一九九三年になるとアメリカのクリントン大統領が仲介するかたちで、イスラエルのラビン首相とパレスチナ解放機構（ＰＬＯ）のアラファト議長との間で**パレスチナ暫定自治協定**（**オスロ合意**）が結ばれた。

これはガザ地区とイェリコにおいてＰＬＯを基盤とするパレスチナ自治政府を発足させるもので、イスラエルがPLOをはじめてパレスチナ人の代表として認め、パレスチナにおける両者の共存を公式に認めるという、画期的なものであった。ラビン首相とアラファト議長は、この合意によって翌年ノーベル平和賞を受賞した。

しかし、もちろん和平が成立したからといってパレスチナ問題が解決したわけではない。合意に納得しないイスラエル人やパレスチナ人も多く、いばらの道であった。

カンボジア和平とPKO

ところで、湾岸戦争のとき、日本は多国籍軍に一三〇億ドルの戦費支援を行った。戦争が多国籍軍の圧勝に終わると、お金を出すだけでは不十分とばかりに、海上自衛隊の掃海艇四隻がペルシア湾に派遣された。米ソ協調のもとで国連の役割が増大し、紛争解決と平和維持のために努力しようという気運が高まる中、自衛隊もそれに参加しなければ、国際社会での日本の地位を保てないという意識が、日本政府の中で支配的になっていたのである。そうしたなかで重要案件として持ちあがったのが、国連の**平和維持活動**（PKO）への自衛隊の参加である。

PKOとは、国連の加盟国から派遣された国連平和維持軍（PKF）などが紛争地域で行う停戦監視・選挙監視・人道支援などをさす。一九九〇年代にその規模はいちじるしく増大した。このときPKOの対象となっていたのは、カンボジアだった。

一九九一年一〇月、国連が調停する形で**カンボジア和平協定**が結ばれた。ベトナム軍が撤兵してヘン・サムリン政権が動揺し、米ソ協調によって社会主義のポル・ポト派に対する国際支援がなくなり、その非人道的虐殺に対する国際的な非難の声も大きくなった。一九八〇年代後半、カンボジアをめぐる国際情勢は大きくかわっていたのである。

カンボジアは、選挙が公正に実施されて新政府が発足するまでのあいだ、国連カンボジア暫定行政機構（UNTAC）が平和維持の監視と実質的な統治を行うことになった。このカンボジアPKOに、日本も自衛隊を派遣すべきだという声が、日本国内であがった。

こうして一九九二年にPKO協力法が成立し、カンボジアに陸上自衛隊が派遣された。彼らは地雷の撤去などに従事し、一九九三年に選挙がUNTACの監視のもとで行われ、シハヌーク政権が発足すると、その役割を終えた。

その後も自衛隊は各地のPKOに派遣されていくが、紛争が頻発しPKOの規模や「平和維持」の内実が変質していくなか、憲法九条との整合性が問題となっていくのである。

アパルトヘイトの終焉

一九八九年から一九九〇年代初頭はまさに和解の時代だった。そして、南アフリカのアパルトヘイトもついに終わるときがきた。黒人のデモが大規模化し、アメリカを含むほとんど全世界がアパルトヘイトを非難するなか、一九八九年にデクラーク大統領が就任した。

デクラークは白人だが、アパルトヘイトを終わらせようと画策した。一九九〇年、反アパルトヘイト運動の中心だったアフリカ民族会議（ANC）を合法化した。それにともない、獄中にあったANCの指導者マンデラが、三六年ぶりに釈放された。

そして翌年、デクラークはアパルトヘイト諸法の廃止を決めた。全世界の黒人たちが歓喜した。地上から人種主義国家が消滅したのである。

二〇世紀は人種主義の世紀だった。アメリカのジム・クロウ法、ナチの反ユダヤ主義、オーストラリアの白豪主義、そして南アフリカのアパルトヘイトなど、人種主義が国家政策として公然と実施される時代は、これで終わった。

しかし完全に人種主義がなくなったわけではなかった。一九九二年にはアメリカのロサンゼルスで黒人暴動が起こっている。社会不安の増大とともに人種差別を正当化しようとする動きは、現在にいたるまでつづいている。二〇世紀の人種主義の記憶は、その危険性に常に警鐘をならしつづけるのである。

図10－2　デクラーク大統領（左）とネルソン・マンデラ
（出典）World Economic Forum.

2　ヨーロッパの分裂と統合

バルト三国独立運動とソ連の混迷

東欧における「民主化のドミノ」は、ソ連国内にも波及した。とくに早くから独立運動を起こしていたのが、エストニア、ラトビア、リトアニアの**バルト三国**だった。一九八九年八月には、三国の約二〇〇万人におよぶ市民が手をつなぎあって「人間の鎖」をつくり、独立を求める意志を表明した。

一九九〇年に新設のソ連大統領となっていたゴルバチョフは、言論の自由は認めるが連邦の解体や社会主義の否定は認めなかった。彼のペレストロイカは、あくまでソ連と社会主義を守り、健全にするためのものであった。

米ソ協調によって世界に平和がもたらされ、一九九一年七月には米ソ間で第一次戦略兵器削減条約（STARTI）が締結されていた。ペレストロイカは世界に歓迎されていた。しかし、かんじんのソ連国内では大きな問題が起こっていた。

まず、中途半端に市場経済を導入したことで経済が混乱し、改革で市民生活が良くなるどころか悪化したことである。とくに食糧供給がとどこおり、スーパーの棚はいつもカラになった。市民の不満が高まっていた。

さらに、バルト三国独立運動のような民族独立運動が各地でまき起こった。社会主義は諸民族の平等を掲げていたが、実際には民族運動を抑圧していた。その不満が、言論の自由化によって一気に噴出したのである。「民族自決」がふたたび世界のスローガンとなった。

八月クーデタからソ連の崩壊へ

こうした二重の危機によって、ソ連国内でペレストロイカに反対する保守派が勢いづいた。保守派というのはこの場合、ペレストロイカ以前のソ連に戻そうとする勢力のことである。一方で、ゴルバチョフのペレストロイカは中途半端であるとして、さらに徹底的な市場経済の全面導入を唱える急進改革派も成長していた。

一九九一年、連邦最大の共和国であるロシア共和国大統領に、急進派のエリツィンが圧倒的大差で当選した。ゴルバチョフの改革をも手ぬるいと批判するエリツィンが台頭したことで、保守派は危機感を深めた。

八月一九日、保守派は反ペレストロイカで一致する軍の協力を得て、クーデタを敢行した（八月クーデタ）。モスクワ放送局が占拠され、ゴルバチョフが軟禁された。保守派の非合法行動に、ソ連の市民は反発した。

クーデタに対する民衆の反感をみたエリツィンは、モスクワ市内に展開した軍の戦車を説得し、その上に立ってクーデタを非難し、市民にゼネストをよびかける声明を読みあげた。この派手なパフォーマンスは市民の心をつかんだ。市民がエリツィンのもとに結集し、クーデタに反対する大規模なデモが多発した。正統性を失ったと感じた保守派は権力を放棄し、クーデタは失敗した。

図10－3　八月クーデタ失敗後のエリツィン
（出典）Kremlin. ru.

これでエリツィンら急進派が権力を掌握する流れができた。ソ連全土で民族運動が活性化し、バルト三国は独立宣言を行った。さらに、ウクライナ、アゼルバイジャンなどほとんどの共和国が連邦からの離脱を表明した。八月二四日、解放されたゴルバチョフは、ソ連共産党書記長を辞任し、共産党の解散を宣言した。その夕刻、党本部屋上の赤旗がおろされた。クーデタ発生からわずか五日間で、ソ連は崩壊した。

ロシア共和国自体も分裂の危機にあった。ロシアは多民族で構成される連邦国家だが、一〇月に北カフカス地方のチェチェンが独立を宣言した。しかしエリツィン大統領は独立を認めず、**チェチェン紛争**へと発展していく。

ソ連を構成していた諸共和国は独立したものの、ロシアとのつながりはやはり切り離せなかった。一二月、エリツィンを大統領とするロシア連邦を中心に、ウクライナ・ベラルーシなど一一の共和国が**独立国家共同体（CIS）**を結成し、ソ連という枠組み

図10－4　ユーゴスラヴィアの分裂

は完全に消滅したのである。

ユーゴスラヴィア内戦の勃発

東欧諸国の中で唯一、一九八九年に共産党政権が崩壊しなかったのがユーゴスラヴィアである。ユーゴスラヴィアはティトー大統領のもと、ソ連から自立した非同盟諸国のリーダーとして存在感をはなっていたが、そのティトーも一九八〇年に死んだ。ソ連の衛星国ではなかったことで東欧革命の影響は受けにくかったが、最大の社会主義国ソ連の崩壊は、やはり衝撃的であった。

ユーゴスラヴィアにとって重大だったのは、ソ連における民族主義の興隆であった。ユーゴスラヴィアは、「一つの国家、二つの文字（ラテン文字とキリル文字）、三つの宗教（イスラーム・正教会・カトリック）、四つの言語、五つの民族、六つの共和国」などといわれるように、複雑な民族構成を持った多民族連邦国家であり、社会主義という国家理念で何とか国家の一体性を維持していた。

しかしソ連における諸民族の独立運動が、ユーゴスラヴィアにおける民族運動にも火をつけた。セルビア共和国の**ミロシェヴィッチ**大統領は、セルビア民族主義をつよく主張し、他の諸民族でも民族主義が台頭していた。

一九九一年六月、スロヴェニアとクロアティアが連邦からの独立を宣言した。しかしクロアティアに住むセルビア人が反発し、内戦となった。これに対してセルビアを中心とする連邦軍が軍事介入し、**ユーゴスラヴィア内戦**が勃発した。

クロアティア紛争は国連が仲介して停戦となったが、武力紛争に発展したことで、連邦内の民族間の対立はさらに激化していく。一一月にはマケドニアも独立を宣言した。内戦はまだはじまったばかりであった。

東欧の民族主義は他の地域でも国家を分裂させた。一九九三年、チェコスロヴァキアが解体し、チェコとスロヴァキアへと分離していった。分裂は平和裏に実行され、民族紛争は回避された。戦間期には中途半端なものにとどまった東欧の「民族自決」は、二〇世紀末に実現しようとしていた。しかしその過程は、戦争と平和の両極にわかれた。

EUの成立

東欧はまさに分裂の時代をむかえた。これに対して西欧諸国は統合をさらに深化させようとしていた。すでに単一欧州議定書によって統合の深化は既定路線にあった。しかし一九九〇年代に入り、ソ連が崩壊してアメリカが唯一の超大国となり、近隣のユーゴスラヴィアで民族主義による内戦が勃発すると、ヨーロッパ統合への期待はさらに高まった。

地域統合によってのみ、ヨーロッパは民族対立を乗り越え、アメリカを越える政治的・経済的パワーを手にいれることができる。こうした思惑から、統合のプロセスは加速した。

一九九二年、ＥＣ諸国は**マーストリヒト条約**に調印した。これはこれまでの経済統合を通貨統合にまで高め、さらにヨーロッパ共通市民権やヨーロッパ共通の外交・安全保障政策といった、国家主権にかかわるよ

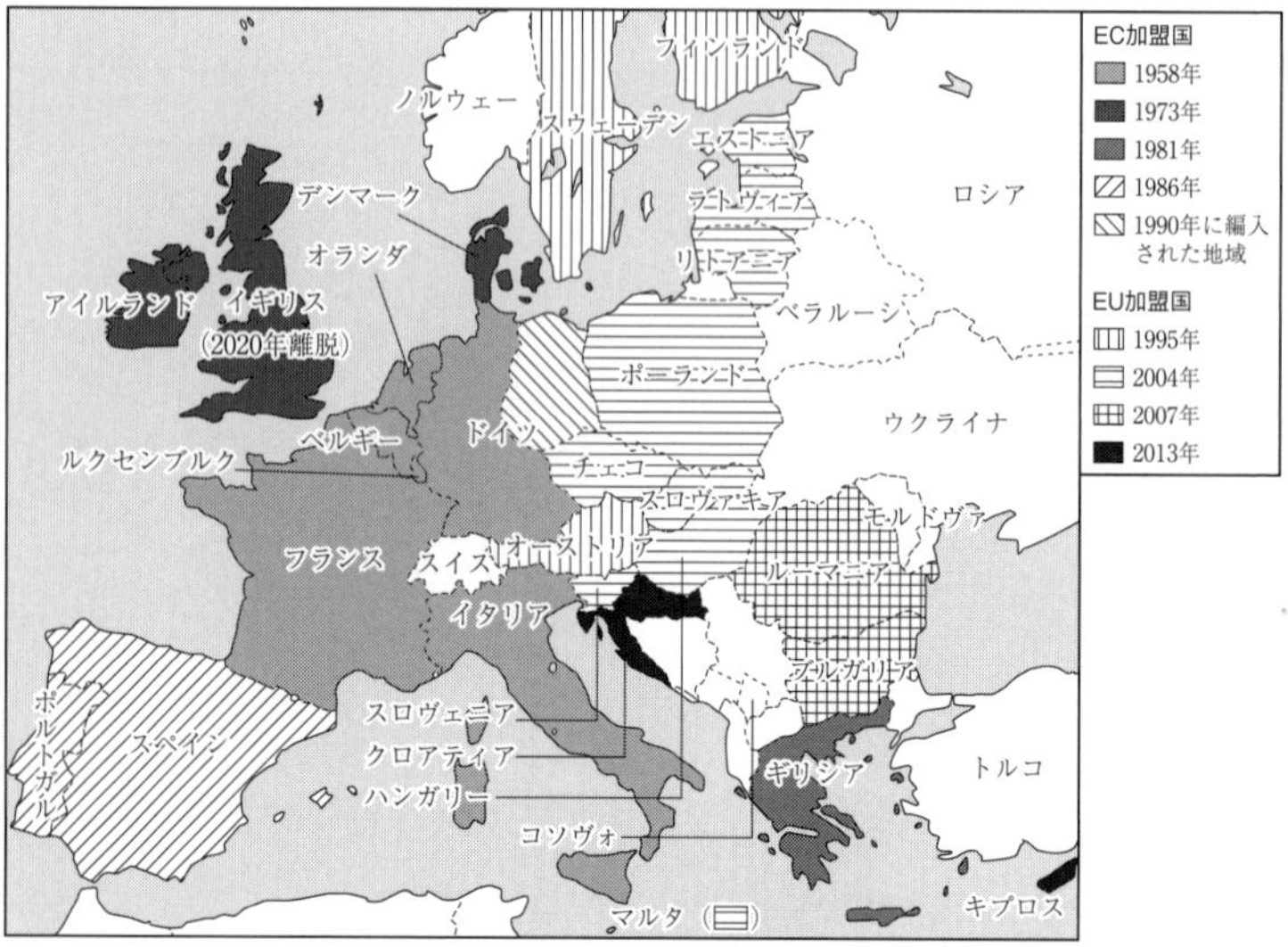

図10－5　EUの発展

うな領域まで統合していこうとするものであった。

　これに対しては各国で激しい議論が戦わされ、デンマークでの国民投票で条約反対が勝利するなど、批准までに時間がかかった。しかし一九九三年にヨーロッパ通貨危機が起こると、マーストリヒト条約の批准が急がれ、一一月に発効にこぎつけた。こうしてECは、**ヨーロッパ連合**（**EU**）へと発展した。ヨーロッパ統合は、第二次世界大戦の破滅を経験したヨーロッパが平和を実現するために、自由・民主主義・人権といった価値観によって国家間協力をふかめ、国家を越えた超国家としてふたたび世界的な影響力を獲得しようとする、壮大なプロジェクトであった。

　EUのモデルは、まず地域経済統合のレベルで世界中に影響を与えた。一九九五年にはブラジル・アルゼンチン・ウルグアイ・パラグアイのラテンアメリカ諸国の間で、**MERCOSUR**《メルコスール》（**南米南部共同市場**）が結成され、アメリカから自立した独自の経済圏を築いた。

地球環境を守るために

ＥＵは国家の枠を越えるグローバルな問題に一致して取り組むことで、アメリカなどとは異なる存在感を発揮することになった。その一つが環境問題である。

一九八〇年代に顕在化した地球温暖化は、一九九〇年代に各国政府にも共有されるようになった。かくして、九二年にリオデジャネイロで**「環境と開発に関する国連会議」**（**地球サミット**）が開催された。

地球サミットで採択されたリオ宣言では、「持続可能な開発」理念のもと、各国が二酸化炭素などの温室効果ガスの排出量を減少させる必要性で合意し、その目標計画が作成されることになった。

ここでも各国の経済開発を優先したいという国益重視の意見が、計画策定を阻害することもあったが、ＥＵが中心となって先進国の温室効果ガス削減計画を取りまとめていった。その結果、一九九七年の第三回気候変動枠組条約締約国会議（ＣＯＰ３）で、削減目標を定めた**京都議定書**が採択されることになったのである。

このように一九九〇年代に人類は地球的問題に一致して取り組むようになった。しかし同じころ、人間同士が争う内戦とジェノサイドの地獄が地上では展開されていた。

3　内戦とジェノサイド

アフリカの内戦

「アフリカの年」から三〇年、アフリカ大陸はなおも貧困と混乱にみちていた。むしろ一九九〇年代に入ってからその混乱は激化した。一つの要因は石油危機だった。独立後のアフリカ諸国は、なおも旧宗主国と

図10-6　「アフリカの角」

の経済的つながりがつよく、一九七〇年代の二度の石油危機によるヨーロッパ不況は、アフリカ経済にも波及しつづけた。

一九八〇年代を通じて深刻な債務危機にみまわれたアフリカ諸国では、政情が不安定になりやすかった。そこへ東欧の「民主化のドミノ」の影響で、アフリカでも諸勢力が民主化を要求すると、各地でクーデタや内戦、民族紛争が続発していく。一九八九年には**リベリア内戦**、一九九一年には**シエラレオネ内戦**が勃発した。

一九八五年からはじまった**スーダン内戦**も継続していた。ムスリムが多数をしめるスーダンの軍事政権が、非イスラームの南スーダンを激しく弾圧した。南スーダンは石油などの資源が豊富であり、資源と民族争いが混合して泥沼化したのである。

「アフリカの角」の悲惨

アフリカ大陸で内戦や紛争が起こりやすい地域のひとつに、東部のエチオピア・エリトリア・ジブチ・ソマリアからなる、通称**「アフリカの角」**がある。この地域は紅海とアラビア海の出入り口につき出す海上交通の要所に当たり、紛争化しやすかった。たびかさなる紛争により国土は荒廃し、きびしい貧困にあえぐなか、商船をねらった海賊の最大の拠点にもなっていた。

エチオピアは「海への出口」を求め、エリトリアを併合していた。しかし、エチオピア革命後に成立した社会主義政権は、経済政策に失敗し、大規模な飢餓や隣国ソマリアとの紛争が続発し、多数の難民が発生する事態をまねいた。一九九一年、ソ連の崩壊によってうしろだてを失った社会主義政権に対し、エチオピアからの独立を目指すエリトリア人民解放戦線が攻勢を起こし、政権を打倒した。

さらなる混乱にみまわれたのは、「アフリカの角」の先端に当たるソマリアである。ソマリアは国内の分離独立運動をきっかけに、ソ連の支援するエチオピアが侵攻し、それに対しアメリカなどが政府を支援するかたちで国際紛争がつづいていた。しかしゴルバチョフ政権が成立して米ソ協調が進むと、米ソはソマリアに対する関心を失った。

かくして、反政府勢力が次々と蜂起し、一九八八年に**ソマリア内戦**が勃発した。一九九一年には政府が打倒されたが、混乱は解消せず、飢餓と難民が発生した。国連は平和維持軍（ＰＫＦ）を派遣したが、内戦は収まらなかった。

アメリカのクリントン大統領は、ソマリアの平和維持に貢献すべく、国連ＰＫＦに軍隊を派遣した。しかしソマリアの人々は、諸勢力が入り乱れた内戦の中でＰＫＦの中立性をつよくうたがっていた。こうして一九九三年一〇月、ソマリア民兵がアメリカ軍のヘリコプターを撃墜し、一八人のアメリカ海兵隊兵士を殺害、遺体をひきまわすという衝撃的な事件が発生した。

アメリカ世論は沸騰し、クリントンはソマリアからのアメリカ軍撤退を決定した。ソマリアＰＫＯは失敗したのである。この事件によって、内戦下での国連ＰＫＯ活動はきわめて困難で、派遣した各国兵士の命を危険にさらすということが明らかになった。その結果、諸国はＰＫＯへの参加に消極的になっていくのである。

図10－7　ルワンダの首都キガリにあるジェノサイド・メモリアル。犠牲者の名前が記録されている。
（出典）撮影　大庭弘継。

ルワンダ内戦とジェノサイド

中部アフリカ、ヴィクトリア湖周辺に位置する小国ルワンダでは、植民地時代に支配民族とされた少数派のツチ人と多数派のフツ人（その民族的区別はあいまいで、植民地支配の産物だった）との対立が激化していた。独立後の混乱ののち、フツ人の政権ができたが、これに反発するツチ人の反政府勢力が蜂起し、一九九〇年に**ルワンダ内戦**が勃発した。

この内戦は一九九三年に和平協定が結ばれ、いったん収束したが、ツチ人とフツ人との民族対立は深刻な状態になっていた。国連はＰＫＦの派遣を決定したが、ソマリアＰＫＯの失敗が各国にＰＫＦへの派遣を躊躇させ、平和維持をするには不十分な規模にとどまった。

そうしたなかで、ラジオなどのメディアで民族間憎悪を増幅されたフツ人により、一九九四年にツチ人への大虐殺が発生した。フツ人民兵組織が中心ではあったが、いたるところで普通の人々もツチ人におそいかかった。国連ＰＫＦは、眼前で展開されたこの惨劇になすすべがなかった。ＰＫＦに派遣した各国政府は、自国の兵士の命を守るだけで精いっぱいだったのである。

このルワンダ・ジェノサイドにより八〇万人もの人々が虐殺された。虐殺をまぬかれたツチ人が難民となった。ジェノサイドを受けて、ツチ人の反政府軍は戦闘を再開し、最終的にはルワンダ全土を制圧し、内戦は収束した。そして、ツチ人の政府ができると報復をおそれた多数派のフツ人が難民となった。

ルワンダ難民は、コンゴ民主共和国（ザイールから改名）にも流出したが、一九九六年からはじまる**コンゴ内戦**の泥沼にまきこまれた。コンゴ内戦は周辺諸国をまきこみ、「アフリカ大戦」とも呼ばれた。

内戦とジェノサイドを通じてルワンダ人口の一割が犠牲になったといわれる。国連はジェノサイドに対して無力だった。どうしたら悲惨な内戦とジェノサイドをとめることができるのだろうか？　ルワンダ内戦は、人類に深刻な課題をつきつけたのである。

ボスニア紛争とジェノサイド

このころ内戦がジェノサイド化していったのは、ルワンダだけではない。ユーゴスラヴィア内戦は、ますます悲惨な状況におちいっていた。クロアティアをめぐる紛争がようやく終息をむかえたばかりの一九九二年、**ボスニア・ヘルツェゴヴィナ**（以下ボスニア）が独立を宣言したのである。

ボスニアはクロアティアとセルビアの間に位置し、人口の四四％をしめるイスラームの**ボシュニャク人**（当時はムスリム人とよばれていたが、近年の自称にもとづき、本書ではボシュニャク人と表記する）、一七％のクロアティア人、三三％のセルビア人が入りまじる、民族のモザイク状態だった。

独立を宣言したのはボシュニャク人とクロアティア人の勢力だった。セルビア人住民は独立に反対し、一部の武装勢力が軍事行動を起こし、内戦が勃発した。クロアティア独立後、新ユーゴスラヴィア連邦を組織していたセルビアとモンテネグロは、ボスニア国内のセルビア人保護を名目に内戦に軍事介入した。かくして**ボスニア紛争**が勃発した。

図10－8　スレブレニツァの虐殺のメモリアル（発見された死体が埋めてある）
（出典）撮影　大庭弘継。

ボスニア紛争は、第二次世界大戦後のヨーロッパ最悪の紛争といわれる。それはボスニアにおける三民族がたがいに殺しあい、老若男女問わず膨大な民間人の犠牲者が発生したからである。戦火からのがれようと、多数のボスニア難民が発生した。

国連安保理事会はボスニア内部に「安全地帯」をもうけて民間人の犠牲者をおさえようとしたが、一九九五年七月、新ユーゴ軍とセルビア人部隊は「安全地帯」スレブレニツァを軍事制圧し、その地域にのがれていたボシュニャク人を大量殺戮した。ボスニアでエスカレートする殺戮に、世界中の人々が戦慄した。

「人間の安全保障」と内戦への介入

ソマリア、ルワンダ、そしてボスニアと、世界中で続発する内戦は、ジェノサイドへと発展していく。これを受けて、一九九四年に国連開発計画（UNDP）が提唱した「人間の安全保障」という概念が、にわかに注目をあびた。「人間の安全保障」とは、人間一人一人の生存を守るための安全保障であり、国家利害を越えて全人類が守るべき目標だとされた。

これまで、内戦は国内問題であり、他国が介入することは内政不干渉の原則に違反するものだとしてさけられていた。しかし内戦がジェノサイドの危険にまで発展し、国家が住民の生命を守ってくれないことが明らかであれば、「人間の安全保障」の理念にもとづき、国際社会には内戦に軍事介入してでも住民の生命を

「保護する責任」がある、とする論調が優勢になった。

こうして、ボスニアでのジェノサイドをとめるべく、NATO軍がボスニアに入り、セルビア人部隊に対する攻撃を開始した。アメリカも仲介に入り、一九九五年一一月、ようやく停戦が実現した。新ユーゴ軍は撤退し、ボスニア・ヘルツェゴヴィナは領土を縮小し、諸民族が共存する連邦国家となった。

そして、ジェノサイドを裁く国際体制も整備されていく。一九九八年、ジェノサイドや人道に対する罪、戦争犯罪などにかかわる個人を訴追するための、**国際刑事裁判所（ICC）**の設立について国際協定が締結された。

コソヴォ内戦

しかしユーゴスラヴィアの内戦はやまず、新たなステージにはいっていった。一九九七年、セルビア南部のコソヴォ自治州の圧倒的多数をしめるアルバニア系住民が独立運動をはじめたのである。コソヴォのアルバニア系住民は、ミロシェヴィッチのセルビア民族主義政策によって抑圧されていた。

独立運動を受けて、セルビア軍はコソヴォに入り徹底的な弾圧を行い、**コソヴォ内戦**がはじまった。アルバニア系住民が大量殺戮され、約七〇万人にものぼるコソヴォ難民が隣国のアルバニアやマケドニアの国境におしよせた。

ユーゴスラヴィア内戦をつうじて、ミロシェヴィッチに対して厳しい目を向けるようになった欧米諸国は、ミロシェヴィッチが「民族浄化」、すなわちジェノサイドをまたおこなっているとして非難し、セルビアに対する軍事介入が議論された。

かくして一九九九年、アメリカとドイツを主力とするNATO軍がセルビアに空爆を行った（**ユーゴ空爆**）。

セルビア人に大きな犠牲を出す空爆であったが、国連安保理事会の承認なしに行われたため、正統性に疑問がなげかけられることもあった。

しかし、NATOの介入によってセルビアは大きな打撃を受け、コソヴォから撤退することになった。内戦で多くの地域に軍事介入を行い、そのすべてで事実上敗北したミロシェヴィッチに、セルビア人は失望した。彼はまもなく失脚し、数々のジェノサイドを行った「人道に対する罪」に問われ、国際戦犯裁判にかけられる事態となる。

こうして、九年間にわたり住民同士が殺しあった、悲惨なユーゴスラヴィア内戦は終わった。

ソ連崩壊の過程で噴出した民族主義の帰結は、内戦であった。「民族」を過度に強調することは他の集団との対立を生み、分断と憎しみの連鎖をひき起こす。この連鎖を断ち切るために、「民族」の価値を否定したほうがいいのだろうか？　その答えは「統合」なのだろうか？

4　不安定化する世界

アフガニスタンのターリバーン政権

ソ連の撤退と崩壊によって、アフガニスタンの情勢は大きく動いた。アフガニスタン内戦では、ソ連が支援する政府と、アメリカなど欧米諸国が支援するイスラーム主義者のムジャヒディーンとが戦っていたが、ソ連軍撤退によってイスラーム主義勢力が優勢となった。

このアフガニスタンで急成長したイスラーム主義の武装組織が、一九九〇年代にイスラーム進学校の学生を中心に結成された**ターリバーン**である。一九九六年、ターリバーンはアフガニスタン全土を制圧し、極端なイスラーム化政策を進めた。

ターリバーン政権の成立は、周辺諸国に影響を与えていった。ソ連から独立した中央アジアのムスリム国家、カザフスタン、トルクメニスタン、タジキスタン、キルギスなどの諸国にも波及し、イスラーム政策が導入されていく。

イスラーム主義の過激派によるテロも発生した。その標的になったのは、イラン革命や湾岸戦争、パレスチナ問題において反イスラーム的姿勢をとるアメリカであった。一九九三年、ニューヨークの世界貿易センタービルに爆弾がしかけられた。被害は比較的少なかったものの、アメリカ本国の中枢がターゲットになったことは衝撃を与えた。

八年後に同じ場所をねらって世界をゆるがすテロが実行されることになるとは、そのときのアメリカ人は誰も予想していなかった。そのテロを起こすことになる**アル・カーイダ**は、アフガニスタン紛争のさなか、アメリカの軍事支援によって成長したイスラーム義勇兵の組織だった。

彼らは湾岸戦争を契機に、反アメリカの聖戦（ジハード）を呼びかけ、アフガニスタンのターリバーン政権によって庇護され、国際テロ組織となって、世界各地のアメリカ軍や政府組織へのテロを行った。一九八〇年代にアメリカが育てたイスラーム主義者が、今度はそのアメリカに牙をむくことになったのである。

核拡散の脅威ふたたび

また、ソ連の崩壊は、ソ連が長年にわたって研究開発してきた核兵器や原子力技術に対する国家のコントロール能力を、一時的に失わせた。エリツィンはロシア経済の立て直しのために核軍縮を積極的におし進めていた。一九九三年には第二次戦略兵器削減条約（ＳＴＡＲＴⅡ）が締結された。

こうした核軍縮は、核拡散防止条約（ＮＰＴ）体制が維持され、核を持つ国と持たないことを約束した国すべてが協力してはじめて有効に機能するものである。この時期、ＮＰＴ体制は強化されていた。一九九二年にフランスと中国がＮＰＴを批准し、米・露・英・仏・中の五大国体制となった。

しかし同時期に、ＮＰＴ体制をおびやかす事態もまた、次々と世界で発生する。まず、イランに長距離ミサイルの開発やウランの濃縮といった核開発の疑惑が持ちあがった。これは、イランを敵視するアメリカとイスラエルへの対抗措置とされた。アメリカはますますイランを非難し、対立が先鋭化していく。

また、北朝鮮では、金日成の死後、一九九四年に国家主席となった息子の金正日《キムジョンイル》が、核開発を進めていた。アメリカはこの動きを危険視し、対立を深めていった。

イランも北朝鮮もＮＰＴ加盟国である。しかしこれらの国に核開発疑惑が持ちあがったことで、ＮＰＴ体制の不安定さが露呈したのだった。

インドとパキスタンの核実験競争

そしてＮＰＴ非加盟国にも問題が起こった。すでに核実験に成功しているインドは、隣国の脅威である中国がＮＰＴ核保有国として認められているにもかかわらず、自国が除外されているので、ＮＰＴ体制を不平等だとして条約に調印しなかった。

インドがＮＰＴに調印しないのであれば、インドと敵対するパキスタンもまた核開発を断念できなかった。アフガニスタン紛争時にはアメリカがパキスタンを軍事支援していたが、ソ連軍が撤退するとその支援もなくなった。インドとの軍事格差がひろがるなか、パキスタンは核開発を進め、当然ＮＰＴにも調印しなかった。

これに脅威をおぼえたインドでは、イスラームを敵視する**ヒンドゥー民族主義**（ヒンドゥー至上主義）が台頭し、一九九八年にインドでヒンドゥー民族主義を掲げる**インド人民党**が政権を掌握するにいたった。インド人民党政権はパキスタン核開発を牽制すべく、地下核実験を行った。

このインドの動きに対して、パキスタンは即座に核実験を行うことで対抗した。パキスタンは自身の核開発能力をインドにしめさなければならなかったのである。こうしてパキスタンは、七番目の核保有国となった。

過去三度にわたって地域紛争をくりかえしてきたインドとパキスタンが、ともにNPTに参加しない核保有国となったことで、局地的核戦争の可能性があらわれた。民族や宗教をめぐる対立が内戦や紛争をひき起こす中で、NPT体制の動揺は人類にとっての脅威となったのである。

日本経済の衰退と中国経済の成長

内戦や紛争によって不安定化する世界をしりめに、東アジアは順調な経済発展をとげているように思われた。この発展をけん引していたのはバブルにわく日本であった。しかし、一九九一年に入ると株価や地価が下落しはじめ、バブル経済は崩壊した。

土地を担保に多額の融資を行っていた金融機関は、地価の暴落により不良債権をかかえて倒産した。企業倒産は過去最高を記録し、多くの従業員が解雇（リストラ）され、失業者が増大した。

一九九五年には**阪神・淡路大震災**が発生し、犠牲者は六〇〇〇人以上にのぼった。さらに、東京ではオウム真理教による地下鉄サリン事件が起こるなど、大規模な自然災害やテロによって日本全体が社会不安におそわれた。終わりのみえない経済不況と社会不安は、戦後日本があゆんだ経済発展と安全神話を打ちくずした。「失われた二〇年」ともいわれる長い衰退のはじまりだった。

日本が沈滞ムードにおちいっていたのに対して、東アジアの他の諸国は順調に経済発展をとげていった。東アジアの経済成長をけん引したのは、「改革・開放」を掲げる中国である。中国は年率一〇％前後の経済成長を続け、安い労働力と巨大な市場によって世界経済の中心へとのしあがっていく。九七年にはイギリスから香港が返還され、一九九九年にはポルトガルからマカオが返還された。これらの都市には「一国二制度」が導入され、資本主義が存続することが約束された。

このように一九九〇年代において、経済的に衰退する日本と成長する中国は真逆の立場にあった。しかし長年にわたってアジアの先進国として君臨していた日本では、自分たちが衰退し中国にいずれ追いぬかれるという未来を、誰も想像したくなかった。

慰安婦問題と日韓の和解

韓国もまた堅調な経済発展をつづけるとともに、民主化も進展していた。一九九二年には民主派の金泳三《キムヨンサム》が大統領に当選した。建国以来の軍人政権はついに終わりをつげ、韓国ではじめての文民政権が成立した。韓国は多くの犠牲をはらいながら、ついに国民の行動によって民主主義を勝ち取った。

言論の自由が認められた韓国において、軍政下では声をあげにくかった人々が、声をあげはじめた。日本の過去の植民地支配によって大きな苦痛をあじわった元徴用工や元慰安婦たちが、日本の企業や政府を相手どって訴訟を起こしたのである。

彼らの個人請求権は、日韓基本条約で放棄されており、日本政府としては、賠償義務は決着済みという立場であった。しかし、基本条約が締結されて二五年以上がたち、日韓をめぐるさまざまな条件が変化した。

日本政府としても過去に対する道義的責任を認めざるを得なかった。

こうして日本政府は一九九三年に、慰安婦問題での日本軍の関与を認め、元慰安婦の人々に「おわびと反省の気もち」を表明した（河野談話）。また、一九九五年の「終戦記念日」には、村山富市首相が村山談話を発表した。そこには、「わが国は、遠くない過去の一時期、国策を誤り、植民地支配と侵略によって、多くの国々、とりわけアジア諸国の人々に対して多大の損害と苦痛を与えました」とあり、植民地支配と侵略戦争に対する反省がはっきりと表明された。これらの談話は現在に至るまで継承されている。

このころはまだ、日本側が加害を認めて謝罪し、韓国との友好関係をつくりあげていこうとする意思が、政府においても国民においても一般的だった。

一九九八年には日本とも縁の深い民主化運動の指導者、金《キム》大《デ》中《ジュン》が大統領となった。金大中はすぐに日本を訪問し、過去の問題に区切りをつけるべく、「二一世紀に向けた新たな日韓パートナーシップ」に両国首脳が署名した。

さらに日本の大衆文化の韓国への段階的開放が決定され、韓国では日本ブームが、日本では韓国ブームが市民の間でまき起こり、相互交流も活発になった。二〇〇二年のサッカーワールドカップを日韓共同で開催することにもなった。

このとき、日本と韓国が友好関係を築き、過去の不幸な歴史を乗りこえて、ともに未来をつくることができると、多くの人が信じた。しかし同時に日本では、歴史認識について韓国や中国に謝罪することをよしとしない意見もつよまっていた。

アジア通貨危機の発生

東南アジア経済も順調に発展していたが、一九九七年にタイの通貨バーツがドルに対して急落し、その影響が近隣諸国にも波及して**アジア通貨危機**が発生した。国際通貨基金、世界銀行、アジア開発銀行があいついで支援したにもかかわらず、通貨危機は収まらなかった。

タイの通貨危機によって、グローバル経済で結びついた多くの諸国が深刻な打撃を受けた。韓国でも通貨ウォンが下落し、金融危機に突入した。韓国経済は崩壊の危機にさらされたが、諸外国の支援や思いきった規制緩和によって破綻寸前でふみとどまった。

東南アジア諸国では政治的な動揺につながった地域もある。インドネシアでは通貨危機の影響を受けて、インフレが発生して庶民の生活を直撃した。これにより、軍事独裁によって自由を抑圧しつづけたスハルト政権に対して、国民が不満を爆発させた。

スハルトは確かに強力なリーダーシップでインドネシア経済を発展させたが、同時に親族で公共事業を独占したり、違法な蓄財を行うなど政治腐敗が目にあまった。批判するマスコミは弾圧され、人権侵害も横行した。

さらに、かつてスハルトによって軍事制圧された東ティモール独立闘争が再燃した。国際社会は東ティモール支援に動き、政権は動揺した。

一九九八年、国民の不満はついにスハルト辞任を求める大規模な暴動へと発展した（**インドネシア暴動**）。スハルトは責任を取って辞任し、インドネシアの独裁体制は終わった。東ティモールは独立へと向かっていく。

ＡＳＥＡＮの発展

インドネシアの民主化によって、東南アジアではミャンマーをのぞくほとんどの国が独裁体制から脱することになった。そこで注目を集めたのが東南アジア諸国連合（ＡＳＥＡＮ）である。

ＡＳＥＡＮはもともとベトナム戦争期に社会主義を封じ込めるために、開発独裁国家を中心に結成された同盟だった。しかしベトナムがドイモイ政策に転じ、カンボジア内戦が終息すると、インドシナ半島の諸国が次々に加盟した。一九九五年にベトナム、一九九七年にミャンマーとラオスが加盟し、残るはカンボジアだけになった。

一九九八年、カンボジア内戦をひき起こしたポル・ポトが死んだ。これをもってカンボジア内戦は完全に終わったとみなされ、翌年、カンボジアはＡＳＥＡＮに加盟する。これでＡＳＥＡＮの加盟国は一〇カ国となり、当時のすべての東南アジア諸国が参加することになった。

以後ＡＳＥＡＮは、アジア通貨危機で打撃を受けた地域経済を回復するべく、ＥＵを参考に地域経済協力をおし進め、さらに文化や政治面にも政府間協力の範囲をひろげていく。

しかし、ＡＳＥＡＮはＥＵとは違って、国家主権を完全に維持した地域統合体である。そして一九九七年には中国・韓国・日本を加えたＡＳＥＡＮ＋3が成立し、東アジア経済圏の構築が進んでいる。ＥＵよりもひらかれた統合体なのである。

一九八〇年代が民主化による希望の時代であったとするなら、一九九〇年代は明るい未来の予測が裏切られ、世界が内戦とジェノサイドによって血塗られてしまった時代だったといえよう。民主化の要求が民族主義の興隆へと変容し、地域が分裂するなか、それを防ぐためにＥＵのような地域統合のモデルが新たな希望として登場した。しかし世界の不安定化はかくしようもなく、不穏な空気をかかえながら、激動の二〇世紀は終わりをむかえる。

エピローグ　二一世紀の世界

九・一一と「テロとの戦い」

二〇〇一年、人々は二一世紀の幕あけを祝い、二〇世紀のような戦争・虐殺・人種主義といった悲劇が地上からなくなることを祈った。しかしこの年、世界中を震撼させたおそるべき事件により、その願いは打ちくだかれた。

九月一一日、ニューヨークの世界貿易センタービルに、ハイジャックされた飛行機が突入した。二棟の世界貿易センタービルは轟音をたててくずれおち、国防総省にも航空機が突入した（同時多発テロ）。アメリカ大統領ブッシュ（子）は、この事件の首謀者が、ビン・ラーディンが指導するイスラーム主義のテロ組織、アル・カーイダにあるとした。かくして、アル・カーイダをかくまうアフガニスタンのターリバーン政権に対する武力行使が実行される。

二〇〇一年一〇月、アメリカを中心とする多国籍軍がアフガニスタンに侵攻した。ブッシュの「テロとの戦い」がはじまったのである。最新鋭の兵器を導入した多国籍軍は、あっという間にターリバーン政権をたおした。しかし、アル・カーイダは壊滅できなかったし、首謀者のビン・ラーディンも発見できなかった。

図11－1　「9・11テロ」（テロにより炎上する世界貿易センタービル）
（出典）The Machine Stops on Flickr.

ブッシュ大統領の「テロとの戦い」は終わらなかった。二〇〇二年はじめ、ブッシュ大統領は、北朝鮮・イラン・イラクの三国を「**悪の枢軸**」と呼び、名ざしで非難した。これらの国々は大量破壊兵器、つまり核兵器や生物化学兵器を開発ないし保持する「テロ支援国家」であり、世界の脅威となっているというのだ。

二〇〇三年三月、アメリカはイラクのフセイン政権が大量破壊兵器を保有しているという名目で、同調する諸国とともにイラクに侵攻する（**イラク戦争**）。フセイン政権は打倒されたが、大量破壊兵器は発見されず、占領も難航した。

このアメリカを中心とする「テロとの戦い」に日本も巻きこまれる。日本の小泉純一郎政権は、九・一一テロ後にテロ対策特別措置法、イラク戦争後にイラク復興支援特別措置法を制定し、自衛隊をイラクに派遣して占領軍の一員になった。戦後半世紀をへて、日本の平和体制は大きな転換点をむかえることになったのである。

オバマ大統領の登場

終わりのみえないブッシュ大統領の「テロとの戦い」に疲れ、さらに二〇〇八年からの金融危機による大不況で打撃を受けたアメリカ国民は、「変化」を求めた。そこに登場したのが、民主党の大統領候補、**オバマ**である。

バラク・オバマは、一九六一年にケニア人の父と白人アメリカ人の母とのあいだにハワイで生まれた。アフリカにルーツを持つ黒人とのハーフという彼の出自は、「ＣＨＡＮＧＥ」というスローガンともあいまって、変化を求めるアメリカの有権者たちを魅了した。

かくして、オバマは大統領選に勝利し、二〇〇九年にアフリカ系アメリカ人初の大統領になった。二〇世紀が人種主義の時代であり、世界における黒人差別の中心地がアメリカであったことを思えば、オバマ大統領の誕生は、まさに二一世紀という新しい時代の希望だった。

図11－2　プラハで演説するバラク・オバマ
（出典）adrigu.

「アラブの春」からＩＳの登場へ

このころ、アラブ諸国では民衆運動のうねりが起こった。アメリカの「テロとの戦い」は、欧米による暴力的な独裁政権の打倒ではあったが、その結果、アラブ世界の民衆のなかで、独裁国家に対する反発につながっていったのである。

二〇一〇年末のチュニジアにおける「ジャスミン革命」を皮切りに、エジプト、リビア、イエメンで独裁政権が打倒され、シリアでもアサド独裁政権に反対する民衆運動が起こった。この一連の民主化運動を「アラブの春」と呼ぶ。

欧米諸国はアラブ民主化の動きを歓迎していた。アメリカのオバマ大統領も、二〇一一年にビン・ラーディンの殺害に成功すると、「テロとの戦い」を終わらせるべく、イラクからの撤退を開始した。

しかし米軍の撤退は、イラクの反政府勢力を台頭させた。IS（「イスラーム国」）を名のるイスラーム主義の過激派が、最大のテロ集団として頭角をあらわし、米軍なきイラクで勢力を拡大したのである。

このころ、シリアの民主化運動は内戦に発展していた。**シリア内戦**は、外国を含む諸勢力が入りみだれ、長期化した。シリア北部でクルド人勢力が武装闘争を開始したことで、シリアとイラクとの国境地帯が権力の真空と化した結果、そこにISの入りこむ余地が生まれた。

二〇一四年、ISはシリア・イラクの国境地帯で「国家」の樹立を宣言した。シリアとイラクの両政府の統治能力がおよばないISの領土では、きわめて暴力的で非人道的な支配が行われていく。ISの台頭によってイスラーム過激派のテロは活性化する。「テロとの戦い」は終わらなかった。

ヨーロッパ難民危機

シリア内戦によって、国民の三分の一をこえる人々が難民や国内避難民となった。二〇一五年に急増した**シリア難民**は、トルコを経由してヨーロッパへとおしよせた。

難民たちはまず、エーゲ海を命がけでわたってギリシアにやってくる。しかし経済危機におちいっていたギリシアには、難民を受けいれる財政的能力はなかった。難民たちは自分たちを受けいれてくれる、ゆたかで安全で人道的な国家をもとめて北へ、西へと移動していく。

ドイツをはじめとするEU諸国は、当初難民を積極的に受けいれる姿勢をみせた。しかし難民の数がかつてない規模にふくれあがり、「**難民危機**」ともよばれるような状況になると、国民のあいだに難民やムスリムに対する嫌悪感が増大した。

そこへ、ISによるテロが、ベルギーやパリで発生した。EUの諸国民は、イスラーム過激派によるテロとの戦いを決意し、それがムスリムの難民への嫌悪感と結びついた。各国で難民やムスリムに対する排外主義が台頭し、大衆的な運動へと発展した。それはあたかも一九三〇年代のファシズムの台頭のようであった。

こうして二〇一六年には、EUとトルコとの間で、ギリシアに密航してきた難民をトルコにいったん強制送還する合意が結ばれるに至った。自由や人権を重んじたEUの価値観は、深刻な危機におちいった。

分断の時代

こうした状況下で、二〇一六年、イギリスでEU離脱の国民投票が行われ、賛成票が多数を獲得したのである。これにより**イギリスのEU離脱**（ブレグジット）が決定的となった（二〇二〇年に正式離脱）。ユーロの流通国でないとはいえ、大国の離脱決定はEUの土台をつきくずすものだった。

イギリスでも国論が二分され、難民危機によってEU的価値観からはなれて自国民中心の政治を行いたいという人々が台頭したが、それを批判する人々と拮抗した。グローバル化における危機への対応を求められる中での、国民の分断である。

この国民の分断をさらに衝撃的なかたちであらわにしたのが、同年のアメリカ大統領選挙である。世界の多くの人々が、オバマのあとを受けた共和党候補ヒラリー・クリントンが勝利すると思っていた。しかし結果は、排外主義をあおり、アメリカ中心主義を唱える、共和党の**トランプ**の勝利であった。

終わりのみえない「テロとの戦い」と、グローバル経済の荒波に疲弊したアメリカの国内には、深刻な分断ができていたのである。

トランプ大統領は、二〇一五年の国際会議で採択され、オバマ大統領のアメリカも批准した新たな気候変動枠組条約、パリ協定からの離脱を表明した。地球温暖化に対するグローバルな取り組みが、自国優先の政治によってまた後退しようとしている。持続可能な世界への道はまだけわしい。

人類は進歩するのか?

二〇世紀以来の人類史をふりかえると、最初、女性は社会で地位を与えられず、人種主義が国家政策としても社会認識としても当然視され、植民地支配は肯定され、民族自決は考えられていなかった。しかし一二〇年のあいだに男女は政治的・社会的に平等であるべきとされ、様々なマイノリティの声が聞かれるようになり、人種主義は否定され、過去の植民地支配や戦争犯罪が批判されるようになった。

もちろんその間、理不尽な被害にあった民衆の膨大な犠牲があり、長い戦いがあった。すこし前進したと思ったら、すぐに後退し、何度も何度も一進一退の攻防を繰り返しながら「進歩」してきた。現在も多くの反動があるが、一二〇年前にくらべて私たちは明らかに持続可能な社会に近づいている。

現在私たちは、原発事故、テロの恐怖、難民の悲劇、排外主義の台頭、人種主義の再燃、そして未知の感染症と、今までの歴史は何だったのかと絶望するような時代をむかえている。しかし二〇世紀の人類史をみれば、わたしたちは、紆余曲折しつつもそうした困難をできるかぎり回避しながら前進することができると確信できる。

人類は進歩するのか?——この問いに、本書では「イエス」と答えたい。その歩みはゆっくりとしていて、一時期だけを切り取ったらわからないほどだが、一〇〇年後には実感できる。そんな進歩ではあるが。

参照教科書一覧

・本書で参照した「世界史A・B」「日本史A・B」教科書は以下のとおり。カッコ内は著作者。

世界史B

山川出版社『詳説世界史　改訂版』（木村靖二・岸本美緒・小松久男・油井大三郎・青木康・水島司・橋場弦・佐藤次高）二〇一六年検定済。

山川出版社『新世界史　改訂版』（岸本美緒・羽田正・久保文明・南川高志・小田中直樹・勝田俊輔・千葉敏之）二〇一七年検定済。

山川出版社『高校世界史　改訂版』（木村靖二・岸本美緒・小松久男・油井大三郎・青木康・水島司・橋場弦・佐藤次高・今泉博・石井栄二・小豆畑和之）二〇一七年検定済。

東京書籍『世界史B』（福井憲彦・太田信宏・加藤玄・川島真・高野太輔・佐川英治・本村凌二・山本秀行・角田展子・西浜吉晴）二〇一六年検定済。

東京書籍『新選世界史B』（三浦徹・菊池秀明・篠原琢・藤崎衛・三木健詞・粕谷栄一郎・土屋斎嘉）二〇一七年検定済。

帝国書院『新詳世界史B』（川北稔・小杉泰・杉本淑彦・桃木至朗・指昭博・青野公彦・三田昌彦・清水和裕・吉澤誠一郎・山下範久・杉山清彦）二〇一七年検定済。

実教出版『世界史B　新訂版』（木畑洋一・松本宣郎・相田洋・深見純生・江川ひかり・松浦義弘・伊藤敏雄・貴堂嘉之・平野聡・三ツ井崇・澤田典子・小澤実・小野寺史郎・大清水浩・桂正人）二〇一六年検定済。

世界史A

山川出版社『改訂版　現代の世界史』（近藤和彦・岸本美緒・中野隆生・林佳世子・佐藤次高・鳥越泰彦）二〇一六年検定済。

山川出版社『改訂版　世界の歴史』（近藤和彦・羽田正・石橋崇雄・大津留厚・高山博・中野隆生・村上衛・森本一夫・池田嘉郎・小豆畑和之）二〇一六年検定済。

山川出版社『改訂版　要説世界史』（木村靖二・岸本美緒・小松久男・鈴木孝・日下部公昭・仮屋園巌・澤野理・津野田興一）二〇一七年検定済。

東京書籍『世界史A』（加藤晴康・濱下武志・栗田禎子・前田隆吉・山根徹也・山本勝治・橋本雄・中村元哉・工藤晶人）二〇一六年検定済。

帝国書院『明解　世界史A』（岡崎勝世・近藤一成・工藤元男・相澤隆・小林亜子・松重充浩・川手圭一・黒木英充）二〇一六年検定済。

実教出版『世界史A　新訂版』（平田雅博・飯島渉・佐々木隆爾・小澤弘明・青木敦・澤田典子・小暮通夫・松木謙一・逢坂恵美子・小林和夫・野村昌幸・海上尚美）二〇一六年検定済。

実教出版『新版世界史A　新訂版』（木畑洋一・江川ひかり・笹川浩史・坂下史・割田聖史・松木謙一・中山幸昭）二〇一六年検定済。

清水書院『高等学校世界史A　新訂版』（上田信・大久保桂子・設樂國廣・原田智仁・山口昭彦・風間睦子・田島力・塚原直人・常田宗彰・宮武志郎・今泉大輔・三好喜輝）二〇一六年検定済。

第一学習社『高等学校　改訂版　世界史A』（曽田三郎・秋田茂・池田明史・川口靖夫・田中泉・中平希・日高智

彦・前野弘志・宮城大蔵・八尾隆生・吉川幸男・吉田雄作）二〇一六年検定済。

日本史B

山川出版社『詳説日本史B　改訂版』（老川慶喜・加藤陽子・五味文彦・坂上康俊・桜井英治・笹山晴生・佐藤信・白石太一郎・鈴木淳・高埜利彦・吉田伸之）二〇一六年検定済。

山川出版社『新日本史B　改訂版』（伊藤之雄・大津透・久留島典子・藤田覚）二〇一七年検定済。

東京書籍『新選日本史B』（小風秀雅・渡辺晃宏・本郷和人・山本博文・季武嘉也・土田宏成・金井聖子・佐伯英志・武藤正人・大田尾智之）二〇一七年検定済。

実教出版『日本史B　新訂版』（脇田修・大山喬平・福永信哉・栄原永遠男・勝山清次・平雅行・村田路人・飯塚一幸・小路田泰直・小林啓治・広川禎秀・川島敏郎・豊田文雄・児玉祥一・矢野慎一・奥野浩之）二〇一七年検定済。

清水書院『高等学校　日本史B　新訂版』（荒野泰典・伊藤純郎・加藤友康・設楽博己・千葉功・村井章介・大西信行・大場大輝・松丸明弘・横井成行）二〇一七年検定済。

日本史A

実教出版『高校日本史A　新訂版』（君島和彦・加藤公明・横山百合子・大日方純夫・黒川みどり・伊香俊哉・渡辺賢二・楪澤和夫・小松克己・橋本博文・川尻秋生・川合康・齋藤慎一・宮崎勝美・堀新）二〇一六年検定済。

実教出版『新日本史A　新訂版』（成田龍一・原田敬一・荒川章二・大串潤児・石居人也・武井弘一・川島敏郎・豊田文雄・児玉祥一・矢野慎一・中田稔・本杉宏志・伊藤哲朗・川合敦・佐々木彬人・前澤桃子）二〇一七

年検定済。

東京書籍『日本史A　現代からの歴史』（三宅明正・大門正克・小澤千里・中北浩爾・羽賀祥二・松沢裕作）二〇一六年検定済。

清水書院『高等学校　日本史A　新訂版』（佐々木寛司・保立道久・森田智子・横田冬彦・外村大・菊池邦彦・桐原健真・黒川徳男・清水恵美子・森晋一郎・伊豆誠二）二〇一六年検定済。

参考文献

本書は、世界史・日本史の教科書記述をもちいたグローバル・ヒストリーを試みたものであるが、構想や叙述の多岐にわたって数多くの文献から示唆を得ている。さらに二〇世紀の世界史について詳しく知りたいという読者のために、ここに参考文献リストを提示する。

リスト化したのは、著者が影響を受けた著作をはじめ、入門的な概説書、新書やリブレットなど、書店や図書館で入手しやすいものを優先した。もちろん世界現代史の文献は膨大に存在し、筆者も全貌を把握していないので、限定的なリストであることをご了承いただきたい。

また、筆者の専門分野は戦間期ドイツ史であり、そこに近い時代については文献が多く、逆に専門からはずれる戦後史については、参考文献が少なくなっている。これは筆者の専門分野からくる能力の限界であることを、ご承知いただきたい。

グローバル・ヒストリー／世界史

秋田茂・桃木至朗編（二〇一六）『グローバルヒストリーと戦争』大阪大学出版会。

秋田茂編（二〇一九）『グローバル化の世界史』ミネルヴァ書房〈ＭＩＮＥＲＶＡ世界史叢書〉。

大阪大学歴史教育研究会編（二〇一四）『市民のための世界史』大阪大学出版会。

小川幸司（二〇一一・二〇一二）『世界史との対話　七〇時間の歴史批評』（上・中・下）地歴社。

小田中直樹・帆刈浩之編（二〇一七）『世界史／いま、ここから』山川出版社。

木谷勤（二〇一五）『もういちど読む山川世界現代史』山川出版社。

北村厚（二〇一八）『教養のグローバル・ヒストリー――大

人のための世界史入門』ミネルヴァ書房。

久留島典子・長野ひろ子・長志珠絵編（二〇一五）『歴史を読み替える　ジェンダーから見た日本史』大月書店。

国本伊代（一九九二）『概説ラテンアメリカ史』新評論。

杉山伸也（二〇一四）『グローバル経済史入門』岩波新書。

田中ひかる編（二〇一八）『社会運動のグローバル・ヒストリー――共鳴する人と思想』ミネルヴァ書房。

永原陽子編（二〇一九）『人々がつなぐ世界史』ミネルヴァ書房〈ＭＩＮＥＲＶＡ世界史叢書〉。

成田龍一・長谷川貴彦編（二〇二〇）『〈世界史〉をいかに語るか――グローバル時代の歴史像』岩波書店。

羽田正（二〇一一）『新しい世界史へ――地球市民のための構想』岩波新書。

羽田正（二〇一八）『グローバル化と世界史』東京大学出版会。

リン・ハント／長谷川貴彦訳（二〇一六）『グローバル時代の歴史学』岩波書店。

藤川隆男（二〇一一）『人種差別の世界史――白人性とは何か？』刀水書房。

水島司（二〇一〇）『グローバル・ヒストリー入門』山川出版社〈世界史リブレット〉。

三成美保・姫岡とし子・小浜正子編（二〇一四）『歴史を読み替える　ジェンダーから見た世界史』大月書店。

南塚信吾・秋田茂・高澤紀恵編（二〇一六）『新しく学ぶ西洋の歴史――アジアから考える』ミネルヴァ書房。

南塚信吾編（二〇一九）『情報がつなぐ世界史』ミネルヴァ書房〈ＭＩＮＥＲＶＡ世界史叢書〉。

南塚信吾編（二〇二〇年）『国際関係史から世界史へ』ミネルヴァ書房〈ＭＩＮＥＲＶＡ世界史叢書〉。

宮本正興・松田素二編（二〇一八）『新書アフリカ史　改訂新版』講談社現代新書。

二〇世紀全般

石川捷治・平井一臣編（二〇〇三）『終わらない二〇世紀――東アジア政治史一八九四～』法律文化社。

石田勇治（二〇〇五）『二〇世紀ドイツ史』白水社。

岩崎育夫（二〇一九）『アジア近現代史――「世界史の誕生」以後の八〇〇年』中公新書。

オッド・アルネ・ウェスタッド／佐々木雄太監訳（二〇一〇）『グローバル冷戦史――第三世界への介入と現代世界の形成』、名古屋大学出版会。

大橋康一（二〇一八）『実感する世界史　現代史』ベレ出版。

小川浩之・板橋拓己・青野利彦（二〇一八）『国際政治史――主権国家体系のあゆみ』有斐閣。

イアン・カーショー／三浦元博・竹田保孝訳（二〇一七）『地獄の淵から――ヨーロッパ史一九一四－一九四九』

白水社。

イアン・カーショー／三浦元博訳（二〇一九）『分断と統合への試練――ヨーロッパ史一九五〇－二〇一七』白水社。

川島真・服部龍二編（二〇〇七）『東アジア国際政治史』名古屋大学出版会。

木畑洋一（一九九七）『国際体制の展開』山川出版社〈世界史リブレット〉。

木畑洋一（二〇一四）『二〇世紀の歴史』岩波新書。

佐々木雄太（二〇一一）『国際政治史――世界戦争の時代から二一世紀へ』名古屋大学出版会。

エティエンヌ・ダルモン、ジャン・カリエ／三浦礼恒訳（二〇〇六）『石油の歴史――ロックフェラーから湾岸戦争後の世界まで』白水社文庫クセジュ。

エンツォ・トラヴェルソ／宇京賴三訳（二〇一八）『ヨーロッパの内戦――炎と血の時代一九一四－一九四五年』未來社。

永原陽子編（二〇〇九）『「植民地責任」論――脱植民地化の比較史』青木書店。

エリック・ホブズボーム／大井由紀訳（二〇一八）『二〇世紀の歴史――両極端の時代』上・下、ちくま学芸文庫。

益田実・池田亮・青野利彦・齋藤嘉臣編（二〇一五）『冷戦史を問い直す――「冷戦」と「非冷戦」の境界』ミネルヴァ書房。

マーク・マゾワー／中田瑞穂・網谷龍介訳（二〇一五）『暗黒の大陸――ヨーロッパの二〇世紀』未來社。

松戸清裕（二〇〇五）『歴史のなかのソ連』山川出版社〈世界史リブレット〉。

第1章　一九〇〇年代

秋田茂（二〇一二）『イギリス帝国の歴史――アジアから考える』中公新書。

飯倉章（二〇一三）『黄禍論と日本人――欧米は何を嘲笑し、恐れたのか』中公新書。

今井昭夫（二〇一九）『ファン・ボイ・チャウ――民族独立を追い求めた開明的志士』山川出版社〈世界史リブレット人〉。

海野福寿（一九九五）『韓国併合』岩波新書。

小笠原弘幸（二〇一八）『オスマン帝国――繁栄と衰亡の六〇〇年史』中公新書。

岡部牧夫（二〇〇二）『海を渡った日本人』山川出版社〈日本史リブレット〉。

木谷勤（一九九七）『帝国主義と世界の一体化』山川出版社〈世界史リブレット〉。

貴堂嘉之（二〇一八）『移民国家アメリカの歴史』岩波新書。

小松久男（二〇〇八）『イブラヒム、日本への旅』刀水書房。

栗原久定（二〇一八）『ドイツ植民地研究――西南アフリ

カ・トーゴ・カメルーン・東アフリカ・太平洋・膠州湾』パブリブ。

竹中千春（二〇一八）『ガンディー――平和を紡ぐ人』岩波新書。

深町英夫（二〇一六）『孫文――近代化の岐路』岩波新書。

山田史郎（二〇〇六）『アメリカ史のなかの人種』山川出版社〈世界史リブレット〉。

第2章　一九一〇年代

麻田雅文（二〇一六）『シベリア出兵――近代日本の忘れられた七年戦争』中公新書。

今井宏昌（二〇一六）『暴力の経験史――第一次世界大戦後ドイツの義勇軍体験　一九一八～一九二三』法律文化社。

池田嘉郎（二〇一七）『ロシア革命――破局の8か月』岩波新書。

木村靖二（一九九六）『二つの世界大戦』山川出版社〈世界史リブレット〉。

木村靖二・長沼秀世・柴宜弘（二〇〇九）『世界の歴史㉖　世界大戦と現代文化の開幕』中公文庫。

木村靖二（二〇一四）『第一次世界大戦』ちくま新書。

国本伊代（二〇〇八）『メキシコ革命』山川出版社〈世界史リブレット〉。

クリストファー・クラーク／小原淳訳（二〇一七）『夢遊病者たち――第一次世界大戦はいかにして始まったか』一・二、みすず書房。

篠原初枝（二〇一〇）『国際連盟――世界平和への夢と挫折』中公新書。

趙景達（二〇一三）『植民地朝鮮と日本』岩波新書。

長沼秀世（二〇一三）『ウィルソン――国際連盟の提唱者』山川出版社〈世界史リブレット人〉。

成田龍一（二〇〇七）『大正デモクラシー　シリーズ日本近現代史④』岩波新書。

狭間直樹・長崎暢子（一九九九）『世界の歴史二七　自立へ向かうアジア』中公文庫。

速水融（二〇〇六）『日本を襲ったスペイン・インフルエンザ――人類とウイルスの第一次世界戦争』藤原書店。

マーク・マゾワー／井上廣美訳（二〇一七）『バルカン――「ヨーロッパの火薬庫」の歴史』中公新書。

和田春樹（二〇一七）『レーニン――二十世紀共産主義運動の父』山川出版社〈世界史リブレット人〉。

第3章　一九二〇年代

石川禎浩（二〇一〇）『革命とナショナリズム　1925-1945　シリーズ中国近現代史③』岩波新書。

池内恵（二〇一六）『サイクス=ピコ協定　百年の呪縛』新潮選書。

加藤直樹（二〇一四）『九月、東京の路上で――1923年関東大震災　ジェノサイドの残響』ころから。

北村厚（二〇一四）『ヴァイマル共和国のヨーロッパ統合構想――中欧から拡大する道』ミネルヴァ書房。

ローベルト・ゲルヴァルト／小原淳訳（二〇一九）『敗北者たち――第一次世界大戦はなぜ終わり損ねたのか　一九一七―一九二三』みすず書房。

小松久男（二〇一八）『近代中央アジアの群像――革命の世代の軌跡』山川出版社〈世界史リブレット人〉。

設樂國廣（二〇一六）『ケマル・アタテュルク――トルコ国民の父』山川出版社〈世界史リブレット人〉。

蔀勇造（二〇一八）『物語　アラビアの歴史――知られざる三〇〇〇年の興亡』中公新書。

高橋進（二〇二〇）『ムッソリーニ――帝国を夢見た政治家』山川出版社〈世界史リブレット人〉。

竹本真希子（二〇一七）『ドイツの平和主義と平和運動――ヴァイマル共和国期から一九八〇年代まで』法律文化社。

田中克彦（一九九〇）『草原の革命家たち――モンゴル独立への道』増補改訂版、中公新書。

常松洋（一九九七）『大衆消費社会の登場』山川出版社〈世界史リブレット〉。

古田元夫（一九九六）『アジアのナショナリズム』山川出版社〈世界史リブレット〉。

渡辺克義（二〇一七）『物語　ポーランドの歴史――東欧の「大国」の苦難と再生』中公新書。

第4章　一九三〇年代

秋元英一（二〇〇九）『世界大恐慌――一九二九年に何がおこったか』講談社学術文庫。

荒井信一（一九九一）『ゲルニカ物語――ピカソと現代史』岩波新書。

荒井信一（二〇〇八）『空爆の歴史――終わらない大量殺戮』岩波新書。

石田勇治（二〇一五）『ヒトラーとナチ・ドイツ』講談社現代新書。

ジェイムズ・Q・ウィットマン／西川美樹訳（二〇一八）『ヒトラーのモデルはアメリカだった――法システムによる「純血の追求」』みすず書房。

笠原十九司（一九九七）『南京事件』岩波新書。

加藤陽子（二〇〇七）『満洲事変から日中戦争へ　シリーズ日本近現代史⑤』岩波新書。

木畑和子（二〇一五）『ユダヤ人児童の亡命と東ドイツへの帰還――キンダートランスポートの群像』ミネルヴァ書房。

C・P・キンドルバーガー／石崎昭彦・木村一朗訳（一九八二）『大不況下の世界　一九二九―一九三九』東京大学

出版会。

小林英夫（一九九八）『日本のアジア侵略』山川出版社〈世界史リブレット〉。

田中克彦（二〇〇九）『ノモンハン戦争――モンゴルと満州国』岩波新書。

秦郁彦（二〇〇七）『南京事件――「虐殺」の構造　増補版』中公新書。

中島毅（二〇一七）『スターリン――超大国ソ連の独裁者』山川出版社〈世界史リブレット人〉。

山本秀行（一九九八）『ナチズムの時代』山川出版社〈世界史リブレット〉。

横手慎二（二〇一四）『スターリン――「非道の独裁者」の実像』中公新書。

第5章　一九四〇年代

粟屋憲太郎・田中宏・三島憲一・広渡清吾・望田幸男・山口定（一九九四）『戦争責任・戦後責任――日本とドイツはどう違うか』朝日選書。

蘭信三・川喜田敦子・松浦雄介編（二〇一九）『引揚・追放・残留――戦後国際民族移動の比較研究』名古屋大学出版会。

アンネッテ・ヴァインケ／板橋拓己訳（二〇一五）『ニュルンベルク裁判――ナチ・ドイツはどのように裁かれたのか』中公新書。

大木毅（二〇一九）『独ソ戦――絶滅戦争の惨禍』岩波新書。

加藤聖文（二〇一八）『「大日本帝国」崩壊――東アジアの一九四五年』中公新書。

河合信晴（二〇二〇）『物語　東ドイツの歴史――分断国家の挑戦と挫折』中公新書。

川喜多敦子（二〇一九）『東欧からのドイツ人の「追放」――二〇世紀の住民移動の歴史のなかで』白水社。

紀平英作（一九九八）『歴史としての核時代』山川出版社〈世界史リブレット〉。

栗原俊雄（二〇一五）『特攻――戦争と日本人』中公新書。

芝健介（二〇〇八）『ホロコースト――ナチスによるユダヤ人大量殺戮の全貌』中公新書。

鈴木恒之（二〇一九）『スカルノ――インドネシアの民族形成と国家建設』山川出版社〈世界史リブレット人〉。

ティモシー・スナイダー／布施由紀子訳（二〇一五）『ブラッドランド――ヒトラーとスターリン　大虐殺の真実』上・下、筑摩書房。

ティモシー・スナイダー／池田年穂訳（二〇一六）『ブラックアース――ホロコーストの歴史と警告』上・下、慶應義塾大学出版会。

外村大（二〇一二）『朝鮮人強制連行』岩波新書。

富田武（二〇一六）『シベリア抑留――スターリン独裁下、

『収容所群島』の実像』中公新書。

西成田豊（二〇〇九）『労働力動員と強制連行』山川出版社〈日本史リブレット〉。

広河隆一（二〇〇二）『パレスチナ　新版』岩波新書。

チャールズ・フェン／陸井三郎訳（一九七四）『ホー・チ・ミン伝』上・下、岩波新書。

イェルク・フリードリヒ／香月恵里訳（二〇一一）『ドイツを焼いた戦略爆撃　一九四〇―一九四五』みすず書房。

リチャード・ベッセル／大山晶訳（二〇一五）『ナチスの戦争　一九一八―一九四九――民族と人種の戦い』中公新書。

水島治郎（二〇一六）『ポピュリズムとは何か――民主主義の敵か、改革の希望か』中公新書。

油井大三郎・古田元夫（二〇一〇）『世界の歴史二八　第二次世界大戦から米ソ対立へ』中公文庫。

吉田裕（二〇〇七）『アジア・太平洋戦争　シリーズ日本近現代史⑥』岩波新書。

吉田裕（二〇一七）『日本軍兵士――アジア・太平洋戦争の現実』中公新書。

吉見義明（一九九五）『従軍慰安婦』岩波新書。

第6章　一九五〇年代

池田美佐子（二〇一六）『ナセル――アラブ民族主義の隆盛と終焉』山川出版社〈世界史リブレット人〉。

猪木武徳・高橋進（二〇一〇）『世界の歴史二九　冷戦と経済繁栄』中公文庫。

遠藤乾編（二〇〇八）『ヨーロッパ統合史』名古屋大学出版会。

木村幹（二〇〇八）『韓国現代史――大統領たちの栄光と蹉跌』中公新書。

久保亨（二〇一一）『社会主義への挑戦　一九四五‐一九七一　シリーズ中国近現代史④』岩波新書。

黒田友哉（二〇一八）『ヨーロッパ統合と脱植民地化、冷戦――第四共和制後期フランスを中心に』吉田書店。

黒崎真（二〇一八）『マーティン・ルーサー・キング――非暴力の闘士』岩波新書。

砂野幸稔（二〇一五）『ンクルマ――アフリカ統一の夢』山川出版社〈世界史リブレット人〉。

第7章　一九六〇年代

新崎盛暉（二〇〇五）『沖縄現代史　新版』岩波新書。

井関正久（二〇〇五）『ドイツを変えた六八年運動』白水社。

岩崎育夫（二〇一三）『物語　シンガポールの歴史――エリート開発主義国家の二〇〇年』中公新書。

倉沢愛子（二〇二〇）『インドネシア大虐殺――二つのクーデターと史上最大級の惨劇』中公新書。

佐々木隆爾（二〇〇七）『新安保体制下の日米関係』山川出版社〈日本史リブレット〉。

馬場公彦（二〇一八）『世界史のなかの文化大革命』平凡社新書。

西田慎・梅崎透編（二〇一五）『グローバル・ヒストリーとしての「一九六八年」——世界が揺れた転換点』ミネルヴァ書房。

松岡完（二〇〇一）『ベトナム戦争——誤算と誤解の戦場』中公新書。

本谷勲（二〇〇四）『歴史としての環境問題』山川出版社〈日本史リブレット〉。

矢吹晋（一九八九）『文化大革命』講談社現代新書。

油井大三郎（二〇一七）『ベトナム戦争に抗した人々』山川出版社〈世界史リブレット〉。

油井大三郎（二〇一九）『平和を我らに——越境するベトナム反戦の声』岩波書店。

第8章〜エピローグ　一九七〇年代〜現代

石田勇治（二〇〇二）『過去の克服——ヒトラー後のドイツ』白水社。

石田勇治・武内進一編（二〇一一）『ジェノサイドと現代世界』勉誠出版。

内海愛子（二〇〇二）『戦後補償から考える日本とアジア』山川出版社。

遠藤乾（二〇一六）『欧州複合危機——苦悩するEU、揺れる世界』中公新書。

大塚和夫（二〇〇四）『イスラーム主義とは何か』岩波新書。

長有紀枝（二〇一二）『入門　人間の安全保障』中公新書。

酒井啓子（二〇〇二）『イラクとアメリカ』岩波新書。

酒井啓子（二〇〇四）『イラク　戦争と占領』岩波新書。

柴宜弘（一九九六）『ユーゴスラヴィア現代史』岩波新書。

富田健次（二〇一四）『ホメイニー——イラン革命の祖』山川出版社〈世界史リブレット人〉。

保坂修司（二〇一二）『イラク戦争と変貌する中東世界』山川出版社〈世界史リブレット〉。

三浦元博・山崎博康（一九九二）『東欧革命——権力の内側で何が起きたか』岩波新書。

南塚信吾・宮島直機編（一九九〇）『89・東欧改革——何がどう変わったか』講談社現代新書。

最上敏樹（二〇〇一）『人道的介入——正義の武力行使はあるか』岩波新書。

山田寛（二〇〇四）『ポル・ポト〈革命〉史——虐殺と破壊の四年間』講談社選書メチエ。

アンドレアス・レダー／板橋拓己訳（二〇二〇）『ドイツ統一』岩波新書。

おわりに

本書は、二〇一八年に刊行された『教養のグローバル・ヒストリー』の続編である。前著は筆者がまだ高校教師だったころに、世界史教科書の多様性とグローバル性に気づき、教科書をもとにしたグローバル・ヒストリーという着想を得て、勢いで書きあげたもので、幸いに多くの読者を得ることになった。

しかし、前著は交易や人の移動を中心とするネットワークを主役にした世界史だったので、一九世紀にグローバル・ネットワークが完成して、ネットワークの変遷がほとんど教科書にあらわれなくなると、それ以降を書くことができず、二〇世紀はエピローグと称する短い文章でまとめてしまった。わかってはいたが、読んでいただいた方から「教養とかグローバルというならむしろ現代史のほうが大事なのでは」「続編もとむ」というお声をいくつもいただいた。そこで本書の執筆に取りかかった。

しかし、二〇世紀にはすでに世界が一体化していて、世界中が国民国家へと移行しようとして、海域史や遊牧民の活躍などはほとんど登場しなくなる。前著と同じスタンスではグローバル・ヒストリーをつむぐことはできない。どうすれば現代史をグローバル・ヒストリーの観点で通史的に描けるか、試行錯誤を繰り返した。

現代史のグローバル・ヒストリー研究のテーマとして「移民」があるが、これは人種主義の問題と結びつき、人種主義はホロコーストなどのジェノサイドに至るし、黒人解放運動やアパルトヘイトの問題にもつながる。他方で人種主義やジェノサイドなどは一国的な問題ではなく、「人間の安全保障」の観点に立てば人類的な、つまりはグローバルにとらえるべき問題だ。他にも同じようにグローバルな視点で考えられる問題はないだろうか。ジェンダー、平和構築、暴力、環境問題、原子力などがそうではないか。

こうした雑多な思考を経て、本書は構想された。そのため前著に比べるとテーマが定まっておらず、一般的な世界現代史になってしまったかもしれない。グローバル・ヒストリーの視点から現代史を構想することの難しさを実感する作業であった。

また、世界史と日本史の総合についてもさらに力を入れた。何より二〇二二年度から新科目「歴史総合」がはじまる。「歴史総合」は、「主体的・対話的で深い学び」、つまりアクティブ・ラーニングも重要だが、そもそも近現代の世界史と日本史を総合するという試みである。明治時代から第二次世界大戦期にかけてならば、日本と世界とのつながりはイメージしやすいし、多くの事例が研究されているが、戦後についてはどうであろうか。

そのために世界史A・Bの教科書はもちろんのこと、日本史A・Bの教科書もすべてではないがある程度参考にし、グローバルな文脈のなかに落とし込んだ。前著でも日本史の要素を入れているが、それはあくまで世界史の教科書にのっている日本史の事項をとり上げたのであり、日本史の教科書ともリンクさせたのは本書の特色である。

「歴史総合」では、これまでの世界史と日本史の内容を交互に教えるだけの授業になるかもしれない。しかし、単に同時代の世界と日本をならべるだけでなく、世界と日本の出来事が連動していることを意識できるような新しい歴史像が、「歴史総合」ではもとめられているのではないだろうか。本書がそうした歴史教育の可能性をひらく一助になればさいわいである。

前著を刊行してから、多くの先生方からはげましのお言葉をいただいた。とりわけ高大連携歴史教育研究会と大阪大学歴史教育研究会では、全国と関西圏のすばらしい先生方と交流を持つことができた。本書が完成にまで持ち込めたのは、両研究会という学びと交流の場があったからである。

高校時代からの友人である大庭弘継氏（京都大学研究員）からルワンダとスレブレニツァの記念碑の写真を、また、大学院時代の研究者仲間であった池上大祐氏（琉球大学准教授）からは、普天間基地の写真をご提供いただいた。貴重な写真を本書で使用することをご承諾いただき、お二人に感謝申し上げたい。

最後に、個人的な感慨を述べさせていただきたい。かつて東京成徳大学高校で教鞭をとっていたころ、三年生の授業で教科書の内容がすべて終わらず、冬期講習で「世界現代史集中講義」をやっていたのを思い出す。大量のプリントとスライドをもちいて、非常に多くのエネルギーを投下して一気に授業をしたのだが、いかんせん「駆け足」すぎた。自分に計画性がなかったために、生徒に一番伝えたい現代史で、大量の情報を急いでつめ込むような授業をしてしまったのは、ずっと後悔していた。本書はあのとき消化不良に終わってしまった「集中講義」のやりなおしでもある。本書がかつての教え子たちの目にとまったら、これほどうれしいことはない。

二〇二一年五月

北村　厚

《著者紹介》

北村　厚（きたむら・あつし）

1975年　福岡市生まれ。

2004年　九州大学大学院法学府博士課程を単位取得退学。

2007年　博士（法学）を取得。

九州大学大学院法学研究院講師，法政大学法学部兼任講師，東京成徳大学高等学校専任講師（世界史）等を経て，

現　在　神戸学院大学人文学部准教授。

主　著　『歴史のなかのドイツ外交』（共著）吉田書店，2019年。

『ナチズムは再来するのか？――民主主義をめぐるヴァイマル共和国の教訓』（共訳）慶應義塾大学出版会，2019年。

『教養のグローバル・ヒストリー――大人のための世界史入門』ミネルヴァ書房，2018年。

『ヴァイマル共和国のヨーロッパ統合構想――中欧から拡大する道』ミネルヴァ書房，2014年。

ジェフリー・ハーフ『ナチのプロパガンダとアラブ世界』（共訳）岩波書店，2013年。

『政治史への問い／政治史からの問い』（共著）法律文化社，2009年。

20世紀のグローバル・ヒストリー
――大人のための現代史入門――

2021年９月10日　初版第１刷発行　〈検印省略〉

定価はカバーに
表示しています

著　者　北　村　　厚
発行者　杉　田　啓　三
印刷者　江　戸　孝　典

発行所　株式会社　ミネルヴァ書房
607-8494 京都市山科区日ノ岡堤谷町１
電話代表（075）581-5191
振替口座 01020-0-8076

共同印刷工業・新生製本

ISBN978-4-623-09130-0

Printed in Japan

人名索引

あ 行

アインシュタイン，アルバート　125
アウン・サン　114, 153
アウン・サン・スー・チー　304
アサーニャ，マヌエル　128
アデナウアー，コンラート　202
アブデュルハミト２世　29
アラファト，ヤセル　246, 282, 316
安重根　34
李承晩　71, 173
伊藤博文　30, 34
イブラヒム，アブデュルレシト　28, 137
イブン・サウード　85
ヴァイツゼッカー，リヒャルト・フォン　296
ヴァルガス，ジェトゥリオ　116, 122
ウィルソン，ウッドロー　52, 57
ヴィルヘルム２世　10, 65
内村鑑三　19
エリツィン，ボリス　320
袁世凱　39, 51
汪兆銘　146
大隈重信　50
オバマ，バラク　342

か 行

カーソン，レイチェル　258
カーター，ジミー　281
カストロ，フィデロ　201, 222, 233
カルデナス，ラサロ　116
ガンディー（マハトマ）　23, 56, 73, 87, 112, 187
ガンディー，インディラ　114, 264
キッシンジャー，ヘンリー　272
金日成　173
金正日　334
金大中　291, 337
金泳三　336
キング牧師（マーティン・ルーサー）　213, 230, 252
クーデンホーフ＝カレルギー，リヒャルト　102
クリントン，ビル　316
クン・ベラ　75
ケネディ，ジョン・F　230, 234
ゲバラ，エルネスト　202
ケレンスキー，アレクサンドル　56
康有為　24
コール，ヘルムート　314
ゴ・ディン・ジエム　209
ゴムウカ，ヴワディスワフ　214
胡耀邦　305
コラソン・アキノ　303
ゴルバチョフ，ミハイル　298, 307, 319

さ 行

サダト，アンワル　267, 281
サッチャー，マーガレット　294
佐藤栄作　249, 274
サラザール，アントニオ　276
幣原喜重郎　103
周恩来　210, 244, 278
シューマン，ロベール　203
シュトレーゼマン，グスタフ　102
シュペングラー，オスヴァルト　101
蔣介石　105, 130, 174
ジョレス，ジャン　44
ジョンソン，リンドン　231, 238, 252
シロタ，ベアテ　177

ジンナー，ムハンマド・アリー　187
スカルノ　104, 115, 153, 178, 210
杉原千畝　146
スターリン，ヨシフ　92, 117, 136
スハルト　242, 338
孫文　24, 39, 72, 92

た　行

田中角栄　275
田中義一　106
ダライ・ラマ13世　40
ダライ・ラマ14世　220
段祺瑞　52
チェンバレン，ネヴィル　133
チャーチル，ウィンストン　144, 177
チャウシェスク，ニコラエ　309
チャンドラ・ボース，スバス　153
チョイバルサン，ホルローギーン　90
張学良　106
張作霖　92
全斗煥　291
陳独秀　91
ツェトキーン，クララ　54
ティトー（ヨシップ・ブロズ）　162, 232
デクラーク，フレデリック・W　318
デュボイス，ウィリアム・E・B　70
東条英機　151, 184
鄧小平　244, 278, 305
ド・ゴール，シャルル　144, 219, 235, 256
ドプチェク，アレクサンデル　255
トランプ，ドナルド　345
トルーマン，ハリー　167, 177
トロツキー，レフ・ダヴィドヴィチ　59

な　行

ナジ・イムレ　215
ナセル，ガマール　204, 216
ニクソン，リチャード　272
ニコライ２世　20, 34, 55
ネルー，ジャワハルラル　104, 114, 187, 210
盧泰愚　304

は　行

パークス，ローザ　213
ハーディング，ウォレン　92
ハヴェル，ヴァーツラフ　307
バティスタ，フルヘンシオ　201, 222
バドリオ，ピエトロ　163
原敬　62
ピウスツキ，ユゼフ　80
ピカソ，パブロ　129
ヒトラー，アドルフ　101, 124, 126, 144, 165
ピノチェト，アウグスト　304
平塚らいてう　58, 93
平沼騏一郎　138
ビン・ラーディン，オサマ　341
ファン・ボイ・チャウ　25, 33, 40
フォード，ヘンリー　47, 94, 101
溥儀（宣統帝）　39, 121
フセイン（フサイン）・イブン・アリー　48, 85
フセイン，サダム　293, 315, 342
ブッシュ，ジョージ（父）　310
ブッシュ，ジョージ（子）　341
フランコ，フランシスコ　128, 276
ブラント，ヴィリー　257, 269
ブリアン，アリスティド　102, 107
フルシチョフ，ニキータ　209, 213, 234
ブルム，レオン　127
ブレジネフ，レオニード　255, 285
ベギン，メナヘム　281
ペタン，フィリップ　144
ベニグノ・アキノ　292
ペロン，エヴァ　184
ペロン，フアン　184, 201
ヘン・サムリン　280
ホー・チ・ミン　91, 115, 127, 159, 179, 209, 238, 260

ポール，アリス　58
ボグド・ハン　40
ホメイニ，ルーホッラー　283
ポル・ポト　279, 339

ま　行

マッカーサー，ダグラス　171, 196
マルコス，フェルディナンド　242, 292
マンデラ，ネルソン　230
ミロシェヴィッチ，スロボダン　322, 331
ムスタファ・ケマル（ケマル・パシャ）　83
ムッソリーニ，ベニート　87, 101, 126, 163
毛沢東　130, 174, 219, 244, 253, 278

や・ら・わ　行

屋良朝苗　248, 259
ラビン，イツハク　316
リー・クアンユー　242
李登輝　304
劉暁波　305
劉少奇　244
梁啓超　24
ルムンバ，パトリス　227
レーガン，ロナルド　297
レーニン，ウラジーミル　55, 57
レザー・ハーン　84
レマルク，エーリヒ　108
ローズヴェルト，フランクリン　117, 153
ロン・ノル　266
ワレサ，レフ　290, 307
ンクルマ（エンクルマ），クワメ　211, 218, 228

事項索引

あ　行

アウシュヴィッツ・ビルケナウ絶滅収容所　155
「悪の枢軸」　342
アジア・アフリカ会議（バンドン会議）　210, 216
アジア太平洋戦争（太平洋戦争）　151
アジア通貨危機　338
アチェー戦争　41
アパルトヘイト　22, 229, 318
アフガニスタン侵攻〔アメリカ〕　341
アフガニスタン侵攻〔ソ連〕　285
アフガン戦争〔第3次〕　75
アフリカ諸国首脳会議　229
アフリカ統一機構（OAU）　229
「アフリカの角」　326
「アフリカの年」　226
アフリカ民族会議（ANC）　230, 318
アムリットサル事件　73
アメリカ参戦〔第一次世界大戦〕　55
アメリカ大使館占拠事件　285
アメリカ的生活様式　94, 200
アメリカ・フィリピン（米比）相互防衛条約　198
アラブ石油輸出国機構（OAPEC）　267
「アラブの春」　343
アラブの反乱　49
アラブ民族主義　204
アル・カーイダ　333, 341
アルジェリア独立　229
——戦争　212, 219
アルメニア人虐殺　50
アングロ・イラニアン石油会社　48
アンゴラ内戦　277
「安楽死」　140
慰安婦　161, 337
イギリスのEU離脱（ブレグジット）　345
イギリス領マラヤ連邦　181
異人種間結婚禁止法　8
イズミル（スミルナ）　76, 82
イスラーム主義（イスラーム復興）　282, 332
イスラーム同盟（サレカット・イスラム）　41
イスラエル　185
イタリア・トルコ戦争　42
一国社会主義　92
委任統治　67
移民　9
——法（1924年）　97
イラク革命　218
イラク戦争　342
イラン・イスラーム革命　284
イラン・イラク戦争　293
イラン立憲革命　27
インティファーダ　302
インドシナ共産党　115
インドシナ戦争　180, 208
インドシナ難民　280
インド人民党　335
インド帝国　3
インド統治法　75
インド独立法　187
インドネシア共産党　91
インドネシア国民党　104
インドネシア独立戦争　178
インドネシア暴動　338
インドネシア民族主義　104
インド・パキスタン戦争〔第1次〕　188

インド・パキスタン戦争〔第２次〕 236
インド・パキスタン戦争〔第３次〕 264
インパール作戦 162
ヴィシー政権 144
ウーマン・リブ 251
ヴェールの廃止 84
ヴェルサイユ条約 66, 80
「失われた20年」 336
ウラマー 27
英印円卓会議 113
英ソ同盟条約 157
英仏協商 31
英露協商 32
エジプト・イギリス条約 114
エジプト・イスラエル平和条約 281
エジプト革命 204
エチオピア戦争 126
エリトリア人民解放戦線 327
「援蔣ルート」 135, 147
オーデル・ナイセ線 270
沖縄県祖国復帰協議会（復帰協） 248
沖縄戦 166
沖縄返還協定 274
オランダ領東インド 3

か行

カージャール朝 27
ガーナ独立 218
改革・開放政策 292
開発独裁（開発主義） 241
「解放の神学」 294
カウンター・カルチャー（対抗文化） 250
核拡散防止条約（NPT） 237
核密約 274
「過去の克服」 271, 296
カシミール地方 187
華人虐殺 160
カティンの森事件 140
嘉手納基地 248, 259
下放 254
華北分離工作 130
カリフ制の廃止 85
枯葉剤 247
環境と開発に関する国連会議（地球サミット） 325
韓国併合条約 38, 240
関東軍 120
関東大震災 99
関東都督府 30
カンボジア内戦 280
カンボジア和平協定 317
北大西洋条約機構（NATO） 178
基地反対闘争 216
冀東防共自治政府 130
ギニア独立 219
義兵闘争 34
義勇軍 66
九カ国条約 92
九・三〇事件 242
キューバ革命 222
キューバ危機 233
強硬外交（積極外交） 106
共産主義ネットワーク 91
強制収容所 18
強制連行・強制労働〔日本〕 161
強制労働〔ドイツ〕 155
協調外交 103
京都議定書 325
「玉砕」 162
極東軍事裁判（東京裁判） 184
ギリシア・トルコ戦争 76
ギリシア内戦 177
義和団戦争（義和団事件） 16
キンダートランスポート 134
グアテマラ左翼政権 201
クウェート侵攻 315
クメール・ルージュ（ポル・ポト派） 279
グラスノスチ 299
クルド人 82, 315
グローバル化 1

グローバル・ヒストリー　iii
警察予備隊　196
ゲットー　146, 270
ゲルニカ　129
原子爆弾（原爆）　167, 205
原子力基本法　208
原子力発電所（原発）　207, 268
原水爆禁止世界大会　207
憲法修正19条　94
紅衛兵　244
公害対策基本法　258
公害病　258
黄禍論　10, 21
光州事件　291
膠州湾　3
「抗日救国」　131
抗日人民軍（フクバラハップ）　159
皇民化政策　136, 158
公民権運動　213, 230
公民権法　231
五月危機（五月革命）　256
五カ年計画〔第1次，ソ連〕　118
五カ年計画〔第1次，中国〕　194
国際協調　103
国際原子力機関（IAEA）　237
国際刑事裁判所（ICC）　331
国際女性デー　54
国際人権規約　280
国際連合　182
国際連盟　67
黒人解放運動　70, 252
国民会議〔インド〕　26
国連カンボジア暫定行政機構（UNTAC）　318
国連人間環境会議　265
五・三〇運動　105
五・四運動　72
「ゴジラ」　206
コソヴォ内戦　331
「五族共和」　25, 40
国家総動員法　136
国共合作〔第1次〕　92
国共合作〔第2次〕　132
国共内戦〔第1次〕　130
国共内戦〔第2次〕　174
コミンテルン（第3インターナショナル）　75, 91
コミンテルン第7回大会　127
米騒動　62
孤立主義　153
コルホーズ　118
コロンボ会議　210
コンゴ動乱　228
コンゴ内戦　329

さ　行

サイクス・ピコ協定　49
サウジアラビア王国　114
サッコ・ヴァンゼッティ事件　96
サティヤーグラハ（真理の堅持）　73, 87
サハリン残留朝鮮人　172
サライェヴォ事件　43
三・一独立運動　71
「三光作戦」　147
三国協商　32
サン・ジェルマン条約　67
サンフランシスコ平和条約　197
「三民主義」　25
ジェノサイド　18
　——条約　182
シエラレオネ内戦　326
「塩の行進」　113
四月テーゼ　55
自主管理労組「連帯」　290
「持続可能な発展」　300
自治領　21
「実権派（走資派）」　244
シベリア出兵　62, 90
シベリア鉄道　18
シベリア抑留　172

ジム・クロウ法　8
社会主義　10, 56
社会進化論（社会ダーウィン主義）　7
ジャズ　95
上海事変〔第 2 次〕　131
「自由インド仮政府」　153
十月革命　56
重慶爆撃　135
「集団自決」　167
十四カ条の平和原則　57
ジュネーヴ会議　209
ジュネーヴ休戦協定　209
ジュネーヴ四巨頭会談　211
昭和恐慌　121
植民地主義　227
女性参政権　12, 58, 93, 176
女性差別撤廃条約　281
「女性に対する差別撤廃条約」　251
女性労働者　11, 54
シリア内戦　344
シリア難民　344
新インド統治法　115
辛亥革命　39
シンガポール　3, 242
人種主義（人種差別主義，レイシズム）　7, 17, 95, 124, 229, 319
真珠湾攻撃　151
人道に対する罪　183
新婦人協会　93
新ベオグラード宣言　307
人民戦線　127
人民民主主義　165
新冷戦　286
水素爆弾（水爆）　205
スーダン内戦　326
スエズ運河の国有化　217
スエズ戦争（第 2 次中東戦争）　217
スターリングラード　157, 162
スターリン憲法　120
スターリン独裁　120
スターリン批判　214
スプートニク・ショック　221
スペイン・インフルエンザ（スペイン風邪）　63
スペイン内戦　128
スリーマイル原子力発電所　285
西安事件　131
制限主権論　255
青鞜社　58
青年トルコ革命　29
政府開発援助（ODA）　241
『西部戦線異状なし』　108
『西洋の没落』　102
セーヴル条約　82
世界革命論　61
世界恐慌　108, 112
世界人権宣言　182
世界女性会議　281
赤軍　59
石油　47
石油危機〔第 1 次〕　268
石油危機〔第 2 次〕　284, 294
石油戦略　267
石油輸出国機構（OPEC）　268
「絶滅収容所」　155
セルビア民族主義　322
全インド・ムスリム連盟　26, 74
戦後恐慌　97
全国女性党　58
戦時共産主義　66
戦略兵器削減交渉〔第 1 次〕（SALT Ⅰ）　273
戦略兵器削減交渉〔第 2 次〕（SALT Ⅱ）　285
戦略防衛構想（SDI）　297
ソヴィエト　20, 54
　——社会主義共和国連邦（ソ連）　88
　——・ポーランド戦争　80
創氏改名　136
総力戦体制　45

租借　3
ソテツ地獄　100
ソフホーズ　118
ソマリア内戦　327
ソ連の対日参戦　168

た　行

ターリバーン　332, 341
第一次世界大戦　44
大学紛争　257
大韓民国臨時政府　71
大飢饉　66, 119, 161, 220
第五福竜丸事件　206
第三革命　51
大粛清　119
大正デモクラシー　62
大西洋憲章　154
対ソ干渉戦争　61
「大祖国戦争」　157
大東亜会議　160
「大東亜共栄圏」　151, 158
第2インターナショナル　11, 19, 45
第二革命　39
第二次世界大戦　139, 169
太平洋ネットワーク　6, 52
太平洋安全保障条約（ANZUS）　198
泰緬鉄道　159
大躍進政策　220
大陸間弾道弾（ICBM）　221
台湾　148, 174
タキン党　114
竹島（独島）　241
単一欧州議定書　295
チェカ（非常委員会）　66
チェコ兵　60
チェチェン紛争　321
チェルノブイリ原発事故　299
地球温暖化　300
チベット侵攻　194
チベット動乱　220
中印国境紛争　236
中越戦争　280
中央情報局（CIA）　201
中華人民共和国　180
中華民国　39
中距離核戦力（INF）全廃条約　300
中国共産党　91
中国国民党　72
中国残留孤児　172
中国人移民の禁止　9
中国同盟会　24
中ソ国境紛争　254
中ソ友好同盟相互援助条約　194
中ソ論争　219
中東戦争〔第3次〕　245
中東戦争〔第4次〕　267
中東和平会議　316
張鼓峰事件　137
長征　130
朝鮮人虐殺　99
朝鮮戦争　195
朝鮮総督府　38
青島　3, 51, 69
『沈黙の春』　258
ディエンビエンフー　209
帝国航路（エンパイア・ルート）　4
デタント　269
「鉄のカーテン」演説　177
『鉄腕アトム』　208
テト攻勢　249
天安門事件〔第1次〕　278
天安門事件〔第2次〕　305
ドイツ革命（十一月革命）　65
ドイツ人の「追放」　170
ドイツの国際連盟加盟　103
ドイツ本土空襲　164
ドイモイ（刷新）　301
東亜新秩序声明　135
統一と進歩委員会　29
東欧革命　307

東京大空襲　166
東京モスク　137
東西ドイツ基本条約　271
東西ドイツ統一　314
同時多発テロ　341
東南アジア条約機構（SEATO）　209
東南アジア諸国連合（ASEAN）　243, 339
東方外交　269
同盟国　45
独ソ戦　150
独ソ不可侵条約　139
特別攻撃隊（特攻）　162
独立国家共同体（CIS）　321
土地調査事業　38
特急あじあ号　123
「ドミノ理論」　238
トリアノン条約　81
トルーマン・ドクトリン　177
ドル危機　272
トルコ革命　83
トルコ大国民議会　83
トルコ民族主義　48
ドレスデン空襲　164
トンキン湾事件　239
ドンズー（東遊）運動　26

な　行

長崎への原爆投下　168
ナチ党（国民社会主義ドイツ労働者党）　101, 124
731部隊　147
南京国民政府　105
南京大虐殺（南京事件，南京虐殺事件）　132
南進論　147
「難民危機」　344
南洋諸島（ミクロネシア）　6, 52, 69, 148
南洋庁　69
二月革命　55
ニクソン訪中　273
尼港事件　90
二十一カ条要求　51
「20カ年百万戸計画」　123
日英同盟　19, 32
日独伊三国軍事同盟　148
日独伊三国防共協定　136
日独防共協定　131
日仏協約　32
日米安保条約　198
日米紳士協定　21
日露協約　32
日露戦争　19, 23, 30
日韓基本条約　240
日韓協約〔第1次〕　19
日韓協約〔第2次〕　30
日韓協約〔第3次〕　34
日系人強制収容　154
日ソ基本条約　103
日ソ共同宣言　215
日ソ中立条約　148
日台交流民間協定　275
日中共同声明　275
日中戦争　131, 146
二・二八事件　175
日本共産党　91
日本国憲法　173
日本人移民排斥運動　21
日本本土空襲　166
ニュルンベルク国際軍事裁判　183
ニュルンベルク法　124
「人間の安全保障」　330
ヌイイ条約　67
農業恐慌　121
ノモンハン事件（ノモンハン戦争）　138

は　行

ハーグ密使事件　33
パキスタン　187
パグウォッシュ会議　207
白軍　59

白豪主義 22, 267
バス・ボイコット運動 213
「バターン死の行進」 158
八・一宣言 130
八カ国連合軍 16
八月クーデタ 320
「八路軍」 146
パナマ運河 52
パフレヴィー朝 85, 283
パリ協定（ベトナム和平協定） 275
パリ講和会議 66
パリ和平会議 266
バルカン戦争〔第1次〕 42
バルカン戦争〔第2次〕 43
パルチザン 162
バルト三国独立運動 319
バルフォア宣言 50
パレスチナ問題 125
パレスチナ解放機構（PLO） 245, 282, 303
パレスチナ暫定自治協定（オスロ合意） 316
パレスチナ戦争（第1次中東戦争） 186
パレスチナ難民 186, 246
パン・アフリカ会議 70, 211
パン・イスラーム主義 28
ハンガリー革命 75
ハンガリー事件 215
バングラデシュ 264
万国平和会議 33
阪神・淡路大震災 335
パン・スラヴ主義 29, 42
反ファシスト人民自由連盟 160
反ユダヤ主義 7, 100
パン・ヨーロッパ 102, 108
「パン・ヨーロッパ・ピクニック」 308
ビートルズ 250
非核三原則 259
東ティモール 3, 277, 338
引揚げ 171
ヒジャーズ鉄道 29
ヒジャーズ・ネジド王国 85
非同盟主義 210, 232
非同盟諸国首脳会議 232
非暴力・不服従 73, 113
ヒラーファト運動 74, 86
ビロード革命 307
広島への原爆投下 168
ヒンドゥー民族主義（ヒンドゥー至上主義） 335
「ファシズム」 128, 184
ファシスト党 87
「封じ込め政策」 178
プールナ・スワラージ 104
フェミニズム運動（女性解放運動） 11, 252
フォークランド紛争 294
武器貸与法 154
復員 171
フセイン・マクマホン協定 49
不戦条約（ケロッグ・ブリアン協定） 107
「双子の赤字」 297
武断政治 38
部分的核実験禁止条約（PTBT） 235
ブラジル日系移民 98
「プラハの春」 255
フランス領インドシナ 3
「フランス連合」 179
ブレスト・リトフスク条約 59, 67
文化大革命（プロレタリア文化大革命） 244, 253, 278
「文明化の使命」 6, 9
米華相互防衛条約 199
米韓相互防衛条約 199
米州機構（OAS） 201
平和維持活動（PKO） 317
平和運動 44, 102
平和共存路線 214
平和五原則 210
平和主義 11
平和十原則 211

平和に関する布告　57
平和に対する罪　183
ベトナム共和国　209
ベトナム光復会　40
ベトナム国　180
ベトナム国民党　115
ベトナム社会主義共和国　276
ベトナム青年革命同志会　91
ベトナム戦争　238, 246, 266, 276
ベトナム独立同盟（ベトミン）　159
ベトナム難民　247
「ベトナムに平和を！　市民連合（べ兵連)」　248
ベトナム反戦運動　247
ベトナム民主共和国　179
ヘルシンキ宣言　271
ベルリンの壁　233
——開放　309
ベルリン＝ローマ枢軸　128
ペレストロイカ　298, 319
ヘレロ人虐殺　17
ポーツマス講和条約　20
北緯17度線　209
北緯38度線　173, 199
北爆　239
北伐　105
ポグロム（「水晶の夜」）　133
「保護する責任」　331
ボシュニャク人　329
ポズナニ暴動　214
ボスニア紛争　329
ボスニア・ヘルツェゴヴィナ併合　30
ポツダム宣言　167
北方領土　216
ポピュリズム　185
ボリシェヴィキ　11
ホロコースト　156, 182, 270
香港　3, 194, 336

ま　行

マーシャル・プラン　178
マーストリヒト条約　323
マッカーシズム　196
マルタ会談　310
満洲移民　122
満洲国　121
満洲事変　121
「緑の革命」　265
南アフリカ戦争　5, 22
南ベトナム解放民族戦線　238
南満州鉄道株式会社（満鉄）　30
ミュンヘン会談　133
民主カンプチア　279
民族解放戦線（FLN）　212
民族強制移住　136, 150
民族自決　57, 68, 89, 112, 320
無差別爆撃　129
ムジャヒディーン　286
無制限潜水艦作戦　53
村山談話　337
メキシコ革命　53
モダン・ガール　94
モノカルチャー経済　112, 227
モロッコ事件〔第１次〕　31
モロッコ事件〔第２次〕　41
「門戸開放」宣言　6
モンゴル革命　90
モンゴル人民共和国　90

や　行

ユーゴスラヴィア内戦　323
ユーゴ空爆　331
宥和政策　133
ユダヤ商店ボイコット　124
ユダヤ人移民　124
ヨーロッパ共同体（EC）　256
ヨーロッパ経済共同体（EEC）　208
ヨーロッパ原子力共同体（EURATOM）

208
ヨーロッパ石炭鉄鋼共同体（ECSC） 203
ヨーロッパ連合（EU） 324
四人組 278

ら 行

ラーゲリ 119
ラインラント進駐 126
ラッセル・アインシュタイン宣言 207
リットン調査団 122
リベリア内戦 326
琉球政府 198
柳条湖事件 121
ルーマニア・ハンガリー戦争 76
ルワンダ内戦 328
冷戦 178
レジスタンス 144, 163
連合国〔第一次世界大戦〕 45
連合国軍最高司令官総司令部（GHQ） 171
ローザンヌ条約 84
ローマ進軍 87
ローラット法 73
ロカルノ条約 102
68年運動〔西ドイツ〕 256
盧溝橋事件 131
ロシア革命〔第1次〕 20
ロシア共産党 60
ロシア内戦 59, 65, 88, 91
ロマの虐殺 156
ロンドン空襲 144

わ 行

『わが闘争』 101
ワシントン体制 92
ワシントン大行進 230
ワルシャワ条約機構 213
湾岸戦争 315

欧 文

「ABCD包囲陣」 151
ASEAN+3 339
IS（「イスラーム国」） 344
KKK（クー・クラックス・クラン） 96
MERCOSUR（南米南部共同市場） 324
NPT体制 237, 334
PKO協力法 318
WASP 95